古都西安

长安商业

A Commercial History of Chang'an

薛平拴 著

西安出版社

图书在版编目（CIP）数据

长安商业/薛平拴著. —西安：西安出版社，2005.3

（古都西安丛书）

ISBN 7-80712-105-X

Ⅰ.长… Ⅱ.薛… Ⅲ.商业史—西安市 Ⅳ.F729

中国版本图书馆 CIP 数据核字（2005）第016807号

古都西安·长安商业

著　　者：薛平拴
出版发行：西安出版社
社　　址：西安市长安北路56号
电　　话：（029）85253740　85234426
邮政编码：710061
印　　刷：西安建筑科技大学印刷厂
开　　本：850×1168　1/32
印　　张：10.375
字　　数：250千
版　　次：2005年3月第1版
2005年3月第1次印刷
印　　数：1—3000
ISBN 7-80712-105-X/F·1
定　　价：21.00元

△本书如有缺页、误装，请寄回另换。

《古都西安》丛书编纂委员会

序

崔林涛

西安是享誉国内外的历史文化名城，有着深厚的经济社会根基，丰富的文化底蕴和久远的文明传承。在中华民族发展的历史长河中，古都西安处于极为重要的地位，发挥了重大的历史作用，拓印下无比瑰丽的史诗和波澜壮阔的画卷。

“八川分流绕长安，秦中自古帝王州。”西安古称长安，是中华民族的重要发祥地和文化发源地之一。远古时代，“蓝田猿人”就在这里繁衍生息，六千多年前，半坡先民在这里种植狩猎，开掘出了别具特色的“半坡文化”。自公元前12世纪，周文王在此建立丰京，揭开了西安作为帝王京师历经千年，雄踞华夏，成为统一的多民族国家的政治、经济、文化中心的辉煌历史。西安成为与雅典、罗马、伊斯坦布尔等城市齐名的世界历史古都。直至今天，西安城中的塔和碑，城外的陵与墓，连绵的城垣与宫殿遗址，保存的大量珍贵文物，以及周乐秦声、汉风唐韵等文化艺术，仍在昭示着这里曾经呈现过的尊贵和豪华，开放和风流。

“一座城市的历史就是一个民族的历史。”古都西安就像一部活的史书，一幕幕、一页页记录下中华民族的沧桑巨变。古都西安见证了“文景之治”、“贞观之治”、“开元盛世”的鼎盛辉煌，然而，往日这个帝王们希冀长治久安、长久平安的长安城也几度衰落，数遭兵燹，令人扼腕地一度衰落了。

衰落的根源值得研究汲取，怎样重新激起奋发向上的精神更应当总结和发扬。英国著名历史学家汤因比曾精辟地分析，任何文明都有其生长和衰亡的过程，而能否勇敢地接受各种挑战决定着这种文明的前途。

我们在研究文明生长的时候，发现它的过程是一连串的挑战和应战。应战不仅解决了挑战所提出来的问题，而且还在它每次胜利地解决了一个挑战问题以后，又提出了新的挑战。这样，文明生长的性质的最核心的成分便是一种新的活力、不断的创新。历史在前进，文明在曲折中发展。

西安，曾经创造过昔日的辉煌，西安也曾经历过衰落，西安又迈向创造新的文明的征途。江泽民总书记在分析古希腊文明、拜占廷文明盛极而衰时说过，不能紧跟世界发展的潮流，就必将落后。江总书记在西安论述中国实施西部大开发战略时还说过，中国曾有过盛唐时期的辉煌，但安史之乱后衰落了。现在我们的任务是要实现中华民族的伟大复兴。因此，他多次强调我们的各级领导干部和年轻一代要多学习和了解一点历史，从历史中汲取文化的养分。尤其是在改革开放和现代化建设取得巨大成就的今天，面对世界多极化，经济全球化，科学技术迅猛发展，要使中华民族在全球范围内的竞争中不断发展、走向繁荣，就要审视自己的历史和文化传统，继承和发扬民族优秀传统文化，增强民族凝聚力，学习借鉴世界文化优秀成果，始终代表先进文化的前进方向，才能与时俱进，战胜前进道路上的各种艰难险阻，立于不败之地。

先进文化是现代人集古今中外之大成、并且面向未来的创造，是传统与现代、继承与创新的产物。我们有责任大力弘扬先进文化，因为这是永葆历史文化名城活力的根本所在。研究历史，分析现状，面向未来，西安要走向世界，让世界更加了解西安，让社会主义的先进文化中保持优良的文化传统，增强民族的认同感，提高自信心，为经济发展和社会进步提供精神动力与智力支持，成功地应对前进中的每一次挑战。我想这是每一个西安人和关注西安发展的人们不断思索的命题。工作和生活在古都西安的人们要有一种气慨，重开现代丝绸之路，重振汉唐雄风，把西安建设成既葆有古都风貌，又具现代文明和时代精神的大都市。

编著《古都西安》这套大型丛书，正是想让人们对西安有更深刻的了解。能够触摸到西安的历史脉络和文化特征，感受到它的灵魂，让西安走向世界，再架起一座中西文化交流的桥梁。丛书按照从古至今、全面系统的原则分篇编排。每篇或按时序，或分类论述，但总的体例大致划一，以求系统、准确、全面而又有重点地介绍西安。丛书在保证学术水准的前提下，尽可能为更广泛的读者所接受，使史学走向大众，更具有严谨的科学性、渊博的知识性和艺术感召力。

有关古都西安的著述很多，但系统地编著一部大型丛书，立体全景地展现西安历史，却是首次。我有幸在西安工作十多年，西安的文化积淀实在是丰厚，这座城市最大的魅力在于它的历史文化。在两个文明建设的实践中，深切地感受到，弘扬优秀传统文化，建设社会主义精神文明，有必要也有责任组织和推动一批专家、学者，编撰一部详尽介绍古都西安的大型丛书。为此，我曾多次与史念海先生等专家交流，共同策划。从制定规划、内容、体例讨论论证、专题编著分工、编审等，工作展开已近五年时间，现在要陆续出版了。本丛书的宗旨是崇尚征实，弃绝浮言，全面系统，提倡寓新颖观点于详密材料的治学风格。参与编著丛书的每位作者都在理论阐释和材料整理方面，做出了很大的努力，都有全新的开拓。这是全体作者的心血，更是史念海老先生留给世界，留给当代与后人的一份呕心沥血的遗嘱。这套由他主要审定的丛书陆续与读者见面了，而史先生却已无法全部看到。鲁迅先生曾说过，拿着故人的遗稿，就像手里攥着一把火。这套丛书的问世正是史先生传承给我们的希望之火，也是对他最好的纪念。

望着雄伟壮观的古城墙和高楼林立、华厦争辉、桥涵飞虹、通衢溢彩、万车竞速的西安，感受到汉唐雄风开阔的底蕴，体味着这方水土赋予西安人开拓创新的激情，我们有理由相信，有着强大自我更新能力、包容进取精神的西安人，在中国共产党的领导下，坚定地走有中国特色的社会主义道路，乘着西部大开发的东风，一定能够在这片土地上再创造出新的历史奇迹！

2005 年 3 月 4 日于西安

目　录

第一章

秦、西汉时长安商业的勃兴

第一节　长安商业的兴起

一、长安商业的起源与丰、镐二京

古都长安位于关中平原中部。关中平原地势平坦，平均海拔300~500米，这里河流众多，水源丰富，而长安附近的河流最为密集，素有“八水绕长安”之说。这八条河流是泾、渭、沣、滈、灞、浐、潏、潦等[①]，长安正处于这些河流的环抱之中，沣、潦流其西，灞、浐经其东，泾、渭环其北，潏、滈绕其南。这些河流以及后来陆续开凿的郑国渠、六辅渠、白渠、成国渠、龙首渠、升原渠等灌溉设施，有力地促进了关中地区农业的发展，也为古代长安城的兴起提供了坚实的经济基础。

关中地势平坦，土壤肥沃，为发展农业提供了必要的条件。关中平原有不少原，而西安附近的原更为有名，如白鹿原、风凉原、铜人原、龙首原、乐游原、凤栖原、鸿固原、少

① 《汉书》卷57上《司马相如传》。

陵原、神禾原、细柳原等。这些原大小各有不同，却很早就成为先民们生活栖息之地。这里的土壤也相当肥沃，成书于战国时代的《尚书·禹贡》篇在综合评价全国各大地区农田状况时，曾把关中的土壤列为九等中的上上等，也就是第一等。《汉书·地理志》也盛赞关中的农田为“九州膏腴”，认为它是上等良田，可见关中地区的土壤最适宜于农业，所以关中地区的农业早在先秦时就已相当发达。

优越的自然条件为人们的生活和生产活动提供了充分保障，因而关中平原很早就有人类活动的足迹。早在新石器时代，西安附近的沣、涝、灞等河流沿岸就已遍布人类居住的村落，位于今西安城东的半坡遗址就是一个典型例证。半坡遗址在今西安东郊浐河东岸，距今约六七千年。从考古发掘看，半坡人的经济生活以农业生产为主，同时也兼及渔猎生活。随着农业和畜牧业的发展，氏族部落之间便有了偶然性的交换，这就是原始商业的萌芽——物物交换。《易经·系辞》描述这种交换的情况时说：“日中为市，致天下之民，聚天下之货，交易而退，各得其所。”不过，作为一般等价物的货币当时还没有出现。

殷商晚期，今西安户县以东是殷商属国崇国的势力范围。崇国的中心区域就在今西安、蓝田、户县一带。这时，以周原为中心的周人迅速崛起，占据了关中大部分地区。周文王时，周人势力日益强大，并欲东进灭商。周文王竭尽全力消灭了崇国，然后在沣水西岸营建了新的都城——丰邑。周文王迁都于丰后，不久就去世了，其子周武王又把国都从丰迁到镐。镐京位于沣河东岸，史称宗周。丰、镐二京近在咫尺，隔水相望，可以说它们是一个城市的两个分区，沣水纵贯其间，横跨东西的桥梁把丰、镐二京连成一个整体。周武王以丰、镐为基地，最终完成了灭商大业，建立了强盛的西周王朝。

丰、镐二京的城市布局比较松散。因缺乏文献记载，目前尚难以知道丰、镐二京城内市场设置及商业活动的具体情况。不过可以肯定，殷商时代，由于手工业与农业分工加深，产品交换范围日益扩大，商业的出现已经很显著。与此同时，作为价值尺度和流通手段的一般等价物——货币也得到了广泛使用。大量的地下出土材料以及文献记载都可以证明，殷商时期天然贝已成为流通中的主要货币。在西安附近发掘的周代墓葬中，常常出土有天然贝，足以说明丰镐地区的商品交换和货币关系已普遍存在。1955—1957 年，考古工作者在西周都城丰镐遗址范围内，发掘了 182 座西周时期的墓葬，出土贝的墓葬共 95 座，贝的数量总计达千枚以上①。1953 年，长安县普渡村两座西周墓出土了 13 枚贝，这些贝形状相同而大小不一，最大者长 2.5 厘米，宽 2.1 厘米；最小者长 2.2 厘米，宽 1.7 厘米，背面磨通穿孔②。1954 年，陕西省文物管理委员会在长安县普渡村西周墓的发掘中，出土贝 56 枚。这些贝“大小相同，形式一样，突起的一面有一小孔，上面有的涂着朱红”③。1976—1978 年，长安沣西再次发掘，在客省庄和张家坡 11 座西周墓中共出土贝 700 多枚、蚌贝 163 枚④。

陕西岐山、扶风县一带是周人的发祥地。1975 年，考古工作者在这一带发掘了 6 座西周时期的墓葬，共出土贝 60 枚⑤。1960 年清理了 29 座西周墓葬，各墓皆有贝的出土，有

---

① 《沣西发掘报告》，文物出版社 1963 年版。

② 石兴邦：《长安普渡村西周墓葬发掘记》，《考古学报》1954 年第 8 期。

③ 《长安县普渡村西周墓的发掘》，《考古学报》1957 年第 1 期。

④ 《1976—1978 年长安沣西发掘简报》，《考古学报》1981 年第 1 期。

⑤ 《陕西岐山、扶风周墓清理记》，《考古》1960 年第 6 期。

的成堆放在椁内及棺里[①]。在西周青铜彝器的铭文上，关于赐贝、赏贝、宾贝的记述很多，而且赐贝的数目也大为增加，往往超过10朋（1朋为10贝）以上。例如，周初的铜器小臣单觯上的铭文记载："周公易（赐）小臣单贝十朋。"小臣静彝铭文记载："王易（赐）贝五十朋。"《诗经·小雅·菁菁者莪》也有"既见君子，锡我百朋"的诗句。除天然贝以外，西周时已出现了金属货币。1976年，考古工作者在今西安临潼区零口街西周遗址发掘出了农具钱——青铜铲，其中一枚高24厘米[②]。总之，西周时期货币的作用已显著扩大，贝币和金属货币均比商代有了明显发展。

由于商品交换数量的增加和交换地区的扩大，从事交换的商人逐渐专业化，于是在商代便出现了商人阶层。商朝被灭后，周公旦就曾告谕商朝遗民经营商业，以孝养父母[③]，说明商族早就有一部分人以经商为业。正因为商族善于经营商业，周人便习惯地把从事这种行业的人称为"商人"，这也可以说是我国把做买卖的人称为商人的开始[④]。不过这时的商人往往是奴隶主贵族，自由商人还没有出现。

综上所述，西周初期，以丰、镐二京为中心的长安地区已出现了货币和商人，并且发展到一定程度。从《周礼·地官·廛人》的记载看，西周时已征收商税，并有初步的市场管理。《礼记·王制》就记载有禁售商品的品种，《周礼·地官》还记载了把市场分为"百族"交易的大市、批发交易的早

① 《陕西扶风、岐山周代遗址和墓葬调查发掘报告》，《考古》1963年第12期。

② 肖清：《中国古代货币史》第38页，人民出版社1984年版。

③ 《尚书·酒诰》。

④ 郭沫若：《十批判书》第15页，人民出版社1954年版。

市和小商小贩参加的零售市场。当时的市场管理实际上不可能这样规范化，但也反映出已经对市场有了初步管理。据《周礼》记载，管理市场的官职有：市官之长有“司市”，他的属下设有许多官职：有管理入市货物的“闾师”，分区管理并辨别货物真伪的“胥师”，管理物价的“贾师”，维持市场秩序的“司稽”，检查服饰、物品是否合乎规格的“司稽”，管理物价、买卖后验证的“质人”，掌管收税、罚款的“廛人”，管理税务收入用以调节供求、处理赊欠事物的“泉府”。此外，“载师”还管理市场地皮的出租。西周时期对市场的管理显然不可能如此严密规范，但那时已有市场管理的专职官员应无疑问。

丰、镐二京经过西周三百年的建设，成为当时全国最大的政治经济都会。它是在西安附近最早兴起的第一个大城市。公元前771年，周幽王被犬戎杀死于骊山之下，西周王朝灭亡。周平王迁都洛阳后，丰镐不再成为都城，地位迅速衰落，其宫室建筑也很快湮没无闻了。

二、秦都咸阳与长安商业的勃兴

(一) 秦都咸阳的建立

周平王东迁后，王室衰微，列国争雄，我国历史进入了春秋战国时期。这时秦人崛起于西陲，并不断沿渭河向东扩张，其都城也随之一再东迁。据统计，秦国迁都共有11次之多①。最后秦人终于在离周朝旧都丰镐不远的地方营建了一座新的都城——咸阳。

秦都咸阳作为都城是经过长时间选择的结果。秦人本来居住在陇山以西，秦穆公时（前677年）将国都迁到雍（今陕西凤翔县境）。雍城正当关中去陇坻和南下巴蜀两条要道的交汇

① 史念海：《古代的关中》，《河山集》第60页，三联书店1961年版。

点，在交通和商业上具有许多便利之处。秦人居雍近三百年，国力日渐强盛，便加快东进步伐。战国初年，关中东部特别是渭水下游以北的河西地区已被魏国占领。秦灵公时，将都城迁到泾河岸边的泾阳（今陕西泾阳县境），以便对魏国作战，争夺河西地区。秦献公元年（前383年），秦献公又再次把都城向东迁移，建都于栎阳。栎阳城位于今陕西西安市闫良区武屯乡，石川河流经栎阳故城的北部及东部。据考古发掘可知，栎阳故城应为一座东西长约2 500米、南北宽约1 600米的长方形城址，这与宋敏求《长安志》所记基本相符[①]。栎阳城作为秦国都城，为秦国东扩提供了方便，加之这里交通便利，"北却戎翟，东通三晋，亦多大贾"[②]，成为商贾云集的经济中心之一。

随着形势的变化，栎阳作为都城已越来越不适应新的要求。自从魏国把都城从安邑迁往大梁后，秦在河西地区的压力大为减小。再者，秦国由于孝公时实行变法而日趋强盛。在这种情况下，秦国除了要在河西和魏国较量外，对于函谷关外的中原也有了更大的企图。栎阳处于渭河之北，距渭水还有一段距离，从栎阳去函谷关并不方便，去武关则更为迂远。所以秦人对都城的位置做了最后一次选择——向西迁到咸阳。

咸阳作为秦国国都，较之于栎阳有更为优越的条件，因为咸阳正位于函谷道和渭北道相衔接的渭河渡口上，直接控制着这两条交通要道，也控制着向东的武关道。咸阳城最初兴建于渭河北岸，后来却越过渭河向南岸拓展，实际上整个城市是横

① 王学理：《秦物质文化史》第95页，三秦出版社1994年版。
② 《史记》卷129《货殖列传》。

跨渭水两岸的[①]。从孝公十二年（前350年）开始营建起，到秦二世时秦王朝亡国，咸阳城经过一百四十多年的陆续增建，从而使之成为一座宏伟壮丽的大都市。

秦都咸阳从兴建到废弃，大约可划分为四个阶段，即创建期（前350—前338）、发展期（惠文王元年至襄王三年，即前337—前247）、鼎盛期（秦始皇统治期间，即前246—前210）和衰败期（秦二世至秦灭，即前209—前206）[②]。秦末，项羽率兵入关，兵屠咸阳，焚烧宫室，大火持续三个月不灭，咸阳城遭到毁灭性破坏。两千年来，由于渭河河道在这里不断向北移动，至今秦咸阳的很大一部分早已沦入河底，无法进行考古发掘。近年来，经过不少学者研究，秦咸阳的范围和规模已大体清楚。据文献记载和考古发掘资料推断，秦都咸阳的范围东自柏家咀村，西至长陵车站附近，北起成国渠故道，南到汉长安城遗址以北约3 275米。咸阳城东西长约7 200米，南北约6 700米[③]。

（二）咸阳的市场设置与管理

市场设置是秦都咸阳商业的一个重要方面。在论述秦都咸阳市场设置之前，有必要回顾秦都雍城的市场布局情况。因为秦在雍城定都近三百年，对秦都咸阳有重要的影响。《周礼·考工记》说："匠人营国，方九里，旁三门。国中九经九纬，经涂九轨，左祖右社，面朝后市。市朝一夫。"经过考古发掘可知，秦都雍城"市"的位置位于城的北部，其南部约1 000米

① 秦咸阳城是否有围墙，史无明言，从现有发掘来看，很可能从未筑过城墙。

② 王学理：《秦都咸阳》前言，陕西人民出版社1985年版。

③ 刘庆柱：《论秦都咸阳城布局形制及其相关问题》，《文物》1990年第5期。

处之东是马家庄宗庙遗址，西边是豆腐村朝寝遗址。也就是说，朝寝在南（前面），市场在北（后面）。这种布局结构与《周礼·考工记》所说的“前朝后市”完全相同。将市场设置在城内一个固定的位置，集中交易，集中管理，把交易时间和场地都加以具体限定，区别品类，这是我国古代推行“集中市制”的显著特征。雍城市场的设置，说明秦国对商业交换已相当关注，并有较为周密的管理。经过详细勘探可知，雍城内的商业市场是一个近似于长方形的全封闭空间，四周围以夯墙，其中西墙长 166.5 米、东墙长 156.6 米、南墙长 230.4 米、北墙长 180 米，宽 1.8～2.4 米，总面积约 34 030 平方米[①]。说明秦国早在定都雍城时就已经有了一套市场管理制度，商业市场也具备一定的规模。秦献公二年（前 383 年）迁都栎阳。六年后，即秦献公七年（前 378 年），秦国“初行为市”[②]，这也可能是指秦国在栎阳城正式设置官方市场之始，而并不是说秦国到这时才有市场。

秦都咸阳在市场设置和管理方面，均比雍城和栎阳时期有所发展。

秦都咸阳城的手工业行业已经发现的有冶铜、铸铁、砖瓦、陶器和骨器制作作坊遗址，它们绝大部分分布在咸阳城的西部和西南部。市府和民营手工业作坊基本上聚集一处，它们主要分布在咸阳城的西南部，也就是现在的长陵车站附近，这里是重要的手工业作坊区和居民区，也是一处商业区[③]。据目

① 王学理等：《秦物质文化史》第 90～91 页，三秦出版社 1994 年版。按雍城东西长 3 480 米，南北宽 3 130 米，总面积为 10 892 400 平方米。

② 《史记·秦始皇本纪》。

③ 刘庆柱：《论秦都咸阳城布局形制及其相关问题》，《文物》1990 年第 5 期。

前所掌握的资料来看，秦都咸阳的商业市场可能并非限于一处，而是分处于几个地方。秦都咸阳的市肆大致有如下几处：(1) 咸阳市。咸阳市在渭北，是咸阳城内最大的固定市场，商贾众多，百货杂集。吕不韦曾以相国的身份公布《吕氏春秋》一书于咸阳市门，成为千古佳话。由于市场为喧闹之地，人来人往，所以统治阶级常常在此行刑，以加强威慑力。例如秦二世就曾"杀大臣蒙毅，公子十二人僇死于咸阳市"，李斯父子也被"腰斩咸阳市"[①]。(2) 直市。据《长安志》说："直市在渭桥北……。直市平准物价，故曰直市。"渭桥是指汉代中渭桥，也就是秦横桥，可见直市位于咸阳南部，大约在今西安市草滩农场北。(3) 平市。在今黄家沟秦墓出土的陶罐上盖有"平市"戳记。不过由于资料缺乏，平市的具体位置尚难确定。据说咸阳还有"奴市"，是专门买卖奴婢的市场。

咸阳建成后，秦王朝在市场管理方面也建立了一套比较严密的办法，这些管理办法涉及到市场治安、市场物价、度量衡的管理等方面。

对市场治安的管理：每个官方设立的市场，周围都筑有墙，称为"阛"，四边开门，称为"阓"(即市门)。市楼设在市中心，或者设在市门上，市楼上设有一面旗帜，为观察指挥市场秩序之所。负责市场管理的机构称之为"市亭"，就设在市楼上。所以当时把市称为市亭或旗亭。咸阳一带所出陶器上多见"咸市""咸亭"印文，就是"咸阳市亭"的简称。秦代亭的本职是防止盗贼，维持治安，相当于现在的公安派出所。维持市场治安秩序是保证商品交易正常进行的重要条件，所以凡官方设立的市都有亭，以亭管市。由亭啬夫担任市政长官[②]，负责

① 《史记·李斯列传》。

② 裘锡圭：《啬夫初探》，《云梦秦简研究》第275页。

掌管市场交易事务，征收市租，维持秩序。市内的店铺都分类排列，称之为“列肆”，列肆中间的人行道称为“隧”。按照规定，列肆内的商贾都要编入市籍。建立五户一组，互相监督的“列伍制”，设立“列伍长”，负责纠察不法。为了防止不法分子窜入市内，扰乱秩序，秦律还规定：刑徒出外服役，不得前往市场和在市场门外停留休息，如果路经市场中间的，应绕行，不得通过①。

对市场物价的管理：秦对市场物价的管理较为严格。为了防止不法商人哄抬物价，官府对重要物价规定了法定价格。市场上的商品实行明码标价，例如《金布律》规定：“有买及买（卖）殹（也），各婴其贾（价），小物不能各一钱者，勿婴。”②“婴”就是系，也就是悬挂的意思。按这个规定，凡售出的商品都要系上价格标签，让顾客辨别和选购，小件商品价格不到一钱的可以不系标签。秦政府还在渭河以北设立“直市”，以平抑物价。这种严密的控制管理，有利于物价和市场稳定。

对度量衡的管理：秦在商鞅变法时就制定了标准的度量衡器，在国内颁行。后在吕不韦执政时，秦国为了“易关市，来商旅”，每年二月和八月各检验度量衡器一次。秦始皇统一六国后，又立即统一全国度量衡，对于度量衡的颁发、校验和监督也非常认真。严格执行度量衡制度，可以防止不法奸商利用秤杆子欺诈消费者，有利于商品交换的正常发展。

对官府市的现金管理：秦代官营手工业产品大部分供应皇室、官府和军队，随着生产规模的不断扩大，一部分产品也投入市场，设立“官府市”向民间出售。秦政府对官府所得的现

① 《睡虎地秦墓竹简》,《金布律》《司空律》，文物出版社 1978 年版。

② 《睡虎地秦墓竹简》，文物出版社 1978 年版。

金收入有严格的监督制度。秦简《关市律》规定："为作务及官府市，受钱必辄入其钱缿中，令市者见其入，不从令者赀一甲。"[①] 也就是说，为了防止官员把货款装入私囊，规定官府市在出售货物时要公开收款，把所收的钱当着买主的面存入陶缿，违犯规定者要罚一甲。所谓"缿（xiàng）"是一种存放现金的小罐，类似于后世的扑满，上面有一个小扁孔，钱只能进而不能出。等到积存到一定数量后，由有关人员当面点清数目，如数上缴[②]。

（三）商业政策

适当的商业政策可以促进商业的发展，反之则会阻碍商业发展，因此政府的商业政策与商业发展有密切关系。咸阳作为秦王朝的国都，受商业政策的影响就更为直接。可以说，咸阳商业的兴衰与秦王朝的盛衰也休戚相关。

秦人进入关中后，颇致力于农业，而在工商业方面的政策则显然有所不同。商鞅变法时，曾采取一系列经济政策，以便使秦国强大起来。商鞅想方设法促进农业生产发展，奖励私人多开荒地多种粮，但对商业和手工业则采取另一种政策：不是鼓励工商业的迅速发展，而是加以许多限制；不是鼓励私人从事工商业，而是将工商业的主要阵地由官府来控制，私人只能在一定范围内进行有限的活动。这种抑制工商业的政策，大致包括如下内容：首先，限制工商业从业人员数量，以便抑制工商业的过分膨胀。商鞅变法时，从法律上规定："事末利及怠而贫者，举以为收孥。"[③] 就是说，未经准许非法从事商业的人要全家沦为奴隶。即使经过批准从事正当经营的工商业者，

① 《睡虎地秦墓竹简》，文物出版社 1978 年版。

② 何清谷：《秦始皇时代的私营工商业》，《文物》1990 年第 5 期。

③ 《史记》卷 68《商君列传》。

人数也要严格控制，不能太多，即所谓“令商贾技巧之人无繁”[①]，以免影响农业劳动力的增加。为了防止人们过分热衷于经商，商鞅还规定了这样一条法令：“以商之口数使商，令之厮、舆、徒，重者必当名。”[②] 即按照商人家庭人口数（包括仆役），加重其劳役负担，不但对商人家属要分派徭役，而且商人家里的奴仆也要编入名册，按名册应役。同时他还限制商人多用家奴，减少商人兼并农民为奴的兴趣。商鞅还加强户籍管理，“使民无得擅徙”[③]，其目的在于防止农民盲目流入城市，而导致工商业人口不适当的增加。其二，实行盐铁专卖是商鞅抑制工商业的另一个重要措施。盐铁是人民生活和生产所必需的两项主要商品。商鞅对此采取了专卖的办法，从生产和流通都由国家严密控制，即由官营商业来负责盐铁流通。当然商人可以参与零售业务，但要交纳很重的税。由于盐铁实行专卖，价格由国家统一规定，利润由国家统一支配（小部分留给私营工商业者），结果“盐铁之利二十倍于古”[④]，国家财政收入为之剧增。巨额盐铁利润并非都来自于消费者，绝大部分来自原先自由经营盐铁的私商，而转归国家所有。所以这种盐铁专卖政策是商业利润在国家与商人之间的调整。总的说来，秦国官营商业的范围除盐铁以外，还涉及到冶铜、织绣、兵器等，这与同时代其他诸侯国私营工商业占主导地位的局面有很大的不同。其三，为了抑制商人，商鞅对粮食贸易实行管制，禁止商人插手粮食买卖。他下令“使商无得粜”[⑤]，认为禁止商人参与粮食贸易就能杜绝商人在粮食方面投机牟利。与此同时，他还实行了一整套官营粮食购销体制。当时规定：对军

---

① 《商君书·外内》。

② ③⑤ 《商君书·垦令》。

④ 《汉书》卷24《食货志》。

士、官吏、官工商、官奴婢等公家人员实行廪食制度，按照各人不同的身份和工种，按月供给不同数量的口粮。这种免费分配实物的办法，不通过货币作价，当然不采用买卖的形式。不在廪食范围内的人就得拿钱买粮食，完全仰给于官营商业。然而对官营商业来说，由于大部分人口实行廪食制，从而使市场上商品粮的流通规模大为缩小。其四，提高关税，对商人重税。“重关市之赋”是商鞅抑制商业的又一项重要措施。这适用于专买和官营以外的其他商品。战国时代，许多人（如孟子和《管子》的作者）都主张“关市讥而不征”“弛关市之征”[①]，而商鞅主张“不农之征必多，市利之租必重”，使“市利尽归于农”[②]。他认为对商人征收重税是发展农业的保证。一方面对国内经商的人加重关市之税，以限制商人的活动，防止农民弃农经商；另一方面大大提高某些商品的税率（消费税），使商人利润减少，如对酒和肉就开征特别重的税，使它的价格十倍于成本[③]。总之，在商鞅执政的二十年里，秦国工商业与东方各诸侯国明显不同：即工商业在秦国不能自由地发展，而是在国家干预下有控制地发展。这种商业政策无疑抑制了秦国商业的发展。直到商鞅死后第二年，即公元前336年，秦国才开始由国家专铸货币。这也说明，与关东诸国相比，秦国的商品货币经济还不发达。不过总的来看，秦国的商业（主要是官营商业)比以前还是有所发展，而且实行抑商政策也有利于保护农民、扶植小农经济的成长，这在当时具有一定的进步作用。

---

① 《孟子·梁惠王》,《管子·匡君大匡》。

② 《商君书·外内》。

③ 吴慧：《中国古代六大经济改革家》之二《商鞅》，第136～145页，上海人民出版社1984年版。

秦始皇执政后，特别是在统一六国后，继续推行商鞅以来的“重农抑商”政策。他对民间小工商进行抑制，对富商大贾则以“迁”和“谪”的办法进行打击。秦始皇在统一六国过程中，每占领一地，就强迫那里的工商业者迁往外地。秦始皇二十六年（前221年），他下令把全国各地的“富豪”12万户迁入首都咸阳，其中不少人就是各地的富商大贾。“谪”属于流刑，即把罪犯发配到边远地区去戍守或者落户。秦始皇三十三年（前214年），秦始皇“发诸尝逋亡人、赘婿、贾人略取陆梁地，为桂林、象郡、南海，以谪遣戍”[①]。北方人不服水土，死亡率很高，“秦民见行，如往弃市”。由于征发人数不足，便再一次扩大征发对象，即“先发吏有谪及赘婿、贾人，后以尝有市籍者。又后以大父母、父母尝有市籍者，后入闾，取其左”[②]。在这七种被发配充军的人当中，不但包括当时的商人，而且还包括曾经有市籍的人、商人的儿子和孙子，这对商人无疑是个致命打击，其严厉程度远远超过商鞅。不过，被谪的似乎是关东六国商人，不包括秦本土关中的商人；而且仅谪发有市籍的商人，无市籍者不在其列[③]。秦始皇抑商政策的矛头主要针对弃农经商者、过多的商业人员，以及作为兼并势力的商业资本，因而并不影响商业的正常发展。更重要的是，由于秦始皇统一了六国，在国家统一、关梁无阻、货币与度量衡统一的条件下，商人可以自由地周游天下，商品流通和贸易更为便利，从而使商业得到了迅速发展。

（四）秦的统一与咸阳商业的勃兴

秦都咸阳建成以前，关中地区的商业尽管已发展到一定程

---

① 《史记》卷6《秦始皇本纪》。

② 《汉书》卷49《晁错传》。

③ 何清谷：《秦始皇时代的私营工商业》，《文博》1990年第5期。

度，但和关东地区（函谷关以东）相比显然还有一些差距。周人和秦人都有重视农业的传统，颇致力于农业开发，因而关中农业素来就很发达，但商业方面却显然没有关东地区活跃。秦都咸阳的兴建则为商业的发展创造了有利条件；秦始皇统一六国后，咸阳作为我国历史上第一个统一封建王朝的首都，也为咸阳商业的发展提供了前所未有的机遇，从而使长安商业进入了一个蓬勃发展的新时期。可以说，秦的统一为咸阳（长安）商业的发展创造了良好条件。

商业的发展离不开交通，发达的交通网络是发展商业的重要条件之一。秦都咸阳位于关中平原腹地，处于全国交通枢纽地位。战国时代，各国都在边界上筑有城堑，在河道上设有堤防。秦始皇统一六国后，下令拆毁各诸侯国设置的关塞、壁垒，以畅通陆路交通。秦始皇还修筑了以首都咸阳为中心的驰道，其中有两条干线，一条自咸阳东指燕、齐海滨，另一条从咸阳南向吴楚之地。道路皆用重锤夯筑，道宽 50 步，每隔 3 丈栽一棵青松①。公元前 221 年，秦始皇又令蒙恬等人修建一条由咸阳向北延伸的“直道”。直道从咸阳直达九原郡（今内蒙古包头市西），全长达 1800 里（约合今 700 公里），道路可以并行两三辆马车。秦始皇在水路交通方面也兴建了不少工程，如灵渠等。总之，秦统一后，咸阳成为全国交通特别是陆路交通的中心。如此优越的交通条件大大方便了咸阳与全国各地的物资交流和商旅往来，加速了商品流通与商业的发展。

秦始皇统一中国后，也实现了货币制度的统一。战国时代，各国之间甚至于同一国家的不同地区，货币（铸币）的形式、轻重、大小和计算单位都不一致，换算起来很困难，给商业往来造成极大不便。当时的钱币大体可以分为布币、刀币、

① 《汉书》卷 51《贾山传》。

圜钱三大系统。各国虽然也使用黄金，但计算单位也不相同。秦始皇统一六国后，大刀阔斧地进行了货币改革，在全国范围内建立了统一的货币制度：其一，规定只用两种货币，即黄金和铜铸“半两”钱。黄金为上币，单位统一为镒（1镒为20两），形状做成马蹄形。所谓“上币”，主要在社会上层统治者之间使用，如赏赐、馈赠及大宗交易的支付等。另一种是象征天圆地方的圆形方孔铜钱（圜钱），称为“下币”，以半两（12铢）为单位，这种钱才是一般市场交易使用的货币。半两钱有法定的金属含量、钱币名称与统一的形制，在当时是一种先进的金属铸币形式。这种圆形方孔式铜钱后来成为我国封建社会两千年来主要的流通货币。其次，实行“半两钱”由中央政府专铸的制度。铸币权的集中，有利于币制的稳定，结束了过去各诸侯国君乃至有封邑的卿大夫均有权铸钱的混乱局面。其三，珠玉、龟、贝、银、锡之类只能作为器饰宝藏，完全退出流通领域。秦始皇对货币制度的统一，为各地商品交换提供了良好条件，有力地促进了商业的发展，对后世也产生了深远的影响。

商业与度量衡有着密切的关系，因为商品交换离不开度量衡。战国时代，各国的度量衡各不相同：度有尺、步、寻、仞；量有豆、区（ōu）、釜、钟、合、升、斗、石；衡有斤、镒、钧、石等单位，名目繁多，进位也有差异。秦始皇统一全国后，即以秦国度量衡制度为基础统一度量衡，并将这一诏书刻在官府制作的度量衡器上，发至全国作为标准器，不允许民间私造不合格的度量衡器。度量衡统一后，度量是以十进位，尺丈、升斗各以十进，100斤为1石，但仍以16两为1斤，以24铢为两。度量衡的统一，便利了各地之间的经济往来和商品交换，有利于商业的发展。

咸阳作为国都后，人口比以前大为增加。特别是秦始皇统

图1　秦半两钱

一中国后，实行强干弱枝政策，于公元前221年“徙天下豪富于咸阳十二万户”①。虽然这12万户未必全部迁入咸阳，但其中大部分入居咸阳或附近则是毫无疑问的。这种移民政策大大增加了咸阳的人口，而且这12万户豪富中有不少是各地的富商大贾。据此估计，秦朝统一后，咸阳的人口在50万人左右。如此众多的居民，加上南来北往的行旅等流动人口，也就必然形成广大的市场需求，从而刺激咸阳商业的繁荣。正是在这种有利条件下，咸阳商业得到了空前的发展。

据上所述，对秦咸阳商业的发展线索似可作出如下描述：秦在定都咸阳前的栎阳时代（前383—前350），商业已有一定基础，但仍较为落后，公元前378年的“初行为市”就是一个具体的证明。在秦孝公任用商鞅变法时代（前359—前338）的二十年间，秦推行“重农抑商”政策，对私营工商业严加限制，因而商业不能像关东地区那样自由的发展，而是在国家干预下有控制的发展。这一时期咸阳的商业还属于不很发达的状态，秦惠文王二年（前336年）的“初行钱”就是最好的说明。从此一直到秦始皇统一六国时（前221年）的115年间，随着秦国农业和手工业的发展，首都咸阳商业经济也得到了较快的发展。公元前221年，秦始皇统一中国后，尽管秦始皇仍推行“重农抑商”政策，但由于国家的统一、货币和度量衡的统一以及水陆交通的改善，为商业发展提供了前所未有的有利条件，所以此后咸阳商业进入了蓬勃发展的阶段。

第二节　汉都长安商业的繁荣

西汉是我国封建社会的鼎盛时期之一，经济发达，国力强

① 《史记》卷6《秦始皇本纪》。

盛，社会稳定，文化繁荣。西汉定都于秦都咸阳以东不远的长安城。在汉朝定都长安城的二百年间，长安成为全国的物资交流中心，商贾云集，百货杂陈，经济繁荣，商业发达，从此长安商业也进入了一个空前繁荣的新时代。

一、市场设置及管理

西汉的国都原来在栎阳（今西安闫良区武屯乡）。楚汉战争结束后，全国重归统一，如果仍以栎阳为都就不大妥当，所以刘邦于汉高祖五年（前202年）五月定都于洛阳（今河南洛阳）。但是定都后不久，齐人娄敬向刘邦详陈关中山河之胜，力劝他迁都关中，刘邦遂率领臣下入居关中。汉高祖起初仍居栎阳，并命少府阳城延在原来秦国都城咸阳以东的长安乡建筑新宫。至汉高祖七年（前200年）二月，新都始具规模，国都便从栎阳迁往长安。

西汉长安城位于今西安市西北部，北临渭水，东南靠龙首山，城址至今仍然存在，范围清晰可辨。汉长安城的方向基本上是正南北向，规模宏大，建筑雄伟，四周有宽厚结实的城墙，全城平面呈方形。四面城墙除了东城墙平直外，南、西、北三面城墙均有曲折，尤以北城墙曲折最为严重，其中东城墙全长6 000米，南城墙长7 600米，西城墙长4 900米，北城墙长7 200米，周长257 000米，总面积约为36平方公里。城墙外侧有宽约8米、深约3米的壕沟环绕。长安城每面有3个城门，四面共12个城门，每门各有3个门洞，可容纳12辆车并行。城内有纵横8条大街，各与城门相通。在城内的总体布局上，包括长乐宫、未央宫、北宫、桂宫和明光宫在内的宫殿区，位于城内南部和中部，约占全城总面积的2/3以上。手工业区和商业区则分布于城的西北部；一般官吏和平民住宅区在城的东部和东北部[①]。

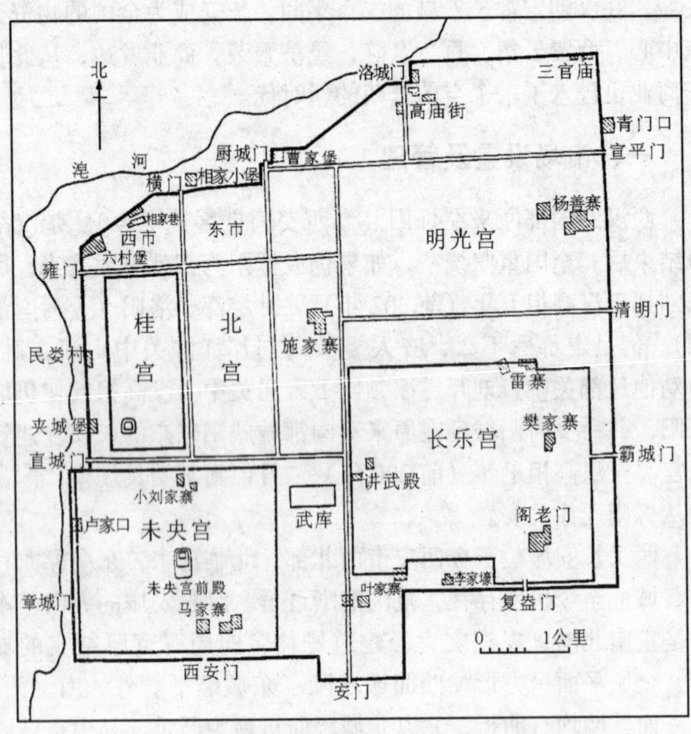

图2 汉长安城图

汉政府在谋划建设长安城之初，就已考虑到长安城内商业市场的设置问题。可以说，商业市场设置早已纳入城市规划设计之中。《三辅黄图》卷2引《庙记》说："长安有市九，各方二百六十六步。六市在道西，三市在道东，凡四里为一市。"

---

① 王仲殊：《汉代考古学概说》第一部分《西汉的都城（长安）》，中华书局1984年版。

关于九市的名称及其位置，学者们多有分歧。尽管学者们有诸多分歧，但可以肯定，长安城市场的位置和大小范围都是经过严密规划的，而非随意营建。根据《三辅黄图》的说法，这些市场的面积都是266平方步，每4里为一市。汉长安城的城墙修于汉惠帝时，《汉书》卷2《惠帝纪》说：惠帝六年（前189年），"起长安西市"，可知市的位置早在筑城之初就已选定。

长安城中商业性市场分布于几个地方，而非限于一处。这些市场可分为城内市场和城外市场两大类。先来看城内市场。城内市场就是《三辅黄图》《长安志》等文献所说的"九市"。所谓"九市"，实际上是指位于长安城内西北隅的东市和西市而言。这两大市场在雍门以东，雍门大街以北，横门以南，并以横门大街为界，街西设有六市，合称"西市"；街东设有三市，合称"东市"。经考古发掘，东、西两市遗址的面积分别为0.526平方公里和0.2457平方公里，位于城内西北部，长乐宫、未央宫、明光宫等构成的宫殿区位于城的南部和中部。这种宫殿在前（南）、市场在后（北）的城市布局规划，与《周礼·考工记》所说的"面朝后市"完全相同。

汉长安之所以把商业市场（东、西二市）放在城的西北部，也与这里的交通条件密切相关。由于宫殿区在城的南部和中部，所以包括官吏在内的居民就只能住在城的北部，特别是东北部靠近宣平门的地区。这样一来，西北面的横门和东北面的宣平门就成为长安城中普通百姓和官吏出入最为频繁的城门。东、西两市位于横门之内有着得天独厚的交通优势。由东、西二市向北出横门不远，便是著名的中渭桥，又称横桥或横门桥。此桥横跨渭水，通过横桥再向西行，就可到达咸阳，乃至通往西域。宣平门是通向东方的咽喉要道，由东、西二市向东经宣平门大街，出宣平门沿着渭水南岸东行，出函谷关可达广大的中原地区。所以，把东、西二市放在城的西北隅可能是经过严密考虑的。据《长安志》记载，汉长安还有一个名叫“孝里市”的市场，其位置在雍门之东[①]。又据《太平御览》引《汉宫殿疏》说：“孝里市在雍门之东。”也就是说，孝里市在长安城西北隅雍门之内。这个市可能是西市中的六个市场之一。有的学者则认为，九市不在城内而在城外。例如杨宽先生认为，由六市组成的西市和由三市组成的东市，即长安九市，均在北郭，以洛城门外的杜门大道为界，道东设有东市，道西设有西市。西市实际上集中分布于横门外的横桥大道的东西两侧，从杜门大道来看，都在其以西，故称西市[②]。

不仅城内设有东、西两个大型市场，长安城外也设有分散的市场。城外市场包括位于城南的槐市、城西的柳市、城北的直市、交门市和交道亭市等。（1）柳市。《三辅黄图》引《郡国志》说：“长安大侠萬子夏居柳市。”宋人宋敏求《长安志》卷5说：“长安中豪侠萬家在城西柳市，师古曰：‘细柳仓有柳市’。”柳市的得名大概与它位于细柳仓附近有关。柳市应位于长安城之西，有的学者认为柳市在昆明池南，显然过于悬远，恐与实际不符。（2）交门市。据《长安志》卷5说：交门市在渭桥之北。可知这个市场在渭河以北，靠近河岸处。汉时，渭河在长安城北不远处流过，因此交门市应位于长安城北不远处。（3）交道亭市。据《长安志》卷5载，交道亭市在便桥以

① 宋敏求：《长安志》卷5。

② 杨宽：《西汉长安布局结构的再探讨》，《考古》1989年第4期。按：阎文儒在《金中都》一文注释中也认为“九市”全设在郭外，见《文物》1959年第9期。日本学者佐藤武敏《汉代长安的市》也断言东西两市在城外郭中，并说张衡《西京赋》所云“郭开九市”即谓九市开设郭中。

东。便桥或称“便门桥”，是跨越渭河的大桥。据《雍录》《元和郡县志》等书记载，便门桥位于长安城西北[①]，约在今西安市未央区三桥镇一带。(4）直市。直市始建于秦文公时，因为在这个市场里物无二价，故以直市为名。据《长安志》说：直市“在渭桥北，秦文公造。直市平准物价，故曰直市”[②]。由长安城横门北行约三里即可抵达渭河，越过渭河向北行不远就是直市，其位置大约在今西安市草滩农场西南。这里是长安通往西域的交通要道，来往商旅络绎不绝，因而形成一个交易繁忙的商业市场。(5）槐市。槐市位于长安城南太学之北的槐树林下，故称槐市。槐市中有数百行槐树，四周没有围墙，市中也没有房屋和固定的店铺等建筑。每逢初一、十五两日开市，参加交易者主要是太学的学生。他们各自携带家乡的土特产及经书传记、笙磬器物等文化用品以及乐器，来到这里相互交易。前来槐市交易的人“雍容揖让，或议论槐下”，显示出独具一格的市场风气[③]。这是一个集市性的小市场，规模有限，商品交易的品种也以各地的土特产和文化用品为主。另外，这个市场显然是自发形成的，而不是政府有意设置，因而也就不同于东、西两市那样正规的市场。据说汉长安还有“高市”。陈直先生在《三辅黄图校正》中说：“汉代九市，今可考者，有柳市、东市、西市、直市、交门市、孝里市、交道亭市七市之名。此外尚有高市。汉城曾出土有‘高市’陶瓶，为余所得，后赠兰州图书馆。”[④]

有人认为长安城还有一个名叫“四市”的市场。武帝时，

① 《雍录》卷6《三渭桥·便桥》，陕西师范大学出版社1996年版。

② 《长安志》卷5。

③ 《太平御览》卷828引《三辅黄图》。

④ 陈直：《三辅黄图校证》第31页，陕西人民出版社1980年版。

戾太子刘据“驱四市人凡数万众，至长乐西阙下，逢丞相军，合战五日，死者数万人，血流入沟中”[①]。宋敏求《长安志》认为，这里提到的“四市”是汉长安的一个市场名，并把它与东、西二市相提并论[②]。其实这是误解，“四市”并不是一个市场名，而是几个市场的泛称。清人王先谦说：“四市人犹言诸市人耳。四者，广博之词。”[③] 所谓“驱四市人凡数万众”，是说戾太子驱使长安几个市场的商人共有数万人之众，跟随他去攻打长乐宫。这些商人很可能是东、西两市的商人。

汉长安中的商业活动仍然被限定在固定的区域——市内进行，商业区“市”和居民区“里”严格分开。那么，长安城市场的内部结构是怎样的呢？

20 世纪 60 年代中期，在四川新繁（今四川新都）发现一块汉代市井画像砖，生动地反映了汉代都市中的市场面貌，从中可以清楚地看出市场的建筑布局，如市门、列肆与廛、市隧、市楼等，不仅与汉代文献记载相符，还可以补充史书记载之不足。据文献记载并结合已发现的汉代市井画像砖，我们可以大略窥知汉长安的市场内部结构及管理制度：其一，每个市场的四周均设有围墙，每面墙长 266 步，平面呈正方形，东、南、西、北四面均设一个市门。市门有人看守，叫做“监门市卒”，门按时启闭。汉人张衡《西京赋》中描述汉长安市场时说：“尔乃廓开九市，通阛带阓。”崔豹《古今注》解释说：“市墙曰阛，市门曰阓。”“阛”指的是市场围墙，“阓”则是指市门。可见长安“九市”中每个市场都有各自的围墙和市门，而且每个市门上都有标记，题作“东市门”“南市门”等。其

① 《汉书》卷 66《刘屈氂传》。
② 《长安志》卷 5“四市”。
③ 王先谦：《汉书补注》卷 66。

二，为了便于来往顾客行走，市内均设有人行道，称为“隧”，中间的“隧”最宽，呈十字形。市内正中部设有“市楼”，而且“市楼皆重屋”，是一座多层房式建筑物，楼上面插有旗，所以习称“旗亭”[①]。即《西京赋》所谓“旗亭五重，俯察有隧”。市楼是市场管理官员“察商贾货物买卖贸易之事”的办公场所，相当于现在的市场管理办公室。从市井画像砖来看，每个楼上都悬有大鼓，长安的市场也应如此。这种鼓实际上是用来发号令的，即每天开始交易和结束（闭市）时，均以鼓声为号。汉代凡是官府设立的正规市场，市内交易时间都有明确规定和限制。交易时间一到，即由市吏打开市门，让商人和顾客等入市交易。闭市以后，又都各自散去。在非交易时间，市门关闭，逗留不去者要受处罚。闭市之后，不允许进行任何交易活动[②]。其三，为了便于顾客购买，也便于官府检查和管理，店铺或售货摊位都要求按商品的种类分别排列，经营同类商品者都要集中在一起，各自排成行列，这种行列在文献中被称为“市列”“列肆”“市肆”“列”“肆”。例如《汉书·食货志》说：“开市肆以通之”，唐人颜师古解释说：“肆，列也。”同类商品陈列在同一行列内为一“肆”。例如凡是卖酒的都集中在一个地方，排成一行则可称为“酒肆”。汉长安城中的酒肆也是颇为兴盛的。从四川新繁县（今四川新都）发现的汉代市井画像砖中，可以看出市场内部划分为四个贸易区，每个贸易区又有三至四列如长廊式的建筑。这些“市列”依次排开，井然有序。汉长安城九市中也是如此。班固《两都赋》描述长安市

① 《三辅黄图》长安九市条说：“市楼皆重屋，又曰旗亭，楼在杜门大道南。”

② 傅筑夫：《中国封建社会经济史》第二卷，第432页，人民出版社1982年版。

场时说："九市开场，货别隧分。"就是说，九市中的商品分类排列,并以人行道相互隔开。此外，市场内部还设有存放货物的库房。从新繁（今四川新都）出土市井画像砖来看，在列肆后面,即靠近市墙处，都有房屋建筑，隐约可见屋内有堆积之物，这可能就是放置货物的店，或称为"邸舍""廛"[①]。班固《两都赋》说，长安市场内人来人往，车不得旋，人不得顾，交易繁忙，"旁流百廛"。唐人李善注释说："廛，市物邸舍也。"可知市列里仅摆放着供当时交易的一部分商品，其他大批货物则贮存于"廛"（邸舍）之中，即如后世的仓库。

汉代的市场管理制度比秦代更加完善。按规定，每个城市市场都设有"市令"或"市长"。汉代大县设"县令"，小县设"县长"，县令比县长地位高，对于市场官员来说也是如此，即市令比市长高。长安为国都所在，东、西两市的规模也特别大，因而在东、西两市均设有市令。市令的职责是"察商贾货财贸易之事"，即监督、检查商人出售的货物及交易事务。市令之下设有"都尉""市吏""市椽"和"市啬夫"，协助市令管理市政。"都尉"级别较高，属于武职官员，主要负责市场治安，维持交易秩序。长安作为首都，治安问题尤为重要，因而有时就以三辅都尉兼领长安市，有时则以都钱椽领长安市。市吏、市椽、市啬夫等市场官员级别较低，在市令领导下负责各项具体工作。

市场管理的主要内容有：（1）负责市内商贾的注册登记。这种登记册称为"市籍"，其实就是商人的户籍。凡是专门从事商业的大小商贾，要获得在市内的营业权，就必须到市政官府去登记，就是说有"市籍"才可以入市经商。（2）为大额交

① 刘志远：《汉代市井考》，《文物》1973年第3期。

易所立的契约加盖官印，以为凭证。（3）定期检查度量衡，并在市区设置标准的度量衡器。（4）检查交易是否按照规定进行，有无贩卖违禁物品之事。（5）负责检查物价、检验商品质量等。（6）负责征收市租，在市内营业的摊贩也要交税。市场各种租税——包括场屋税和按交易额计算的交易税，由市官征收后交给皇帝。在汉代，市租是一大笔财政收入。据《史记·齐悼惠王世家》说："齐临淄十万户，市租千金。"千金折合为钱就是一千万钱。长安作为国都，市租收入应不低于此数。

二、汉王朝的商业政策

古代商业的发展不仅与市场有密切关系，还与封建政府的商业政策息息相关。政府的商业政策属于上层建筑，必然对商业发展产生重要影响，或者促进商业发展，或者不利于商业发展，所以商业的盛衰与商业政策密不可分。长安是汉王朝京都所在，处在皇帝眼皮底下，受汉政府商业政策影响也就更为直接。另一方面，它对汉政府商业政策的形成和变化则有更直接的影响。汉政府的商业政策主要体现在货币政策和商人政策两个方面。整个西汉时期，商业政策有过多次调整和变化，对长安商人、商品流通、货币流通和物价均有不同程度的影响。

西汉的货币政策有过许多变化。大体说来，汉承秦制，仍以黄金和铜钱为合法货币。黄金为上币，主要用于赏赐、馈赠，很少进入普通的商品交换，仍主要属于上层统治阶级的货币，但它的单位已从秦朝时的"镒"改为以斤为单位。至于民间的商品流通，则主要使用铜钱。从汉初到武帝，经过长达七八十年的努力，终于建立了"五铢钱"制度，西汉的货币流通至此才基本稳定下来。

秦始皇曾统一了我国货币制度，并将货币发行权收归中央政府。秦汉之际，天下大乱，经济凋敝，百废待兴，长安及其附近一片残破景象。汉高祖即位不久便因为“秦钱重难用，更令民铸钱”[①]。汉王朝放弃了中央垄断铜币铸造权，听任私人铸造轻钱。但一般平民百姓显然无力铸钱，只有豪强和富商大贾才有力量铸钱。当时民间铸造的钱称为“荚钱”，因为它形制轻薄，轻如榆荚，故名“荚钱”。这种钱文仍为“半两”，但重量大约只有2克，即不足3铢。汉政府听任私人铸钱，结果使轻薄之钱大量进入流通领域，不少富商大贾和豪强乘机囤积居奇，操纵物价，造成物价飞涨，“米至石万钱，马一匹则百金”[②]。此后汉朝的货币政策又多次改变。高后二年（前186年），汉政府铸造八铢钱，钱文仍为“半两”，并禁止私人铸钱，这是汉政府整顿货币流通的最初尝试。高后六年（前182年），又铸行“五分钱”。所谓“五分钱”，可能是指半两钱的1/5，即重2铢4絫的钱。五分钱的钱文仍为“半两”。汉文帝五年（前175年），由于货币流通领域“钱益多而轻”，汉政府又改铸“四铢钱”，钱文仍为“半两”。更为重要的是，汉文帝下令废除盗铸钱令，允许民间自由铸钱。《汉书·食货志》说：“由于钱益多而轻，乃更铸四铢钱，其文为半两。除盗铸钱令，使民放铸。”这种自由放任政策一直持续到景帝中元六年（前144年）才再次禁止民间铸钱。实行民间自由铸钱政策后，富商大贾和豪强地主在合法的旗帜下大肆铸造铜钱，以牟取暴利。这样，货币的大小轻重就必然难得一致，货币减重更是在所难免。大量劣币混进流通领域后，势必冲击正常的商品交换。当时人贾谊说：允许私人铸钱后，货币流通十分混乱，“又民用钱，郡县不同：或用轻钱，百加若干；或用重钱，平称不受。……则市肆异用，钱文大乱”。这一政策的另一恶果

① ② 《史记》卷30《平准书》。

则是："农事弃捐而采铜者日蕃，释其耒耨，冶熔炊炭，奸钱日多，五谷不为多。"[①]

西汉一朝，武帝时期铸钱最多，货币改铸也最为频繁。武帝铸造的钱有三铢钱、半两钱、三分钱、五铢钱、官赤侧等。其改铸经过大致如下：武帝建元元年（前 140 年），铸行三铢钱，重如其文。这种铜币与法定重量一致，但由于当时规定三铢钱与四铢"半两"钱等价流通，于是又导致盗铸盛行，"吏民之犯者不可胜数"。建元五年（前 136 年），汉政府废除三铢钱，恢复了文帝时的四铢"半两"钱制。元光二年（前 133 年）后，汉武帝对匈奴连年用兵，财政支出剧增，"而富商大贾或蹛（zhì）财役贫，转毂百数，废居居邑，封君皆低首仰给。冶铸煮盐，财或累万金，而不佐国家之急，黎民重困"[②]。当时民间盗铸铜钱者不可胜数，结果造成"钱益多而轻，物益少而贵"的严重局面[③]。盗铸的铜钱日益增多，且越来越轻薄，在社会产品没有大量增加的情况下，商品价格必然也就越来越贵。物价飞涨为商人投机提供了良好条件，于是商人们乘机混水摸鱼，囤积居奇，大捞一把。在此情况下，汉武帝于元狩四年（前 119 年）又改铸三铢钱，并铸造皮币及白金币（三种）。新发行的三铢钱"重如其文"，与建元元年的三铢钱相同，皮币与白金币则完全是另一类型的货币。与此同时，汉政府又规定"盗铸诸金钱罪皆死"，然而"吏民之犯者不可胜数"[④]。这次货币改制既为了增加财政收入，同时也为了"摧浮淫并兼之徒"，抑制商人这个兼并势力，但作用似乎并不大。新发行的三铢钱并不成功，因为它形制轻小，"易作奸诈"，反而有利于私人盗铸，所以在流通一年后便被迫废除。武帝元狩

① ④ 《汉书》卷 24《食货志》。

② ③ 《史记》卷 30《平准书》。

五年（前 118 年），又令郡国铸五铢钱。这种五铢钱两面均有周郭，我国历史上著名的“五铢钱”从此登上了历史舞台。然而由于铸币权分散在郡国，各地方政府大做手脚，掺杂减重，致使“钱多而轻”，货币重量不够标准。为此武帝于元鼎二年（前 115 年）又在京师长安铸造赤仄（侧）钱（侧即边，赤侧钱以赤铜为其郭）。这种钱制作工整，一枚当五枚普通的五铢钱使用，国家征收赋税必须使用这种钱。赤仄钱虽制作精工，但汉政府规定它可当五枚五铢钱使用，从而使该钱法定价值与实际价值严重背离，这实际上是严重的货币减重行为。货币减重越多，则盗铸之风越盛，因此各地盗铸赤仄钱相当严重。结果在二年之后，“赤侧钱贱，民巧法用之，不便，又废”①。于是新钱又废止了。汉武帝元鼎四年（前 113 年），汉政府规定：禁止郡国铸造铜钱，专门由中央政府上林三官负责铸造铜币，将郡国以前所铸之钱废止流通，并将其销熔，把铜运到京师长安交由三官铸造新钱。所谓“上林三官”，系指水衡都尉的属官钟官、辨铜、技巧三个部门，它们从此成为汉中央政府负责发行货币的专门机构。“钟官”负责铸造，“辨铜”负责审查铜的质量，“技巧”则负责刻制钱范。当时规定，新的五铢钱（亦称上林钱或三官钱），重如其文，是全国惟一合法的货币。至此，汉政府终于将铸币权完全收归中央政府，统一的五铢钱制度正式建立起来。此后，西汉币制再也没有变更。

汉政府货币政策频繁改变，对商业产生了深刻而又重要的影响。从汉初到武帝，货币品种名目繁多，大小轻重改易不定，铜钱的价值必然忽高忽低，起伏不定。货币是衡量商品的价值尺度，既然这个尺度不断变化，那么商品的价格也就必然

---

① 《史记》卷 30《平准书》。

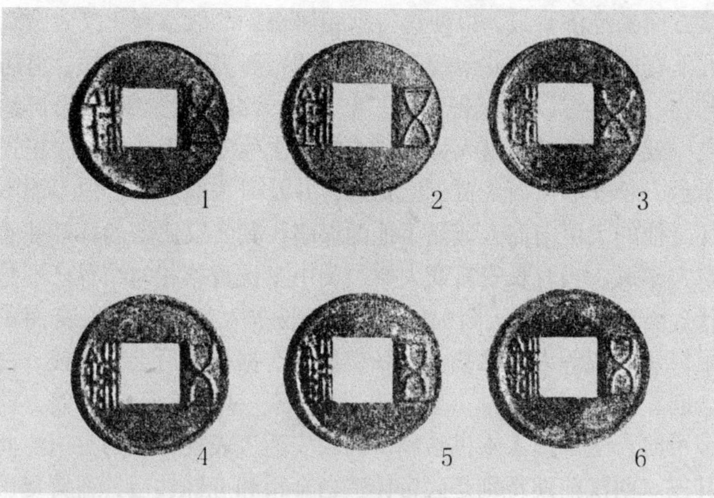

图 3　西汉五铢钱

随之不断上下起伏，物价波动在所难免。应当说，这对维护正常商品交换秩序是不利的。此其一。武帝以前，中央政府始终未能控制货币铸造权，甚至长期允许私人铸钱，给地方豪强和富商大贾铸造劣币以可乘之机，结果使劣币充斥市场，物价不断上涨，即所谓“钱益多而轻，物益少而贵”[①]。此其二。由于货币频繁改变，商人特别是富商大贾便混水摸鱼，乘机大发横财。司马迁说：“商贾以币之变，多积货逐利。”[②] 商人们趁币制改变之机，大肆抢购物资，操纵物价，牟取暴利，从而助长了市场混乱。京师长安的商人自然也参与其中。长安商人由于其所处的特殊地位，对汉政府商业政策的反应往往最为迅速。他们甚至常常通过勾结政府高级官员来刺探汉政府商业政

① 《汉书》卷 24《食货志》。
② 《史记》卷 30《平准书》。

策方面的经济情报，以便进行囤积居奇，牟取厚利。汉武帝对此就有所觉察，为此他曾问张汤说："吾所为，贾人辄知，益居其物，是类有以吾谋告之者。"① 汉武帝几次改变币制的目的之一就是为了抑制商人势力，不料每次他的货币政策尚未正式出台，长安的富商大贾就已知道，并及时采取对策，他不能不怀疑他的大臣向商人泄漏了他的谋略，其实汉武帝的怀疑并非空穴来风。当时长安富商大贾与朝中王侯贵族相勾结早已不是什么秘密。《史记·张汤传》说，张汤本人就曾与长安富商田甲、鱼翁叔等人过从甚密，私交甚好。据载，"后会五铢钱、白金起，民为奸，京师（长安）尤甚"②。武帝发行五铢钱、白金币时，全国商人乘机牟利，而长安商人表现得尤为突出。此其三。西汉前期特别是武帝铸造白金币和五铢钱后，盗铸货币之风日益炽盛，因盗铸被判死刑适逢大赦而免死罪的就有数十万人，因自首而被赦的有一百余万人，然而自首的人尚不足盗铸者的一半。在盗铸过程中互相残杀者则"不可胜计"。所以司马迁感慨地说："天下大抵无虑皆铸金钱矣。"③ 盗铸者如此之多，必然使货币流通混乱不堪，不利于商业的正常发展。

汉代前期货币政策和币制变换不定，虽然对长安商业乃至全国商业产生了不少负面影响，但由于商品流通的发展，汉代货币由混乱逐步趋向统一。汉王朝最终将铸币权收归中央政府，确立了影响中国古代货币史七百余年的五铢钱体系，这一成果本身正是汉代商业大发展的重要标志之一。汉代前期货币的频繁变革，其实质是汉朝中央政府与地方豪强和富商大贾之间围绕铜币铸造权的一场大较量。五铢钱制度的确立，说明汉

① 《汉书》卷59《张汤传》。
② 《史记》卷122《酷吏列传》。
③ 《史记》卷30《平准书》。

朝中央政府取得了最终的胜利，从而使西汉初年以来长期存在的币值不稳、货币流通紊乱等问题得到解决，扫除了商业发展的一大障碍。武帝以后，由于币制较为稳定，物价也比较平稳，商品交换和货币流通更加顺畅，长安商业也有了相当的发展。

武帝建立五铢钱制度后，长安成为全国最重要的货币铸造基地，亦即货币发行中心。武帝专门由上林三官负责铸造铜钱，上林三官所属铸钱作坊实际上是汉代的国家造币厂。汉长安铸造铜钱的工厂大致有以下几个地方：其一，在今西安市户县牛东乡钟官城遗址，所造的是五铢钱背面范。其二，在西安市西北未央宫大殿遗址正北七华里的相家巷（亦即汉长安西市北边不远处），所造的是五铢钱正面范。其三，在西安市北门外二里老母殿附近，所造的是五铢钱正面范，数量不多。今西安户县在西汉时有一部分属于上林苑，武帝时将水衡三官暂时设于上林苑，这正好是对《汉书·食货志》所谓专令上林三官铸钱的解释[①]。其四，在今西安市长安县窝头寨。1962年，陕西省博物馆等单位对长安县窝头寨出土汉代钱范遗址进行调查，在这里发现有五铢钱的陶制母范和阴文钱背范。这一遗址正好在上林苑范围内，所以这一遗址正是上林三官铸钱遗址的一部分[②]。另外，在陕西澄城县也发现了一处西汉铸钱遗址。澄城县在汉代属左冯翊，这里是上林苑以外的一处汉朝中央的铸钱厂遗址。考古工作者在这里发现烘范窑一座、烧范窑三座，以及铸钱用的铜范和陶范，还发现有铁卡钳、炼铜的铁锅

---

① 陈直：《两汉经济史料论丛》第120页，陕西人民出版社1980年版。

② 陕西省博物馆等：《长安窝头寨汉代钱范遗址调查》，《考古》1972年第5期。

及鼓风的铁管等①。据这个遗址发现的遗物，铸钱用的陶范制好坯后还要入窑烧造，使用之前还要烘烤。铸钱时将铜正面范和陶背面范配套使用，才能铸造出铜币。

铸造铜钱必须先制造钱范。秦代铸半两钱用石范，每个钱范仅铸钱一枚。汉代半两钱范则兼用铜、石、石膏三种范。榆荚半两铜范每范最多可铸 39 枚钱，半两钱铜范最多可铸 58 枚。五铢钱范主要用陶范和铜范，石范较少见。钱范可分为两种，阳文的谓之范祖，阴文的谓之范母。有范母才可以铸钱，也有直接刻成范母的。建国以来，在西安市附近发现了许多汉代钱范，就其质地而论，有铜范、石范、陶范三种；就时代而论，以西汉早期的半两钱范、武帝以后的五铢钱范和王莽的钱范为多。从已发现的钱范看，陶范都采用泥制成，范面光滑平整；石范都选用质地细密的青石，刻制工整，字迹清楚。范上的钱型之间都有沟槽相通，使铜液能够顺利地流至每个钱型。制范的精密反映了汉代的造币技术②。

西汉政府在京师长安设置铸钱工厂，然而长安地区并不产铜，那么铸钱用的铜从哪里来？据《汉书·贡禹传》载，全国每年采铜的工人有 10 万人以上，可见长安地区铸钱用的铜材料均来自全国各地。另外，汉政府还收购民间的铜材料作为补充材料。1955 年 11 月，在西安市汉长安城宣平门外约 200 步地方，发现了西汉用来铸钱的铜材原料一批，共有 10 大块。铜材均系长方形，中有孔穴，每块上面都凿刻有字，标明铜材的重量和编号。每块铜材重约 34 公斤。经化验可知，红铜含量为 99%，其中一块铜材刻有“汝南（郡）富波（县）宛里

① 陕西省文管会等：《陕西省澄城县坡头村西汉铸钱遗址发掘简报》，《考古》1982 年第 1 期。

② 宋治民：《汉代手工业》第 60 页，巴蜀书社 1992 年版。

田戎卖”九个字，字大如胡桃，说明汉代铸钱需要大量的红铜作原料，除官府大量采铜外，还收买私人的旧铜。这批铜材出土的地方可能就是上林三官中辨铜令官署铜库的遗址[①]。

抑商政策是汉代的一个基本国策，是汉政府对待商人、处理商业与其他行业关系的总体政策。汉代商业资本异常活跃，商人特别是富商大贾的政治经济势力空前膨胀，并成为一股强大的兼并势力。广大农民深受不法奸商的百般盘剥，同时由于农业和商业之间的利润差别悬殊，致使农民纷纷弃农经商，小农经济遭到蚕食和破坏，这就削弱了封建国家的统治基础，从而使汉朝封建政权与商人阶层之间的矛盾迅速激化。为此，汉政府必然要对商人势力加以遏制，以便巩固其统治。

汉代始终推行抑商政策。为了实行这一政策，汉政府采取了一系列措施，其中有些措施相当激烈。这些政策一部分针对商人，另一部分则针对商业，其效果和作用大小也不尽相同，有的甚至没有效果。尽管整个汉代始终推行抑商政策，但执行的力度大小则有很大变化。在这一政策影响下，商人的活动范围、商人势力的强弱、官营商业、私营商业以及商业资本的投资去向等都发生了显著变化。抑商政策在全国范围内实行，长安的商人和商业资本自然也深受它的影响。

汉高祖即位不久即颁布了贱商令，表示要抑制商人势力。史称：“汉兴，接秦之弊，丈夫从军旅，老弱转粮饷，作业剧而财匮，自天子不能具钧驷，而将相或乘牛车。”然而“不轨逐利之民，蓄积余业以稽市物，物踊腾粜，米至石万钱，马一匹则百金”[②]，米价上涨百倍以上。有一年关中大饥，人相食，

① 陈直：《两汉经济史料论丛》第121页；贺梓城：《西安汉城遗址附近发现汉代铜锭十块》，《文物参考资料》1956年第3期，第82页。

② 《史记》卷30《平准书》。

死者大半，商人乘机囤积居奇，操纵市场和物价，人民饿死无数。汉高祖对此颇为不满，为此要对商人活动加以限制。《汉书》卷24《食货志》说："天下已平，高祖乃令贾人不得衣丝乘车，重租税以困辱之。"公元前199年，汉高祖规定："贾人毋得衣锦绣绮縠（hú，有绉纹的纱）絺（chī）纻（zhù）罽，操兵，乘骑马。"[①] 后又规定："市井之子孙亦不得仕宦为吏。"[②] 当时的具体规定是：其一，严禁商人穿锦绣之类的高档服装，并禁止他们乘车骑马和操持兵器。这一规定旨在制止商人在日常生活上僭越封建等级制，从而把商人阶层的社会地位限定在低于平民百姓的位置上，使全社会贱视商人。其二，向商人征收高额赋税，抑制商贾的经济收入，以防止商人资本过度膨胀。其三，禁止商人及其子孙仕宦为吏（指做官府中僚属，当然更不能做官），其目的在于防止商人干预国家事务和政治，贬低商人的政治地位和社会地位。汉高祖推行的抑商政策，只是偏重于从政治上贬低商人，而未从经济上限制商业；只是偏重于抑制投机商人和身份低下的中小商人，而对于从事正常经营活动的富商大贾并未采取什么行动。这种自相矛盾、很不彻底的抑商政策，并未能阻挡商业资本和商人势力的迅速发展[③]。尽管汉高祖贬低商人，但对商人的经营活动并不加以限制，商业资本和商人活动的领域相当广泛，制盐、冶铁甚至铸钱都准许商人经营，于是商人势力迅速增长。汉惠帝、吕后时，汉政府"复弛商贾之律"，对商人的限制更加放松。尽管仍实行商贾子孙不得仕宦的政策，但这只是对有市籍的商人有

① 《汉书》卷1《高帝纪》下。

② 《史记》卷30《平准书》。

③ 吴慧：《中国古代商业史》第二册，第36页，中国商业出版社1982年版。

所限制。家无市籍的富商大贾，其子孙进入仕途本来就没有限制。即使有市籍的商人也照样可以“因其富厚，交通王侯”，图谋官职。文帝、景帝时，商人更可以通过买爵的办法来改变自己的政治地位。至此，汉政府的抑商政策并没有起多大作用，所以晁错感叹说：“今法律贱商人，商人已富贵矣；尊农夫，农夫已贫贱矣。”①

汉武帝即位之初，国家无事，天下太平，经济发展，财政状况良好，“京师（长安）之钱累巨万，贯朽而不可校。太仓之粟陈陈相因，充溢露积于外”②。后来边事不断，兵车屡动，加上自然灾害不断，致使国库空虚，国家财力难以为继。汉武帝不得不“募豪富人相贷借”，然而“富商大贾或蹛财役贫，转毂百数”，大肆囤积居奇，“而不佐国家之急，黎民重困”③。富商大贾的行为使汉武帝大为恼火，为此他决定对富商进行有力的打击。在谋臣张汤、桑弘羊等人谋划下，武帝采取了一系列抑商措施。

首先，汉武帝采取改革币制的办法来抑制商人，即所谓“更造钱币以澹用，而摧浮淫并兼之徒”④，但“商贾以币之变，多积货逐利”⑤，乘机囤积居奇，牟取暴利。商人不仅未受抑制，反而乘机捞了一把。

第二，谪发有市籍的商人及其子孙去戍边。汉武帝向匈奴、大宛发动进攻时，曾“发天下七科谪”⑥。“七科”中包括有市籍的商人，以及父母或祖父母有市籍的商人，这一措施虽然打击了少数富商大贾，但受害者大多是中小商人。

---

① 《汉书》卷24《食货志》。

② ③ ⑤ 《史记》卷30《平准书》。

④ 《汉书》卷24下《食货志》。

⑥ 《汉书·武帝纪》。

第三，实行算缗和告缗。每一千枚铜钱用线（缗）串起来称为一缗（即一贯）。所谓“算缗”就是向商人、高利贷者加重征收财产税，不论有无市籍都不能例外。据《汉书》卷6《武帝纪》载，元光六年（前129年），汉政府就已开始对商人的车船征税。向商贾征收车船税，旨在加重商人赋税负担，增加财政收入。元狩四年（前119年），武帝采用大臣建议，对商人进一步实行算缗，即“诸贾人末作贳贷卖买，居邑贮积诸物，及商以取利者，虽无市籍，各以其物自占，率缗钱二千而算一。诸作有租及铸，率缗钱四千算一。非吏比者、三老、北边骑士，轺车一算；商贾人轺车二算；船五丈以上一算”①。这些措施可以归纳为以下几点：其一，商人、高利贷者、囤积货物者要把他所拥有的现钱、货物、放出的债款、牲畜、房舍、土地、奴婢以及其他财产都以钱计算，算出各自的财产总额，官府根据他的财产数字，每两千钱抽取一算（每算为120钱），即征收6%的税。其二，凡制造手工业品出卖的，其财产则按每四千钱抽取一算的比例征收，即税率为3%。其三，不是“三老”“北边骑士”而有轺车的，每一辆车抽取一算；商贾所拥有的轺车则加倍征收，每辆车抽取二算（共240钱），船只五丈以上即征收一算（在中国经济史上对商人船只征税始于此）。其四，为了抑制商人兼并农民的土地，汉政府又规定“贾人有市籍者，及其家属，皆无得籍名田，以便农。敢犯令，没入田僮”②。就是说，有市籍的商人及其家属都不得占有田地，如有违犯，将其田地及僮仆一律没收充公。

为了对付商人逃税和消极对抗，当时还做出“告缗”的规

① 《汉书》卷24下《食货志》。

② 《史记》卷30《平准书》。

定：凡是隐瞒财产不报或者以多报少者，罚戍边一年，并没收财产，对告发的人则赏给没收财产的一半，即所谓“匿不自占，占不悉，戍边一岁，没入缗钱。有能告者，以其半畀之”[①]。算缗令颁布后，商人绝大部分不肯如实报告他们的财产，汉政府遂发出告缗令，对被告发的商人直接没收其财产。这是汉武帝推行抑商政策所采取的一个极端措施。汉武帝命令杨可专门负责“告缗”之事，史称“杨可告缗遍天下，中家以上大抵皆遇告”，结果“得民财物以亿计，奴婢以千万数，田，大县数百顷，小县百余顷，宅亦如之。于是商贾中家以上大率破”[②]。

通过实行上述措施，商贾阶层遭到汉初以来最为沉重的打击，尤其是杨可告缗对商人的打击更为厉害。它无异于对商人进行了一次全国性的大抄家，不少商人为之破产，从此商人元气大伤。武帝抑商是推行于全国的政策，京师长安的商人无疑更是首当其冲，自然难以避免打击。当然，长安商人也有其本身的优势，他们身处京师，具有其他地方商人所没有的便利条件。他们更易于交结王侯百官，刺探中央政府的经济情报，以便及时做出反应，尽量减少其损失，所以长安富商大贾所受的损失比其他地方或许小一些。武帝的这个措施对于商业的正常发展显然有一定的副作用。

第四，实行盐铁专卖制度，限制私营商业活动范围。食盐是生活必需品，不可一日或缺；铁是生产所必需，没有铁就不能制造生产工具。食盐和铁器“非编户齐民所能家作，必仰给于市，虽贵数倍，不得不买”[③]。正因为如此，盐、铁在古代是利润最大的两种商品，实行盐铁专卖制度，就等于扼住了富

① ② 《史记》卷30《平准书》。
③ 《汉书》卷24下《食货志》。

商大贾的咽喉。汉初以来，西汉统治者在经济上采取放任政策，盐铁经营完全自由，即所谓“开关梁，弛山泽之禁”，使商人得以自由地“周流天下”，在商品贩运上更是“交易之物莫不通，得其所欲”[①]，商人阶层的势力正是在这种政策下日益膨胀起来。元狩三年（前120年）秋，汉武帝采用桑弘羊的建议，实行盐铁专卖，采取民产官销办法，即“募民自给费，因官器作煮盐，官与牢盆”[②]。就是说，招募平民自备生活费用和生产费用，由官府提供主要的生产工具——煮盐锅，煮成的盐要按官定工价全部卖给官府。在冶铁方面，则是由罚作苦工的罪人（“徒”）和轮流服役的民夫（“卒”）在官吏指挥下从事生产和运输。生产的铁器全部归官府，由官府统一营销。政府在各地设置盐官和铁官，不出产铁的郡设置小铁官，负责盐铁营销和专卖。严禁私自煮盐和私铸铁，“敢私铸铁器鬻盐者，钛左趾，没入其器物”[③]。这些政策实际上将盐铁的生产、分配和销售完全由政府控制，从此将商人排除在盐铁生产和流通领域之外，堵塞了商人发财致富的途径，有力地抑制了富商大贾的发展。

第五，实行均输法和平准法。汉武帝抑商政策的重要措施之一就是建立均输制度和平准法。汉武帝接受著名理财家桑弘羊的建议，于元封元年（前110年）在全国推行均输法和平准法。平准是“坐贾”性质，在物价波动时以其调节商品的贵贱；均输则是“行商”性质，在地区之间调剂余缺。这两个机构一个是管理零售市场，一个是掌握批发环节，内容有所不同，但两者又互相配合。均输法和平准法的推行，有力地抑制

① 《史记》卷129《货殖列传》。
② 《史记》卷30《平准书》。
③ 《汉书》卷24下《食货志》。

了商人势力和商业资本的迅速膨胀。元封元年（前 110 年）大旱，武帝令百官求雨，大商人的代表卜式则进言说："县官当食租衣税而已，今弘羊令吏坐市列肆，贩物求利。亨弘羊，天乃雨！"[1] 可见桑弘羊建议的均输法和平准法对富商大贾利益损害之大。

第六，实行酒类专卖。酒的生产和销售在西汉时已是一个相当有利可图的行业。正因为如此，天汉三年（前 98 年），由当时任大司农的桑弘羊创行了"榷酤法"。其办法是由官府控制酒的生产和流通，实行官酿官卖，不允许私人酿酒和卖酒。酒在当时不是一般人民的生活必需品，而是有钱人的消耗品，实行酒类专卖，等于向有钱人多征收一笔消费税，而不致过分影响普通人的生活。

汉武帝实行上述措施，使抑商政策更加系统化和制度化。桑弘羊曾明确表示"今意总一盐铁，非独为利入也，将以建本抑末，离朋党，禁淫侈，绝并兼之路也"[2]。其目的就是要重农抑商，杜绝兼并之路。但桑弘羊所要抑制的是富商大贾和弃农经商者，而并非整个商业。相反的，他是一个重商主义者。他也重视商业的客观作用，重视官营商业的发展。他曾说："富国何必用本农，足民何必井田也？"[3] 他甚至提出了"农商交易，以利本末"的口号，主张使"农商工师各得其所欲"[4]。由于他提出的盐铁专卖等政策损害了富商大贾以及贵族、大官僚、大地主兼商业者的利益，因而遭到他们的强烈反对。于是，昭帝始元六年（前 81 年），在长安召开了著名的"盐铁会

① 《史记》卷 30《平准书》。
② 《盐铁论·复古》，中华书局 1992 年版。
③ 《盐铁论·力耕》，中华书局 1992 年版。
④ 《盐铁论·本议》，中华书局 1992 年版。

议”，反对者在会议上要求废除盐铁、榷酒、均输等。结果桑弘羊做了一些让步：撤销关内的铁官，允许京师长安地区贵戚私人铸造铁器；并废除榷酒法，允许商人、地主私人酿酒和卖酒。长安作为王公百官云集之地，酒的生意自然相当红火。汉政府放弃酒类专卖，显然对长安商人最为有利。

桑弘羊死后，盐铁专卖和均输法等虽被保留下来，但汉政府的抑商劲头已日渐消沉。武帝时遭到沉重打击的富商大贾，元气日渐恢复，长安地区的商人更是日趋活跃。汉昭帝去世之际，茂陵富商焦氏、贾氏就暗地积贮了价值达数千万的丧葬用品，以便“冀其疾用，欲以求利”[①]。囤积商居然敢在皇帝丧事上打主意，商人势力之盛于此可见。榷酒法废止后，私营酿酒业和酒商又迅速活跃起来。元帝时，赵君都、贾子光、赵放等人以卖酒而称霸于长安，“上干王法，下乱吏治，并兼役使，侵渔小民，为百姓豺狼。更数二千石，二十年莫能禽讨”。长安东市的贾万、城西柳市的萬章、卖剪刀的张禁、杜陵人杨章等人“通邪结党，挟养奸轨”，横行不法[②]。这些商人豪滑竟然使连续几任京兆尹无能为力，长安富商势力之大可想而知。

初元五年（前 44 年），汉元帝取消了盐铁专卖，三年后又因用度不足而宣布恢复。然而这时的盐铁专卖和均输、平准等措施已日渐变质，逐渐成为官府敛钱的工具和官商勾结、假公济私的工具。后来均输法也在无形中放松，贩运贸易的阵地又陆续让给了私商。

武帝以后，官僚经商之风日渐兴盛。宰相霍光的儿子霍禹私人经营屠宰业，并且卖酒。元帝时，贡禹奏请：“近臣自诸

---

① 《汉书》卷 90《田延年传》。
② 《汉书》卷 76《王尊传》。

曹侍中以上家，亡得私贩卖，与民争利”[①]，说明长安的官僚们已在大营商贾之利。哀帝时，外戚曲阳侯王根在长安营造大宅第，宅内设立两市，公开地自营商业[②]，官府抑商已经变成了官商合流。

三、长安商业发展的历史条件

秦汉之际，宏伟壮丽的咸阳毁于兵火，长安地区的商业也随之遭到严重破坏。经过汉初几代努力经营，规模宏大的长安城又屹立于咸阳城东，从此长安商业进入了一个全新的发展阶段。长安作为汉王朝首都，不仅是政治中心，也是全国陆路交通中心。这里人口众多，关中农业素称发达，手工业也有长足的发展，汉王朝又采取了一系列发展社会经济的措施，这些都为长安商业的发展奠定了经济基础，长安市场很快呈现出一片繁荣景象。

秦末的战乱使社会经济遭到严重破坏，人口凋零，农业废弛，城市毁坏，商业更无从谈起。西汉初期，统治阶级采取“休养生息”“无为而治”等政策，社会经济很快得到恢复，以至于出现了“文景之治”的兴旺景象。武帝即位之初，“国家亡事，非遇水旱，则民人给家足，都鄙廪庾尽满，而府库余财。京师之钱累百钜万，贯朽而不可校。太仓之粟陈陈相因，充溢露积于外，腐败不可食”[③]，社会经济一派繁荣景象。在此情况下，“自京师（长安）东西南北，历山川，经郡国，诸殷富大都，无非街衢五通，商贾之所凑，万物之所殖者”[④]。

① 《汉书》卷 72《贡禹传》。

② 《汉书》卷 98《元后传》。

③ 《汉书》卷 24 上《食货志》。

④ 《盐铁论·力耕》，中华书局 1992 年版。

社会经济发展为商业繁荣奠定了坚实的基础。

西汉初年，仍实行强干弱枝政策，从全国各地移民至关中，以充实关中。到汉中期以后，关中已成为一个人口相当稠密的地区，这就为当地经济的发展提供了重要条件。据《汉书·地理志》载，汉平帝元始二年（公元2年），长安城中有80 800户，246 200人。这个数字显然偏低，若按每户5口计算，则长安至少应有40万人口。如将皇族、长安驻军及其他人员计算在内，长安人口应在55万人左右①。此外，渭北诸陵邑还各有数万户，所以长安城及其附近地区成为全国人口最密集的地区。如此众多的人口，也就必然形成庞大的消费需求，商人来此经营自然也就容易赚钱。这是长安商业得以迅速发展的一个重要条件。

汉朝建立后，国家统一，社会安定，道路交通也比以前更为发达，作为汉王朝国都的长安，也成了全国陆路交通的中心和枢纽。以长安为中心，向东出潼关可达洛阳。由洛阳东通东郡、济郡、东莱，水陆无阻；东北通向河内、魏、赵、真定、涿郡，然后可达辽东，以陆路为主；由洛阳向南经水道或陆路通往广大的南方地区。由长安而北，东北由陆路经太原、雁门；北边由陆路至五原。由长安而西，经凉州至西域，这是陆上对外交通干道，亦即著名的丝绸之路。汉朝开放关、梁，商路更为通畅，所以史书说："汉兴，海内为一，开关梁，弛山泽之禁，是以富商大贾周流天下，交易之物莫不通，得其所欲。"② 交通的发达显然有利于商品流通和商贾往来。

再者，农业和手工业生产的迅速发展，也为长安商业的繁

---

① 薛平拴：《陕西历史人口地理》第41～44页，人民出版社2001年版。

② 《史记》卷129《货殖列传》。

荣提供了坚实的物质基础。关中地区的农业向来就很发达，早就是一个富庶的农业区。西汉以来，关中地区耕作方法和生产工具不断改进，农业生产技术日益提高。汉武帝时，赵过创立的代田法是一种用力少而收获多的耕作技术。这种先进的生产技术首先在关中平原开始推行，后来才推行于其他地区。实行代田法后，每亩产量至少比缦田法多收一斛或两斛，甚至亩产量比缦田法提高一倍[①]。氾胜之创立的"区种法"，也是先进的农业生产技术，每亩收获量较代田法更多。区种法也曾在长安附近开始试行。汉代还在关中兴修了不少大型水利工程，主要有白渠、六辅渠、龙首渠、成国渠、灵轵渠、漕渠等，加上秦朝兴建的郑国渠，从而使关中大部分土地都可以得到灌溉，水耕田面积大为增加，粮食产量也显著提高[②]。白渠修成后，当时在人们中流传着这样一首歌谣："田于何所？池阳、谷口。郑国在前，白渠起后。举臿为云，决渠为雨。泾水一石，其泥数斗，且溉且粪，长我禾黍。衣食京师，亿万之口。"[③] 由此可见长安的兴旺繁荣与农业生产及水利有密切关系。据推算，由于人口增长，耕地扩大和粮食单产提高，西汉末期的粮食总产量大致为秦朝时的3.6倍；假如西汉时的粮食商品率与战国和秦时相近，则西汉时粮食的商品量大致也比过去增加两倍半还多[④]。也许这样的推算数字偏高，但农业的进步为商业发展提供了有利条件则是毫无疑问的。

手工业的发达是促进长安商业繁荣的另一重要原因。总的说来，汉代在冶铁、煮盐、炼钢、纺织、竹器、制陶、造船等

---

① 《汉书》卷24上《食货志》。

② 史念海：《秦汉时代的农业地区》，《河山集》，三联书店1961年版。

③ 《汉书》卷29《沟洫志》。

④ 吴慧：《中国古代商业史》第二册，第7页。

行业都比前代有显著进步，主要表现为生产规模扩大、分工更为细密、技术有所进步、产品质量也有所提高。长安的手工业也很发达，官营和私营手工业的人数都很多。由于长安为国都所在，汉王朝在此设立了许多规模庞大、种类齐全的手工业作坊，从事各种产品的生产。与此同时，私营手工业者也在努力经营他们各自的产业。官营手工业的产品一般都是为皇家和官府生产的，但有些产品也进入市场销售，而广大的私营手工业者的产品则属于商品生产，这些产品都要投入市场。手工业者中有不少人本身就是商人。随着手工业的发展，向市场提供的商品数量日益增多，品种也更加丰富。

四、长安商业的空前繁荣

汉朝定都长安二百多年，由于长安所处的特殊地位，特别是随着农业、手工业和道路交通的迅速发展，长安的商业迅速从秦汉之际的凋敝状态中发展起来，并且达到空前繁荣的程度。主要表现在：市场规模比以前扩大，而且交易旺盛，市场繁荣；来自全国各地的各民族商人，甚至外国商人均云集于此；市场上的商品更是琳琅满目，令人目不暇接，商品种类也比秦以前更为丰富，更加多样化；商业行业的分化也更加细致。在此情况下，商税也大为增加。凡此皆说明，长安已经成为全国商业活动的中心。

司马迁说，社会经济的正常运转，必须“待农而食之，虞而出之，工而成之，商而通之”①。正是由于农、工、虞的辛勤努力，社会产品才会大大增加，在此基础上的商业才会迅速发展起来。长安商业的繁荣正是如此。从文献记载看，长安的市场熙熙攘攘，南来北往的客人川流不息，络绎不绝，一派繁

① 《史记》卷129《货殖列传》。

荣景象。班固《两都赋》生动地描绘了汉长安市场的繁荣景象：长安城中，“内则街衢洞达，闾阎且千，九市开场，货别隧分，人不得顾，车不得旋，阗城溢郭，傍流百廛，红尘四合，烟云相连。于是既庶且富，娱乐无疆，都人士女，殊异乎五方，游士拟于公侯，列肆侈于姬、姜”①。长安商业之繁荣跃然纸上，令人神往。张衡《西京赋》说：长安“城郭之制，则旁开三门，叁涂夷庭，方轨十二，街衢相经，廛里端直，甍宇齐平。……尔乃廓开九市，通阛带阓，旗亭五重，俯察百隧，周制大胥，今也惟尉。瑰货方至，鸟集鳞萃，鬻者兼赢，求者不匮”。可见市场是多么的繁盛。长安市场规模相当大，商人也很多。汉武帝征和二年（前91年），戾太子刘据曾发兵攻杀佞臣江充，他在长安城“驱四市人，凡数万人众”②。可见长安市内的商贾人数的确很多（当然也有些人可能不是商人）。如此众多的商人，其交易规模肯定不会小。

市场上经营的商品品种日益增多，商业行业不断增加，也充分显示出长安商业的兴旺繁荣。据《史记·货殖列传》记载，当时“通都大邑”中经营的商业行业有酤酒、醯酱、浆、屠牛羊彘、贩谷、薪槁、船、木、竹竿、轺车（轻便小马车）、牛车、木器、铜器、素木铁器、马、牛、羊、筋角、丹沙、帛絮细布、文采、榻布、皮革、枣、栗、旃席和果菜等。根据这个记载并结合其他一些材料，可以看出当时大城市中至少已有三十多个行业（有的属于亦工亦商）③。既然司马迁指出这是“通都大邑”中的商业行业，那么自然也包括首都长安在内。事实上，长安的商业行业比其他城市肯定要更加多样。这些商

① 《后汉书》卷40上《班固传》。
② 《汉书》卷66《刘屈氂传》。
③ 吴慧：《中国古代商业史》第二册，第22页。

品有不少是供有钱的富人享用的，也有许多商品满足了一般人民的日常生活，“皆中国人民所喜好，谣俗被服饮食奉生送死之具也”[①]。总之，当时长安市场上的商品的确可谓丰富多彩，从衣食住行到文教用品，从生产、交通工具乃至珠宝金玉等高档奢侈品，甚至连丧葬用品也摆进了市场，真可谓无所不包。当时的商业行业中，既有批发商，也有零售商；有日进斗金的富商大贾，也有坐列贩卖的小商小贩，可见当时的经营方式也是多种多样的。

西汉时，商品也有一定的规格要求和质量标准，不合乎规格要求的以及不够质量标准的商品，按规定不能在市场上出售。例如缣一匹幅宽 2 尺 2 寸，长 4 丈，重 25 两，在长度、宽度和重量等三个方面都有明确的规格标准。又如，三辅（关中地区）的草席规格为宽 35 寸。为了表示对主顾负责，保证量足价实，有的商品在制造时就已刻上重量和价格。例如西安灞桥郭家滩汉墓出土的陶制灶上刻有“直二百（钱）”三字。有的商品为了表示它的特点，维护其自身信誉，则往往冠以地名或人名，如襄阳锦、河内帛、张芝笔等等。这有些类似于近代的名牌商标。尽管如此，不按规格、不讲质量、不顾信誉出售商品的情况也时有发生。乡下人和偏远地区来的客人，往往成为商贩诈伪取利的对象。所以张衡在《西京赋》中说：长安“商贩百族，稗贩夫妇，鬻良杂苦，蚩眩边鄙”。

在市场内交易的商人，必须按规定向官府交纳市租。市租包括交易税和场屋税（营业场地租金），市租税率很可能是 2%[②]。随着长安商业的发展和交易额的增加，市租收入也在不断增加。长安的市租收入究竟有多少呢？史无明文。不过有

① 《史记》卷 129《货殖列传》。

② 马大英：《汉代财政史》第 86 页，中国财政经济出版社 1983 年版。

个数字可供参考。武帝时，主父偃说："齐临淄十万户，市租千金，人众殷富，巨于长安。"① 齐国临淄城有10万户（约50万人），长安作为汉王朝首都，人口绝不会少于10万户②，而且它作为全国的商业中心，商业之繁荣绝不亚于临淄这个地方性都会。由此判断，长安的市租收入至少在千金以上。汉代黄金一斤值铜钱一万钱，那么市租收入就是1 000万钱，亦即1万贯。这个"市租千金"是一天的收入，还是一年的收入呢？唐人司马贞在《史记索引》中理解为"日得千金"，这显然不可能。如果市租收入每天为千金（1 000万钱），那么每年的市租就可达360万贯之巨，这无疑太大。有的学者则把"市租千金"理解为一年的市租③，也似乎不大可能。如果作为一年的收入，则一年的交易额就只有3.33亿钱（市租税率按3%计算），亦即33万贯钱，那么平均每天交易额只有925贯。号称商业繁盛的临淄每天只有不到1 000贯的交易额，未免有些太少。我以为，所谓"市租千金"应是指每月的收入。如果这一理解不错，那么长安的市租收入每年可达12万贯以上。这应是一笔颇为可观的收入。

商人阶层势力的发展壮大亦足以显示出长安商业之盛。尽管汉初以来就推行重农抑商政策，但随着商业的发展，商贾阶层特别是富商大贾的政治经济实力迅速壮大起来。汉初曾将全国各地的富商迁居长安诸陵邑，遂使这里"五方杂错，风俗不纯，其世家则好礼文，富人则商贾为利"，经商牟利之风骤然兴盛。由于长安及渭北诸陵"四方辐凑，并至而会，地小人

① 《史记》卷52《齐悼惠王世家》。

② 《汉书·地理志》记载为80 800户。

③ 吴慧：《中国古代商业史》第二册，第21页。

众，故其民益玩巧而事末”[1]，经商者日益增多，富商大贾更是引人注目。据载：“关中富商大贾，大抵尽诸田，田啬、田兰。韦家栗氏，安陵、杜杜氏，亦巨万。”[2]他们都拥有相当雄厚的财富。汉高祖时“弛山泽之禁”，下放铸钱、盐、铁三大利，这本身就有利于商业和商人势力的发展；汉惠帝、吕后时，在“无为而治”政策指导下，又放松了对商人的限制，于是“富商大贾周流天下，交易之物莫不通，得其所欲”[3]，富商大贾们可谓如鱼得水。文帝和景帝时，实行“入粟拜爵”等办法，商人交纳一大笔粮食就可买到一个爵位，四千石可买个“五大夫”，入粟越多，爵位等级越高，商人子弟入仕已成为不可避免的事实。景帝时，禁止商人子弟仕宦为吏的规定实际上已成为一纸空文，所以晁错在文帝时大声疾呼：“今法律贱商人，商人已富贵矣。”据晁错观察，当时“商贾大者积贮倍息，小者坐列贩卖，操其奇赢，日游都市，乘上之急，所卖必倍。故其男不耕耘，女不蚕织，衣必文采，食必粱肉，亡农夫之苦，有仟伯之得。因其富厚，交通王侯，力过吏势，以利相倾；千里游遨，冠盖相望，乘坚策肥，履丝曳缟”[4]。商人们操纵物价，乘机牟取厚利，出力少而获利丰厚，吃的是山珍海味，穿的绫罗绸缎，坐华车，骑大马，以其雄厚的财力与王侯百官交往，成为他们的座上宾。武帝时，长安富商田甲、鱼翁叔等人就曾与著名酷吏张汤私交甚好，过从甚密[5]。武帝曾问张汤：“吾所为，贾人辄先知之，益居其物，是类有以吾谋告之者。”[6]长安大商人就是通过勾结政府官僚来获取经济情报，进行囤积居奇的。

---

①②③ 《史记》卷129《货殖列传》。

④ 《汉书》卷24上《食货志》。

⑤⑥ 《史记》卷122《酷吏传·张汤传》。

武帝虽曾大力抑制商贾势力，但同时又拉拢富商大贾，允许商人到政府任官。例如大盐商东郭咸阳、大铁商孔仅、洛阳商人之子桑弘羊等人都曾在武帝时入朝任职。东郭咸阳、孔仅任大农丞，负责全国盐铁行业。桑弘羊曾任侍中、大农丞、治粟都尉、大司农、搜粟都尉、御史大夫等职，成为汉代著名的理财家。富商大贾纷纷入朝做官，从而使“吏道益杂不选，而多贾人矣”[①]。据载，从元帝、成帝以至王莽统治年间（前48—23），“京师富人杜陵樊嘉，茂陵挚网，平陵如氏、苴氏，长安丹王君房，豉樊少翁、王孙大卿，为天下高赀。樊嘉五千万，其余皆巨万矣。王孙卿以财养士，与雄桀交，王莽以为京司市师，汉司东市令也”[②]。这些长安富商大贾不仅资财巨万，成为全国有名的巨富，而且还以财养士，与豪杰交往，异常活跃。在长安市中以卖豆豉起家的富商王孙大卿能够广交豪杰，并和当时的权贵王莽结交，做了东市令师，其活动能量之大可想而知。另外，在长安卖丹的王君房以及卖豆豉的樊少翁、王孙大卿等人，他们经营的行当其实都不是赚大钱的行当，居然也能发家致富，成为一时有名的大亨。这只能说明当时的商业利润很高，商人赚钱比较容易。所以《盐铁论》说：“商贾之富，或累万金，追利乘羡之所致也。富国何必用本农，足民何必井田也?”[③] 富商大贾积累的万金家财正是追逐高额利润的结果。我国古代伟大的史学家司马迁在总结当时的社会现状后，曾感慨地说“用贫求富，农不如工，工不如商”[④]，可见商业是当时发家致富最好的行业。

---

① 《史记》卷30《平准书》。

② 《汉书》卷91《货殖传》。

③ 《盐铁论·力耕》，中华书局1992年版。

④ 《史记》卷129《货殖列传》。

司马迁把那些虽无封君之号却富比封君的人称为“素封”。这些素封中就包括不少富商大贾，他们“与时俯仰，获其赢利，以末致财，用本守之，以武一切，用文持之，变化有概”。由于其财力雄厚，故能“大者倾郡，中者倾县，下者倾乡里”，“千金之家比一都之君，巨万者乃与王者同乐”[①]。富商大贾致富后，一方面过着锦衣玉食“与王者同乐”的生活，一方面又把资本投向农业，大肆兼并农民的田地，这就是所谓“以末（商业）致财，用本（农业）守之”，既当商人又当地主，亦商亦农，真可谓本末相济，左右逢源。在此方面，宣曲（在昆明池西）的任氏就是一个典型。任氏致富后，并不像其他富商那样争奢斗侈，而是“折节为俭，力田畜”，以积累更多的钱来购买土地。“田畜人争取贱贾，任氏独取贵善，富者数世”[②]。任氏不计价格，只要是良田就大力买进，结果家富数世。由于富商大贾以及地主官僚大肆兼并土地，致使长安地区地价成为全国之最。武帝时，东方朔说：“丰、镐之间号为土膏，其贾（价）亩一金。”[③] 一亩地值一金，亦即值一斤黄金（折铜钱为10 ,000 钱）。这些富商积累起来的商业资本，不仅用于购置土地，而且还经营高利贷。经营高利贷的商人在汉代被称为“子钱家”。据司马迁说，当时只要有 1 000 贯（每贯 1 000 钱）出贷，每年利息收入则不少于 20 万钱，可以与封君收入相比拟。汉长安经营高利贷的商人很多，不仅许多平民百姓成为他们盘剥的对象，就是那些“列侯封君”也不得不“低首仰给”于这些富商。长安地区经营高利贷者最著名的还要数景帝时的无盐氏。吴楚七国起兵叛乱时，“长安中列侯封君行从军旅，赍贷子钱。子钱家以为侯邑国在关东，关东成败未决，莫肯与。唯

---

①② 《史记》卷 129《货殖列传》。

③ 《汉书》卷 65《东方朔传》。

无盐氏出捐千金贷，其息什之。三月，吴楚平。一岁之中，则无盐氏之息什倍，用此富埒关中”[①]。无盐氏取息10倍，虽属特殊情况下的超高利率，但在一般情况下，高利贷商的利率也常常达到100%，即所谓“倍称之息”。当然，当时也存在“什二之利”即20%的借贷利率，但它只能算是一般的、较低的利率。

富商大贾日进斗金的同时，有些小商小贩也能大赚其钱。《史记·货殖列传》就曾特别提到：“行贾，丈夫贱行也，而雍乐成以饶。贩脂，辱处也，而雍伯千金。卖浆，小业也，而张氏千万。”贩脂、卖浆行贾这些并不起眼的行业中，雍伯、乐成和张氏居然也能积累起上千万的家产。商人财富的积累如此迅速，从一个侧面说明商业的活跃和兴旺。

长安商业的繁荣和发展具有明显的特点。社会秩序的安定、关中经济的发展、交通道路的改善等，这些因素都是促使长安商业繁荣的基本条件，但长安商业之所以繁荣，在很大程度上还依赖于它独一无二的政治地位。如果长安不是汉王朝的国都，那么它的商业就不会如此繁荣。由此可以说，长安商业的兴衰与它的政治地位息息相关，一旦失去国都地位，商业发展就会受到很大影响，从而失去昔日的光彩。后来历史的发展充分证明了这一点。

从许多方面来看，长安商业的确比过去繁荣得多，但西汉时期长安商业仍存在很大的局限性。由于长安是皇亲国戚、王公贵族聚集之地，加之这里聚集了数不清的富豪巨商，他们对金玉珠宝奇珍异货等奢侈品具有强烈的追求欲和巨大的购买力，这就决定了长安市场上的奢侈品贸易异常兴旺。既然王公贵族们需要大量的奢侈品，头脑灵活的商人们自然要大量贩运

---

① 《史记》卷129《货殖列传》。

这些物品了。当时来自全国各地乃至外国的商人，有许多人就是专门向长安贩运高档奢侈品和奇珍异货的，以至于形成了“殊方异物，四面而至”的热闹局面[①]。在喧闹的长安市场上，为王公贵族提供的高档奢侈品真可谓琳琅满目，美不胜收，它在整个商品交易中占有相当重要的地位，商业的服务对象主要还是偏重于封建统治阶级的上层人物。然而一般百姓日常生活和生产所需要的、价格较低的普通商品，虽然种类和数量都比过去有所增加，但是相对来说，其交易量还不是很大。长安人口众多，粮食需求自然很大。但是很显然，以皇帝为首的皇族和大批王公贵族、官僚地主及驻扎在长安的数万军队、大量的官私奴婢均不需要从市场上买粮吃。西汉政府每年需要从山东漕运粮食数十万石，用以支付各级官僚的禄米以及军士用粮(汉代制度规定：官员俸禄一部分发给现钱，一部分则发给粮食；军士也按人每月发给口粮)。武帝时，每年漕运粮食增至数百万石。广大农民基本上不会买粮吃，而地主则有地租收入，所需粮食一般不需要在市场上购买。因此，长安城中只有手工业者、商人、游民等城市平民阶层依赖于“商品粮”。这说明，长安的商品粮需求并不很大。按司马迁的说法，当时大城市（如长安）的大粮店每年每家所粜卖的粮食也不过“千钟”之数，可见粮食交易量仍然很有限。从粮食供给方面来看，汉代粮食总的商品量比过去显著增加，但粮食的商品率还不高，农民出售的剩余粮食还不太多，在整个商业中粮食贸易也还未占主要地位。在长安城中，政府建立了庞大的官营手工业生产体系，自产自用，因而很多手工业品也不必依赖于市场，这就不能不使商品生产和商品交换的扩大受到限制。总之，汉代长安商业偏重于为王公贵族服务的倾向性十分明显，

① 《汉书》卷96《西域传》。

奢侈品和奇珍异货的贸易相对兴旺，而与人民生活和生产密切相关的普通商品交易则明显不如高档奢侈品那样活跃，这不能不说是长安商业的局限性所在。其实这种局限性具有相当广泛的典型性，汉代许多城市无不具有这种局限性，只是轻重程度不同而已。

根据长安商业发展的一般事实和总体趋势，可以把西汉时期长安商业的兴衰过程描述如下：西汉初至武帝时，长安商业迅速发展并达到空前繁荣，这是长安商业发展的黄金时期。尽管西汉政府实行抑商政策，但是开关梁、弛山泽之禁，社会安定，交通改善，农业、手工业持续发展，商业发展的有利因素很多，从而使商人周流天下，无不得其所欲，交易之物莫不通。结果商品交换空前活跃，商人发财致富者不可胜数，势力日盛。武帝时，大力抑制富商大贾势力，采取各项措施发展官营商业，长安成为全国官营商业的调控中心和总指挥部，官营商业在长安得到了前所未有的发展。与此同时，长安的私营商业和商人受到沉重打击。武帝以后，长安商人很快又恢复元气，东山再起。到西汉末期，随着汉政府抑商政策日渐弱化，在长安的王公百官经营商业者已屡见不鲜，长安富商大贾与官僚贵族的勾结也更加紧密，商人们“以末致富，以本守之”的做法也蔚然成风。于是官僚、地主、商人三位一体的格局更趋显著，古代商业的消极性以及中国古代商人所特有的落后性也就日渐突出了。到王莽统治时，商业政策和货币政策朝令夕改，商品交换日益混乱。长安商业趋向衰落，再也看不见昔日的繁盛了。

五、汉长安在国内国际贸易中的地位

西汉时期，全国已经形成了若干经济区域，随着农业、手工业的进步以及水陆交通的不断发展，在这些经济区域内都已形成数量不等的商业都会。这些都会在战国、秦朝时大都已有一定的规模，但在汉代又有不同程度的发展。在这些城市中，京师长安不仅因为它是汉王朝的国都而令人神往，而且还由于它的商业异常繁荣而倍受国内外商贾青睐。在汉代，长安不但是国内商业贸易的中心，而且也成为重要的国际贸易中心城市之一。

（一）长安是国内商业的中心

司马迁在《史记》卷129《货殖列传》中以城市为纲把全国划分为五个区域，共包括二十七个商业发达的中心城市。这五个区域是：关中区域、三河区域、燕赵区域、齐鲁梁宋区域、楚越区域。关中区域包括今陕西、甘肃、四川等地区，有长安、成都、天水等城市，其面积不过全国的三分之一，人口不过十分之三，但拥有的财富却占全国的一半以上。三河地区包括河东的杨（今山西洪洞县）、平阳（今山西临汾市西）、河内的温（今河南温县）、轵（今河南济源市东南）、河南的洛阳、颍川、宛（今河南南阳）等城市（今河南、山西地区）。这些城市所在的三河地区是当时经济最为发达的地区之一。燕赵区域包括邯郸、燕等城市（今河北、山西北部地区）。齐鲁梁宋区域包括临淄、陶（后称定陶，今山东定陶县）、睢阳等城市。这一地区向来是物产富饶、交通便利，自战国、秦以来就是全国经济最发达的地区之一。楚越区域包括江陵（今湖北江陵）、寿春（今安徽寿县）、番禺（今广东广州）等城市，即今长江中下游和珠江流域部分地区。这个地区在西汉时地广人稀，"无冻饿之人，亦无千金之家"，"不待贾而足"，自给自足，是未开发地区，商业发展的整体水平很低，但个别城市的商业还是比较活跃的。这些城市都是各个地区的商业交换中心。有的发展很早，有的起步较晚，商业发展的背景不尽相同，因而各城市商业发展的程度有明显的差别。司马迁所说的二十七个城市中，最大的城市有六个，即关中地区的长安、齐鲁地区的临淄、三河地区的洛阳、燕赵地区的邯郸、巴蜀地区的成都和南阳地区的宛（今河南南阳）。在这六个最大的城市中，京师长安的商业最为繁盛，所以说长安是当时全国的商业交换中心。

长安之所以能够成为全国的商业交换中心，是由于长安的商业市场最大，是全国最大的消费中心，前往这里做买卖的商人最为繁多，商品交换最兴旺，而且它与全国各地区的商业都会都有密切的经济联系。首先就商业市场的规模来说，长安既设有包括东、西市在内的“九市”，还设有柳市、直市、交门市、交道亭市以及颇具特色的槐市。市场不仅多，而且占地面积也很大。此外，在长安附近的诸陵邑也都设有商业市场，在长陵就设有“长陵小市”[①]。从市场规模来看，长安超过了全国其他任何一个城市。其次从消费需求的规模来看，据《汉书·地理志》载，长安有 80 800 户居民，若以每户 5 口计则在 40 万人以上，加上皇亲贵族及驻军则有 55 万人[②]。另外长安附近诸陵邑还各有数万户，如汉高祖长陵（今咸阳市秦都区韩家湾乡）就有 50 057 户，179 469 人[③]。这里还聚集着全国消费欲望最旺盛的消费群体——皇亲贵戚和王公百官，他们巨大的消费欲望和购买力加上普通百姓的消费，必然形成其他任何城市所无法比拟的消费需求，从而使长安成为全国最大的消费中心。这种巨大的消费需求是推动长安商业趋向繁荣的重要因素之一。与全国其他城市相比，长安市场上的商品种类更加丰富多彩。由于长安是全国陆路交通中心，由长安通往全国

① 《汉书·外戚传》孝景皇后传。

② 薛平拴：《陕西历史人口地理》第 44 页，人民出版社 2001 年版。

③ 《汉书》卷 24《地理志》。

乃至域外的道路四通八达，加之这里消费旺盛，市场广大，因此全国各地的大商小贩均云集于此，“四方辐凑，并至而会”①，希望能赚到大钱，所以长安的商人特别多。当时在长安附近各个陵邑居住的居民中，还有不少人是从全国各地迁居于此的富商豪民，这里的商人也是不可胜数。作为全国性商业都会，长安与全国其他地区的商业中心都保持着密切的经济联系。长安处于西北地区和西南地区（巴蜀）与内地贸易的咽喉位置。西北和西南地区的商人要到中原地区经商，就必须到长安；由这两个地区贩运到内地的商品也必须经过长安。相反地，由内地到西北和西南地区的商品也要通过这里。长安与黄河中下游地区的商业都会临淄、定陶、洛阳等城市之间的交通十分发达，商业往来非常便利，由这些地区运往长安的商品更是不可胜数。在汉代，南方的商业虽然比不上北方地区，但番禺（今广州）、江陵、合肥等城市也向长安输送了不少的商品和奇珍异货。这说明，京师长安在商业往来上直接联系着全国各地的商业中心城市，从而使长安处于全国商业交换的中心地位。

（二）长安与各地的商业往来

长安不仅是国内商业贸易的中心，而且还是当时世界上重要的国际贸易中心城市之一。长安是我国历史上第一座最大的都市，比当时欧洲的罗马城还大三倍以上。随着汉王朝国力的强盛和社会经济的发展，中外交通道路日渐发达，作为汉王朝首都的长安与各国的经济往来也日益频繁。这种经济往来主要以官方之间商业贸易的形式进行，当然民间的商业往来也在不断发展。

西汉时期，我国对外贸易主要通过陆上交通和海上交通两

---

① 《史记》卷129《货殖列传》。

大途径进行。当时汉朝通过海上交通和倭国（日本）、三韩（今朝鲜半岛）、交趾（今越南）、扶南（今柬埔寨）、赤土（泰国）、狮子国（斯里兰卡）、寮（老挝）等国和地区都有人员来往和商业交换。通过陆路则和中亚各国保持密切的商业往来。利用海上交通进行对外贸易的重要城市是番禺，而通过陆路与外国进行贸易最重要的城市则是长安，因为它是著名商路——丝绸之路的起点。

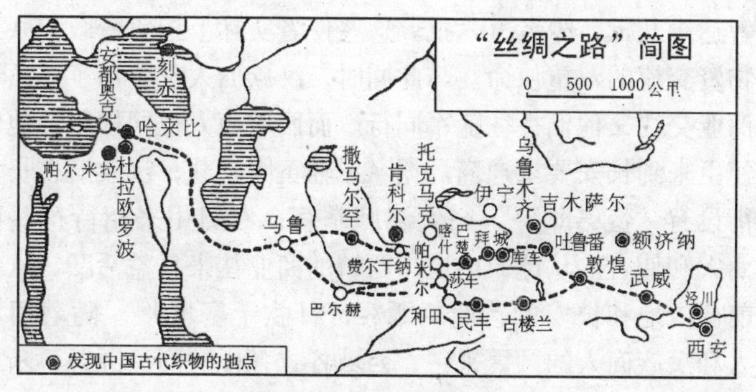

图 4 “丝绸之路”简图

长安与中亚各国的商业往来必须经过西域这条道路。西域是对玉门关以西地区的总称，有广义和狭义之分。狭义的西域是指新疆天山南北和葱岭——帕米尔高原以东、玉门关、阳关以西地区。广义的西域则包括葱岭以西、亚洲西部和欧洲东部一带。汉王朝为了打通内地与西域之间的商路，花费了大量的人力和物力，终于取得了令人惊叹的成就。公元前 2 世纪左右，西域分为 36 国，“各有君长，兵众分弱，无所统一”①。后来匈奴人占领西域，并以此为据点进攻西汉。为了反击匈

① 《汉书》卷 96《西域传》。

奴，打通西域商路，汉中人张骞受武帝之命先后三次出使西域。张骞出使西域，有力地促进了内地与边疆地区的经济文化联系。同时，汉武帝连续三次大规模反击匈奴，取得了决定性胜利，在河西走廊设置“河西四郡”，并在酒泉到玉门关沿途设置亭障，以保护去西域的通道，从此打通了长安通往西域的道路。此后，从长安前往西域的“使者相望于道。诸使外国一辈大者数百，少者百余人”[①]。汉政府派往西域的使者，一年多者达十几批，少者五六批。这些使者实际上担负着政治联系和物资交流的双重使命。与此同时，汉族商人也参加了与西域的商业交往，他们往往随军同行。而西域商人也同样跟随他们的使臣来到长安要求通商。据《三辅黄图》载，汉政府在长安藁街设有“蛮夷邸”[②]，归大鸿胪掌管，专门用来招待这些西域商人和使者。从此，内地与西域的商业往来日益活跃，从西域前往内地和长安的“商胡贩客，日款于塞下”[③]。随着西域商人和汉族商人的频繁来往，西域各式各样的商品源源不断地贩运到长安。西域各族花纹斑斓的毛布、织有图案的毡毯、珍贵的皮毛、闻名遐迩的于阗玉石以及被称为白叠的棉布，都成了长安市场上倍受喜爱的商品。汉族人民所产的丝麻织品、铜镜、漆器、药材以及铁制发钗等也源源不断运往西域。西汉的钱币（主要是五铢钱）也在西域各地大量流行，作为交换的媒介。

当时匈奴还控制着楼兰（今新疆罗布泊西）、车师（今新疆吐鲁番）等国，并经常攻杀汉使，掠取财物。为确保西域商

---

① 《史记》卷123《大宛列传》。

② 陈直:《三辅黄图校证》卷6《杂录》，第154页，陕西人民出版社1980年版。

③ 《后汉书》卷88《西域传》。

路的通畅，汉武帝于元封三年（前 108 年）派兵击败楼兰、车师。太初元年（前 104 年）又派军出征大宛，击败大宛后，西域的商路更加通畅，西域各国与西汉的政治经济往来更加频繁。于是西汉政府在楼兰、渠犁（今新疆塔里木河北）、轮台（今新疆库车县东）等地设立校尉管理屯田，保护往来使者和商人。神爵三年（前 59 年），匈奴内乱，管理西域事务的日逐王降附汉朝，汉宣帝任命郑吉为西域都护。从此，西域都护成为固定的行政机构，西域各国国王由汉政府册封认可，并颁赐官吏印绶，明确了臣属关系，西域各族从此成为统一的多民族国家不可分割的一部分，西域通往内地和长安的商路也更为畅通，贸易活动更加频繁。前述西域商路是指“丝绸之路”在中国境内的部分。长安要同中亚各国进行商业交流，就必须沿着这条商路再往西行，才能到达遥远的中亚各国乃至欧洲地区。

张骞通西域后，中国与中亚各国的商业往来从此翻开了新的篇章。当时参与国际贸易的商人，由长安出发前往西域，必须经过河西四郡，由武威、张掖、酒泉而至敦煌，再向西，以新疆塔克拉玛干大沙漠为界，分为南北两条道路：一条是经鄯善沿昆仑山到莎车，向西穿越葱岭到达西亚地区的大月氏（今阿富汗）、安息（今伊朗）等国，再向西行可到大秦（罗马帝国）。我国大批货物就是沿着这条道路运往西方的。由于当时输出的货物主要为丝织品，所以把这条道路称为“丝路”或“南道”。另一条道路则沿着天山南麓西行，经过车师前王庭（今新疆吐鲁番）、龟兹等到达疏勒（今新疆喀什），越过葱岭西北部，到达大宛、康居、奄蔡诸国，再往西可达大秦，这条道路称为“北道”。貂皮就是由此输往中国的，故又称“皮毛路”。这两条商路是中国和西方进行商业往来的要道，是中外经济交流的两条大动脉。

频繁往来于这条商路上的商客既有汉族商人，也有中亚各国商人。从长安前往中亚、西亚各国的使者在完成政治使命的同时，也进行官方性或私人性的商业活动。同时，不少汉族商人随使者同行，其足迹也远至中亚、西亚诸国。由于这些商人不辞艰辛，前往中亚、西亚各国经商，使得中国的丝绸等商品源源不断地被贩运到这里。中亚、西亚地区许多国家本来就有善于经商的传统，如安息国中“有市，民商贾用车及船，行旁国或数千里”。大夏“善贾市。……其都曰蓝市城（今阿富汗巴勒赫），有市贩贾诸物”[①]。这两国商业发达，素有远行经商的传统，其他国家也大致如此。这些国家前往长安的使者，也往往显示出明显的商业目的，如罽宾“奉献者皆行贾贱人，欲通货市买，以献为名”，故史书说：“罽宾实利赏赐贾市，其使数年而一至”[②]。所谓“贡献”“赏赐”，就包括了商品交换的内容。

从中亚、西亚各国输入中国的商品主要有毛皮和毛织品，如地毯、毛布等。由于毛织物的大量进口，长安等大城市里出现了“旃（毡）席千具”的商店，一家商店的收入也“可比千乘之家”。虽然这类商品价格昂贵，但在王公贵族家里已成为常见之物，“公侯皆以竹木为几，冬则以细罽为橐以凭之”[③]。大宛等地的良马也被输送到长安。汉武帝时，长安的西方马以西极马（即乌孙马）和“天马”（即大宛出产的良马）为最多。这些马喜欢吃苜蓿，为此出使外国的使者也采回了苜蓿种子。

---

① 《史记》卷123《大宛列传》。

② 《汉书》卷96《西域传》。

③ 《初学记·职官部》引。此处据吴慧《中国古代商业史》第二册，第108页。

由于长安有很多天马，汉武帝便命人在离宫别馆旁边广种苜蓿[1]。长安皇宫里外国东西的品种则更为丰富：“明珠、文甲、通犀、翠羽之珍，盈于后宫；蒲梢、龙文、鱼目、汗血之马，充于黄门；巨象、狮子、猛犬、大雀（鸵鸟）之群，食于外囿。殊方异物，四面而至。”[2] 我国输出的商品除丝织品以外，还有铁器、漆器、果品等。这些丝织品到罗马后，与黄金等价，深受当地人民喜爱。

---

① 《汉书》卷96上《西域传》。
② 《汉书》卷96下《西域传》。

第二章

东汉至南北朝时期长安商业的衰落

西汉末年以后，长安商业进入了一个剧烈的衰变时期。王莽政权在工商业方面不切实际的胡乱改制，使社会经济遭受巨大破坏，市场混乱，货币流通和商品交换受阻。从此，长安商业进入了一个长期的衰落期，当然其中也有若干短暂的恢复和发展。东汉以后，长安不再为国都，以往促进商业繁荣的有利条件不复存在。而且东汉以后迄于魏晋南北朝时期的五百年中，长安一带常常成为各派政治势力厮杀决斗的战场，兵连祸结，经久不息，致使关中及长安的经济难以得到持续稳定的发展，长安商业屡遭摧残和破坏，始终无法恢复昔日的盛况。尽管如此，这一时期长安商业仍值得研究和总结。因为它的兴衰深刻地显示出历史演变的脉搏和轨迹，从一个侧面反映了社会经济盛衰的规律。

第一节　王莽时期的长安商业

汉宣帝、元帝以后，西汉王朝江河日下，迅速走向末日。统治阶级的腐朽和残酷剥削，弄得民怨沸腾，社会矛盾日趋尖锐，农民起义已成燎原之势。正当汉朝处于风雨飘摇之际，外戚王莽控制了汉政权。王莽本是汉元帝王皇后（王政君）的侄子。元寿二年（前 1 年），哀帝死，王莽在他姑母的任命下，任大司马，操纵了汉政权。居摄三年（公元 8 年），王莽自立为帝，改国号为“新”，仍定都长安。王莽正式建国在公元 9 年，但从公元 5 年他任摄政起，实际上已取代了汉朝的统治。从这年起至公元 22 年新朝灭亡，王莽共统治 17 年。新莽统治时间虽不长，但在商业领域却有不少改变，对长安商业产生了非常大的影响。

一、王莽改制与长安商业的波动

西汉虽已灭亡，但其遗留下来的社会矛盾仍十分尖锐。王莽为了解决这些矛盾，附会《周礼》，陆续颁布了一系列法令，进行一场所谓托古改制。为了解决长期存在的土地兼并和奴婢问题，他下令实行“王田”和“私属”制。这个不切实际的改革并未奏效，不久即告失败。除此之外，他还在市场管理、物价、货币制度等方面进行了不少变革，长安商业在这一系列改制中也经历了剧烈波动。

王莽在商业方面的改革，首先是实行五均、赊贷和六筦制度，这些改制与长安商业有密切关系。

始建国二年（公元 10 年），王莽下令实行五均、赊贷制。所谓五均，就是在京师长安及另外五大城市洛阳、邯郸、临淄、宛（今河南南阳）、成都设立五均官。长安东市和西市的市令及洛阳、成都等五大城市的市长都改名为“五均司市师”。司市师和司市统称为“市官”，是负责市场管理的最高官员。在司市师之下设置交易丞五人、钱府丞一人。交易丞又称均官，负责评定物价，抑制囤积居奇。钱府丞则掌管收税和赊贷。同时，王莽又对各大市场进行改名，长安东市改称“京市”，西市改称“畿市”，洛阳为中市，邯郸为北市，临淄为东市，宛为南市，成都为西市。

王莽实行五均法，就是要在长安等六大城市对商业、手工业和物价实行管制，并推行于郡国。其具体办法是：司市官在每个季度的第二个月（即二月、五月、八月、十一月），订立本市场各种商品的标准价格，每种商品标准价格依其质量高低分为上、中、下三等，称为“市平”，等于为每种商品制定了最高限价和最低限价，显然具有限价的性质。凡买卖五谷、布、帛、丝、绵等主要生活必需品，如果由于卖方多、买方少而造成商品滞销时，均官经过调查属实，遂由官方按成本价予以收购，不要使卖方亏本。如果商品价格上涨，超过市平的价格，则由均官把所藏货物按官定平价在市场上抛售。一些次要商品，如物价比官方评定价格低时，则由买卖双方自由交易，政府不加干预，但也要防止贮积以待贵卖者①。

所谓“赊贷”，就是由官府办理货币借贷，这也是五均官的任务之一。赊贷的具体规定是：“民欲祭祀丧纪而无用者，钱府以所入工商之贡但赊之，祭祀无过旬日，丧纪毋过三月。民或乏绝，欲贷以治产业者，均授之，除其费，计所得受息，毋过岁什一。”②可见赊与贷的性质和对象有所不同：“赊”是贷钱给城市居民作为非生产性的消费资金，而“贷”是借钱给生产者作为生产性的资金。凡是城市居民因财力缺乏而无法举办祭祀和丧事者，由官府借钱给他们，这笔钱由工商者所交纳的贡赋来承担，用于祭祀的借款必须在十天内归还；用于丧葬的借款，期限最长不超过三个月。这两项借款均不收取利息，所以称为“赊”。如果想经营产业而缺乏本钱，可向官府借款，具体由钱府丞负责承办。由于是生产性资金借贷，期限较长，所以要收取贷款利息。不论借款多少，按产业收入扣除成本费用来计算所得利息，政府收取的借款利息不超过纯利的1/10，

① ② 《汉书》卷24下《食货志》。

即按贷款者纯收入的10%收取利息；此外，还要按借款数额“收息百月三”，即年利率36%[①]。由此计算，这种贷款的年利率将达到40%左右。

王莽实行五均法的目的在于由官府控制物价高低。这种办法与汉武帝实行的平准法有所不同，与汉宣帝实行的常平仓法也不尽相同。他首先给每种商品规定一个标准价格，并且分为上、中、下三等，作为管理市场商品价格的依据。一个季度（三个月）调整一次，围绕市平决定商品的进出。这种办法显然不切实际，因为市场上商品的供求关系千变万化，在当时社会环境下，物价波动则更为迅速，三个月调整一次标准物价显然太慢，肯定远远跟不上市场变化的步伐。所以官府制定的标准价必然与市场价格变动的实际严重脱离。

史称王莽“性躁扰，不能无为，每有所兴造，必欲依古得经文”[②]。的确，王莽所有的改制都有“经典”理论作为根据，五均、赊贷自然也是如此。据他自己解释说：《周礼》有赊贷，《乐语》有五均，所以要实行五均、赊贷的办法。据说《乐语》为河间献王所传，专门讲述“五均”之事。《乐语》曾说：“立五均，则市无二贾（价），四民常均，强者不得困弱，富者不得要贫，则公家有余，恩及小民矣。”“赊贷”的理论根据则来自《周礼·泉府》。王莽曾公开表白，他之所以这样做就是要“齐众庶，抑兼并”。“五均”就是由官府调剂市场供求关系，以便平抑物价，防止不法商人囤积居奇和哄抬物价，赊贷也可以抑制高利贷商人。从表面看，五均赊贷似乎是为普通百姓谋利，但实际情况并非如此。例如平抑物价的均平法在实际操作

① 《汉书》卷99《王莽传》；吴慧：《中国古代商业史》第二册，第132页。

② 《汉书》卷24下《食货志》。

中变成了“令市官收贱卖贵”，以便从中牟利[1]。王莽派中黄门王业管理长安市场物价，结果王业“贱取于民，民甚患之”[2]。赊贷也并不那么美妙，如到期不能归还借款就会被罚为罪徒。而钱府征税却十分苛细，即所谓“嫔妇桑蚕织纴纺绩补缝，工匠医巫卜祝及它方技商贩贾人坐肆列里区谒舍，皆各自占所为于其在所之县官，除其本，计其利，十一分之，而以其一为贡”[3]。妇女养蚕、纺织、缝补衣服也要收税，至于商贩贾人摆摊、开店、设旅馆者，自然要征税。交税办法是：所有“营业者”都要到政府自报营业情况，除去本钱，交纳所得的10%作为贡赋。如隐瞒不报，或所报数字不实，那么不仅全部没收所得财物，而且还要罚做一年苦工。生产者要纳贡（税），不生产者也要上税。王莽甚至还规定：城市居民住宅不种树木或菜蔬，一家交布三匹，浮游无事的人交布一匹，不能上交布的则罚做苦工。这样，不论是生产者还是非生产者，不论工商户还是非工商户都必须交税，剥削面明显扩大，商品生产者和经营者广泛受到扰害。对普通百姓来说，他们原先深受富商大贾和高利贷商人盘剥，而现在既要受不法商人压榨，还要受到来自贪暴官吏的欺凌和剥削。故史书说当时“奸吏滑民并侵，众庶各不安生”[4]。总之，五均、赊贷并未给长安商业的正常发展带来多少好处，反而使市场秩序更加混乱，百姓深受其害。

王莽实行五均、赊贷后，又先后实行盐铁专卖，名山大泽由官府严格管理，并恢复酒类专卖，再加上官府铸钱，连同五均、赊贷，合称“六筦（管）”。当时中央政府负责五均六筦的主要官员叫“羲和”，分派到各地督办的官员叫“命士”。除赊

---

①② 《汉书》卷99《王莽传》。

③④ 《汉书》卷24《食货志》。

贷外，六筦中的其他办法都曾在汉武帝时实行过，但其内容则有所不同。

汉武帝时曾实行盐铁专卖。后来关中地区取消铁官，盐的控制也已放松，私商获利日益丰厚。所以王莽重新加强对盐铁产销的控制，对名山大泽的管理更加严格。他规定：工商业者凡是开采金银铜锡者，都要向司市钱府申报，钱府在一定时期予以收购。这些矿产品以及可用作货币材料的东西，都由政府严密管制，不能自由地在市场上出售。另外，凡是“诸取众物鸟兽鱼鳖百虫于山林水泽及畜牧者”，也要和工商业者一样计其所得，交纳10%的贡赋。可见，在山林川泽从事鱼鳖百虫等的捕捞、猎取和畜牧者，无一不在管制之列，所有山泽产品都要纳税。王莽对山林川泽管理之苛细于此可见。

酒类专卖早在汉武帝时就已实行过，但汉昭帝时废除了酒的专卖。据记载，鲁匡向王莽建议恢复酒类专卖，禁止私人酿酒。他为王莽设计的酒类专卖办法相当细致，规定：酒以2500石（即30万斤，一石为120斤）为一均，作为在一个卖酒区出售的一个月的标准量。酒店分销每家（垆）每月以“五十酿”为限度。一酿用粗米2斛、曲1斛为原料，制成酒6斛6斗。酒价的计算办法是：按每月开始时当地粗米2石、曲1石的价格总和的1/3定为该月1石酒的价格。也就是说，一酿酒的原料价格，即相当于3斛酒的价格。一酿成酒6斛6斗，除去米、曲成本价外，尚有3斛6斗酒的余额为毛利。或者说，一酿酒的价格即相当于原料价格的2.2倍（6.6石÷3=2.2），而毛利额则为一酿酒的原料价格的1.2倍。将毛利额分成十份，以其中的三份及酒糟、醋等副产品偿付各种材料、燃料、工具消耗及工资开支等费用，七份入官。经测算，官府的纯利占全部成本的比例为61.78%，约相当于一般商品什二之利的三倍还多，可见官府酒利之厚[①]。王莽榷酒时，还特别设置了专职官员——酒士。每郡也有一名专门的酒官，“乘传督酒利”，比汉武帝的控制更加严厉。

“五均六筦”从表面看是要平抑物价，抑制商贾，但实际上是以商制商，利用少数富商大贾来抑制多数商贾尤其是中小商贾。他派遣到各地负责五均六筦事务的官员，“郡有数人，皆用富贾。洛阳薛子仲、张长叔、临淄姓伟等，乘传求利，交错天下”[②]。这些人皆为富商大贾，如洛阳大商薛子仲、张长叔都拥有资产一亿，临淄大商姓伟则拥资五千万。京师长安的富商王孙卿，则被王莽任命为长安东市的“司市师”，相当于西汉的市令。可见王莽是在利用富商大贾来制约中小商人。即使“五均六筦”夺取了一些富商大贾和高利贷商人的利益，但它对商业的正常发展也未能起到积极作用，因为王莽的所作所为只不过是以暴易暴而已。所谓“五均六筦”，其实质就是由官府对市场、商贾交易实行全面的大管制。

二、币制改革与长安货币流通的混乱

在王莽一系列托古改制中，大概要数货币改制最为荒唐。在短短八年中，他居然进行了四次货币改制，从而给长安乃至全国的货币流通造成了极大混乱。

第一次改革币制在居摄二年（7年），当时王莽尚未称帝。自汉武帝以来，五铢钱的流通已有一百多年，没有发生什么问题，故西汉后期诸帝皆无所变革。王莽因为古书中曾有“子母相权”之说，于是增铸三种新币与五铢钱并行：一是“大泉”，径1寸2分，重12铢，值五铢钱50；二是“契刀”，身形如

① 吴慧：《中国古代商业史》第二册，第135页。

② 《汉书》卷24下《食货志》。

刀，长2寸，值500；三是“错刀”，以黄金错其文，一枚错刀值5 000。他以为发行这些大额钱币符合古代“子母相权”的遗意，然而这些新币都是名不符实的虚价大钱，其名义价值大大超过实际价值。即以“大泉”而言，其重量为12铢，比五铢钱仅重1.5倍，而名义价值则相当于五铢钱的50倍；至于金错刀、契刀那就更不必说了。虚价钱流通后，导致私铸之风盛行，这样就使武帝以来健全的五铢钱流通秩序遭到破坏。同年王莽又宣布实行黄金国有政策，“禁列侯以下不得挟黄金，输御府受值，然率不与值”[①]。把民间收藏的黄金也要搜括起来，且不给任何代价，这显然是一种掠夺行为。

始建国元年（9年），王莽又废止错刀、契刀、五铢钱，另发行“小泉”代替五铢钱。这次规定仅通行两种货币：一为小钱，即“小泉”，径六分，重一铢，钱文为“小钱直一”；二为大钱，即原来重12铢的“大泉”，值小钱50。他之所以要废止五铢钱是为了消除汉朝的影响，而错刀和契刀也与刘姓有关，因为“卯金刀”可以合成“劉”字，因而也要废除。这次货币改制仍然是以减重的办法来实行货币贬值。

次年，王莽又实行所谓“宝货制”，这次货币改制更是荒唐透顶。王莽的“宝货制”，包括的货币种类名色共有五物、六名、二十八品，可谓五花八门，应有尽有，堪称为世界货币史上绝无仅有的奇观。所谓“五物”，是指货币材料用金、银、铜、龟、贝；“六名”是指金货、银货、龟货、贝货、泉货及布货；“二十八品”则是指货币有28个不同品种，其中包括金货一品、银货二品、龟货四品、贝货五品、泉货六品、布货十品，合计为二十八品[②]。

这次货币改制使铜币名义价值与实际价值的差距进一步拉

① ② 《汉书》卷24下《食货志》。

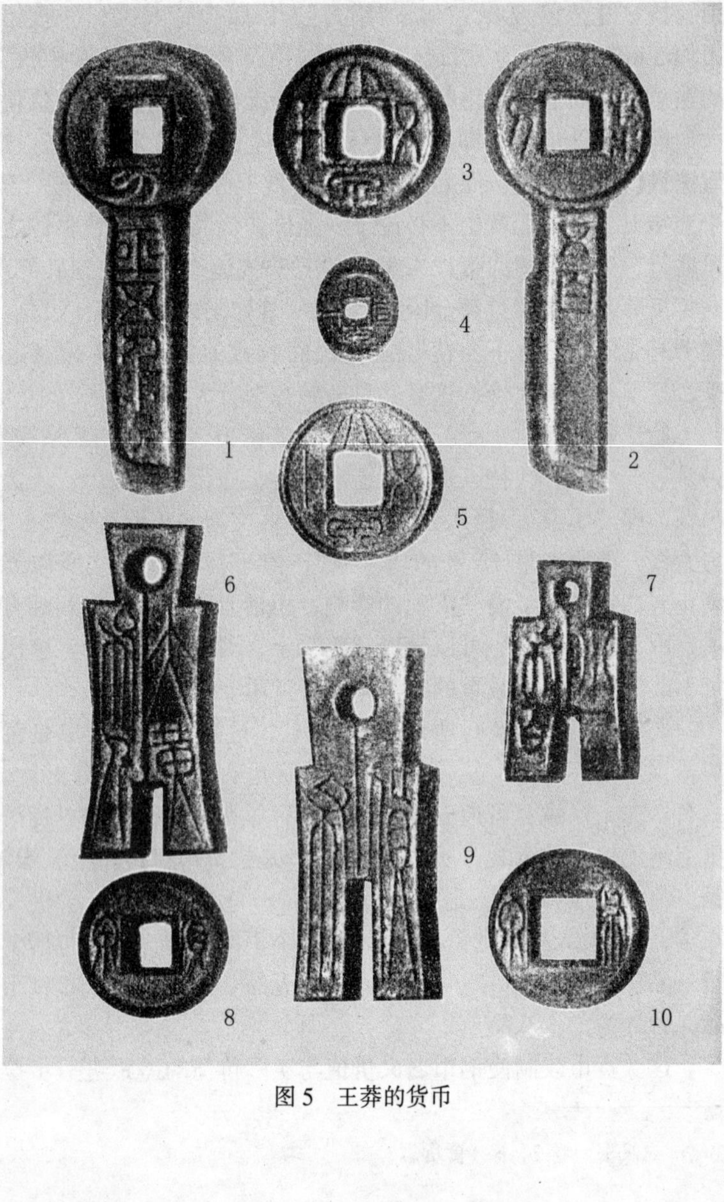

1 2 3 4 5 6 7 8 9 10

图5 王莽的货币

大。例如在泉货中，一枚12铢重的“大泉”，重量为小钱的12倍，而其名义价值则为小钱的50倍。在“布货”中，这种差距就更大。重15铢的“小布”，值100小钱，重量每增加一铢，名义价值却增加100。王莽根本不顾货币实际含铜量多少，随意决定货币的名义价值，这完全是脱离客观实际的凭空臆造。更为奇怪的是，早已失去货币功能的贝壳、龟甲也被重新投入流通领域，真是古今货币的大杂烩。货币名目如此繁杂，大小不同，轻重各异，价值高低之间的进位也很不规则，彼此之间的换算颇为复杂，使人昏头转向。总之，这种货币从理论上看完全违背了客观经济规律，在实践中也行不通，所以这是一次完全失败的货币改革。这种宝货制颁行后，“百姓溃乱，其货不行。民私以五铢钱市买”①，拒绝使用这套货币，仍使用五铢钱交易。王莽虽采用严刑峻法也始终无法禁止。后来王莽也知道他的这一套货币行不通，只好从简，停止了龟、贝、布币的流通，只剩“小泉直一”和“大泉五十”两种货币并行流通。

天凤四年（14年），王莽又废止大、小钱，改行新币制，规定货泉与货布两种钱并行流通。货泉为圆形方孔钱，重5铢，值1；货布，形似于古代的“两足”布，重25铢，值25。这次货币改制简化得多，实际上货泉是恢复五铢钱，以适应人们的习惯，与过去相比，提高了货布含铜量，并降低其对货泉的比值。但货布一枚值货泉25，名义价值与实际价值仍有很大差距。王莽还规定，原来重12铢的大钱与货泉以11的比值再流通六年，六年后，以重5铢的货泉来回收重12铢的大泉。这等于废除了大钱，因为不必等到六年以后，人们肯定会把较重的大钱销毁为铜的。

① 《汉书》卷24《食货志》。

王莽发行的钱币，从传世及各地出土的实物材料来看，品类繁多的“莽钱”实际上只有“大泉五十”“货泉”两种货币得到较广泛的流通。王莽在长安设有铸造货币的工厂，截至目前已发现的铸币厂有：一是在今西安市未央区石渠阁遗址，所造的是“大泉五十”背面范；二是在西安市三桥镇以北五里的好汉庙，所造的是“大泉五十”“小泉直一”“契刀”等正面范。出土钱范的地方，正背两面互不混杂。出土正面范的地方，偶然也有少数背面范，出土背面范的地方则绝无一正面范。据此可知，当时采取分工方式，到铸钱时才汇合一处，加以修造①。

王莽的货币改制，每次总是以货币减重为其显著特征，其目的就是要让货币贬值。每次改制后，旧币的价值都被大大压低。这样一来，持有旧币的人，特别是工商业者的货币资本就受到很大损失。拥有本钱不多的中小商人，所受损失更是非同小可，他们往往破产失业，处境更为艰难。史称王莽“每壹易钱，民用破业，而大陷刑”，并且造成“农商失业，食货俱废，民涕泣于市道”的悲惨景象②。在此情况下，物价飞涨，钱币急剧贬值。地皇二年（21 年），“洛阳以东，米石二千”。到王莽末年，天下蝗旱，百姓饥饿，竟至“黄金一斤，易豆五升”③，物价不断上涨，老百姓生活更苦了。王莽在短短八年内进行了四次货币改制，真可谓朝令夕改。如此频繁的改制必然破坏正常的货币流通秩序，造成市场混乱。王莽曾规定，私铸钱者处以死刑，“非沮宝货”者则流放边地，因为“犯法者多，不可胜行，乃更轻其法：私铸作泉布者，与妻子没入为官

① 陈直：《两汉经济史料论丛》第 120 页。
② 《汉书》卷 24 下《食货志》。
③ 《后汉书》卷 17《冯异传》。

奴婢；吏及比伍，知而不举告，与同罪；非沮宝货，民罚作一岁，吏免官”。结果“犯者愈众，及五人相坐皆没入，郡国槛车铁锁，传送长安钟官。愁苦死者什六七”[①]。《汉书·王莽传》载，因盗铸钱及连坐而被罚做官奴婢、囚送到长安的就有十几万人，愁苦而死者十有六七，甚至出现了“徒隶殷积，数十万人，工匠饥死，长安皆臭”的惨状[②]。当时长安居民因货币问题而被罚做官奴婢的人恐怕也不少。

在币制改革中，王莽用以小换大、以轻换重、以铜换金的手法掠夺了惊人的财富。王莽死时，“省中黄金万斤者为一匮。尚有六十匮，黄门、钩盾、藏府、中尚方处处各有数匮”[③]。总计收藏黄金在 70 万斤以上，约折合 179 200 公斤，其他钱物财宝更是不可胜计。

总之，王莽实行的五均、赊贷和六筦以及频繁的货币改制，对商业发展没有起到积极作用，反而造成了商品交换和货币流通的极度混乱，农商失业，市场凋敝，“富者不得自保，穷者无以自存”[④]。地皇四年（23 年），绿林起义军兵临长安城下，十月一日攻入长安东大门——宣平门。长安两市上的中小商人和手工业者纷起响应起义军，与他们一同火烧宫门，王莽狼狈逃入渐台。次日，商人杜吴首先冲上渐台，砍死王莽，新莽政权至此灭亡。

公元 24 年春，由绿林起义军拥立的更始帝刘玄由洛阳迁都长安。次年九月，赤眉军攻入长安，刘玄投降，不久被绞死。赤眉军进入长安后，颇得百姓拥护，“百姓争还长安，市

① ④ 《汉书》卷 24 下《食货志》。

② 《汉书》卷 99 下《王莽传》；《后汉书》卷 13《隗嚣传》。

③ 《汉书》卷 99《王莽传》。

里且满”[①]。但长安粮食供应十分紧张，赤眉军不得不退出长安，西进甘肃固原等地找粮。当时“民饥饿相食，死者数十万，长安为虚，城中无人行”[②]。昔日人口众多、商业繁荣的长安变成了一座萧条凄凉的空城。

尽管王莽政权统治时间不长，但这一时期却是长安商业兴衰史上的剧变时期之一。在此之前，长安商业一直处于蓬勃发展的上升态势。此后，随着长安政治地位的下降以及战乱的频繁不休，导致在此后的五百多年间，长安商业一直处于缓慢的发展阶段，有时甚至出现严重倒退。由此可以说，王莽统治时期是长安商业史上一个重要的转折点。

第二节　东汉时期长安商业的变化

一、长安政治地位的降低

王莽政权虽亡，战火并未熄灭，反对王莽的各个武装集团互相火并。在各种势力的角逐中，刘秀于公元 25 年建立了东汉王朝。和以前相比，东汉时期长安的商业有了很大变化。

东汉时期，长安的社会环境发生了很大变化。光武帝建立东汉后，以洛阳为都，长安失去了国都地位。政治地位的降低，对于长安商业的发展影响极大。

东汉初年，关于建都问题曾有过一番争论。建武年间，京兆杜陵（今陕西西安）人杜笃认为关中表里山河，形势险要，因而不宜改都洛阳。他作《论都赋》一篇，极力颂扬关中，主

① 《汉书》卷 13《刘盆子传》。

② 《汉书》卷 99 下《王莽传》。

张迁都长安[1]。据《后汉书·王景传》载，《论都赋》在当时产生了不小的影响，“耆老闻者，皆动怀土之心，莫不眷然伫立西望”。直到汉章帝建初年间（76—83），还有不少关中人希望迁都长安。班固便作《两都赋》，“盛称洛邑制度之美，以折西宾淫侈之论”，批评主张迁都长安的人。东汉一代，长安虽仍保持着京兆府名义，东汉皇帝也多次巡视关中，祭扫西汉诸帝陵墓，甚至还曾修理过长安的宫殿，但长安政治地位的降低则是不可否认的事实。西汉时，长安作为国都吸引了来自全国四面八方的商客，乃至许多外国商人也云集于此。东汉时，长安失去国都地位，人口锐减，各方面条件均不如西汉时期，它对各地商人的吸引力也大为下降。这是导致长安商业衰落的一个重要因素。另外，东汉时期，关中人口减少，农田水利设施失修，战乱不断，社会经济衰落，也都是导致长安商业衰落不容忽视的因素。

二、东汉时期长安商业的变化

总的说来，东汉时期长安的商业远不如西汉时繁荣，其总体趋势呈现出衰落之势。不过商业的兴衰也有所变化，并非一成不变。从商业发展的一般情形而言，东汉时期长安商业的变化可划分为四个阶段。这里就根据其变化的时间顺序，陈述其演变的大致情况。

（一）王莽末年到东汉初年，是长安商业的严重萧条阶段

这一时期由于战乱不断，人口迅速减少，城市遭到破坏，社会经济残破不堪，长安的商业异常萧条。王莽当政时期，各地农民起义风起云涌，此起彼伏，长安附近和关中地区也是如

① 《后汉书》卷80上《杜笃传》。

此。王莽末年，长安附近小股农民起义之多不可胜计。地皇二年（21年），“三辅盗贼麻起”，甚至连长安城中也时有起义者在活动。王莽不得不“置捕盗都尉官，令执法谒者追击长安中，建鸣鼓攻贼幡，而使者随其后”①。地皇四年（23年）十月，绿林军攻克长安城。长安市民朱弟、张鱼等响应起义军，火烧宫门，杀王莽，新莽政权灭亡。次年二月，更始帝刘玄到长安后，日夜纵酒作乐，“关中离心，四方怨叛”，更始政权也很快失去人心。

公元25年春，另一支农民起义军赤眉军从河南攻入关中。赤眉军也拥立了一个15岁的刘姓宗室、放牛娃刘盆子为帝，建立了政权，年号为“建世”。同年九月，赤眉军攻破长安，更始帝狼狈逃走。赤眉军进入长安后，刘盆子居长乐宫，令三辅郡县派人送财物、食品，而其将士则大肆掠夺，百姓苦不堪言。长安地区先经绿林军长达三年的抢掠，再经绿林军与赤眉军的火并和攻伐，粮食供应十分紧张，以至于到了“城中粮食尽”的地步。建武二年（26年）一月，赤眉军不得不撤离长安，“大纵火烧宫室”，引兵西进，寻找粮食。于是邓禹率领汉军毫不费力地进入了被烧杀一空的长安城。

建武二年（26年）九月，西进受挫的赤眉军又返回长安。驻守长安的邓禹军被赤眉军击败，退出长安，至云阳（今陕西淳化北）驻守，赤眉军再度进入长安。邓禹曾率兵偷袭赤眉军，与赤眉军夜战于长安中藁街，后来兵败逃走。长安中的赤眉军不仅遭到汉将攻击，还受到更始政权余部延岑、李宝等的进攻，实力消耗惨重。当时“三辅大饥，人相食，城郭皆空，白骨蔽野”②。在此情况下，赤眉军二十余万人便引兵东归，

---

① 《汉书》卷99《王莽传》下。

② 《后汉书》卷11《刘盆子传》。

后被汉军击败。赤眉主力投降后，汉将冯异于当年三月击败延岑于上林（今西安市西），刘秀的军队遂占领长安。

王莽末年到东汉初年，长安始终处于战火之中，各派政治力量在此频繁厮杀，你争我夺，在不长的时间内，长安城数易其主。在这兵荒马乱的岁月里，长安市民或死于兵火，或流亡于他乡，致使人口锐减，城郭皆空，市场残破。昔日壮丽繁荣的长安城被弄得满目疮痍，凋敝不堪，“民饥饿相食，死者数十万，长安为虚，城中无人行”[①]。至此，长安已成为一座空城。在极端残破的情况下，商品交换已无从谈起，商业完全处于停滞状态。总之，从王莽末年到东汉初年，由于战火的摧残以及政治地位的下降，长安商业处于严重萧条状态，甚至几乎无商品交换可言。

（二）光武帝建武中期至公元110年，长安商业进入了一个恢复发展期

东汉光武帝中期以后，随着全国逐渐统一，大规模战争日渐减少，社会逐渐稳定。加之光武帝采取了一系列有利于社会经济恢复和发展的措施，关中地区也和全国其他地区一样，社会趋于平定，生产得到恢复，粮价逐渐回落到较低水平。据《后汉书·明帝纪》载，当时一石粟值30文钱，说明经济已恢复到一定水平，这就为长安商业的恢复和发展奠定了较好的经济基础。

东汉时期商业政策的调整，也是长安商业迅速得以恢复的有利因素之一。东汉王朝是在商人、大地主支持下建立的，因而自光武帝以后，东汉王朝就对商人和商业活动采取放任甚至保护的政策，从而改变了秦以来“抑商”的一贯传统。东汉政权实质上是西汉后期官僚、地主、豪商重新结合后的延续，光

① 《汉书》卷99《王莽传》下。

武帝刘秀本人就是这个政权的典型代表。刘秀原本是南阳地区的大地主，占有大片良田。王莽末年，南阳饥荒，他又经营粮食生意，可见他是典型的商人地主。在刘秀的大臣、部将中，有不少人就是大地主兼大商人，如李通、樊宏、吴汉等人皆是如此，这样一个政权自然不会实行"抑商"政策。东汉政权不仅不再抑制富商大贾，法律上也没有西汉时那种贱商的规定。东汉政府不仅对商人表现出一副温存宽厚的姿态，而且也没有采取西汉时期那种严厉的专卖制度来限制商业资本的活动范围，这就使得商人和商业资本有了充分自由的发展空间。这种宽松的商业政策，客观上有利于商业的发展。随着社会的稳定，长安的人口日渐增多。在新的商业政策鼓舞下，商人们重新振作起来，又开始经营各种生意。那些得不到土地的贫苦农民和退伍士兵也一群群地拥入长安，或者投入手工业作坊当徒弟，或受雇于商店为佣保，或流浪于街头巷尾，成为劳动力的后备军。这些大量廉价劳动力的存在，既推动了手工业生产的发展，也有力地促进了城市商业的繁荣。

光武帝中期以后，还对货币流通进行了整顿，正式恢复了五铢钱流通。王莽之乱后，货币流通混乱不堪，商品交易甚至杂用布帛金粟。建武十六年（40年），光武帝下令重新使用五铢钱，使王莽以来混乱不堪的货币流通得到整顿①。大体说来，东汉的货币发行规模不如西汉。关于东汉的货币发行，史书记载极少。据现有资料判断，东汉一代，长安是全国重要的甚至是惟一的货币铸造中心。光武帝建武年间，鲜于褒把第五伦推荐给当时任京兆尹的阎兴，阎兴乃召第五伦为主簿。当时"长安铸钱多奸巧，乃署伦为督钱掾，领长安市"。《后汉书》注引《东观记》说："长安市未有秩，又铸钱官奸轨所集，无

① 《后汉书》卷1下《光武帝纪》。

能整齐之者。（阎）兴署（第五）伦督铸钱掾，领长安市。”由此可知，京兆尹负责长安铸钱事宜。东汉时期之所以仍在长安铸钱，可能是因为西汉时的钟官位于上林苑中，在京兆尹辖区内。因此东汉政府因其旧址铸钱，并将铸钱大权委托给京兆尹管理。从《东观记》记载来看，当时仍然由官府统一铸造，私人不能参与其间，铸钱官员从中作弊，投机取巧，没有人能够治理这种混乱现象，于是第五伦被京兆尹阎兴任命为督铸钱掾，并负责长安的市场管理。第五伦上任后，对铸钱和市场秩序都做了整顿，取得了显著成绩。史称第五伦“平铨衡，正斗斛，市无阿枉，百姓悦服”，“其后小人争讼，皆云‘第五掾所平，市无奸枉’”①。可见第五伦对长安市场上所用的秤、尺、斗、斛等度量衡器具做了校正和整顿，而且深得百姓称赞，人人服其公允，从而使长安的市场交易秩序大为改观。值得一提的是，第五伦是京兆长陵（今西安市西北）人，曾在太原、上党等地贩运食盐，也做过生意。也许正因为如此，他对长安市场和铸钱的管理取得了显著成效。长安市场秩序的稳定，有利于商业的顺利发展。

尽管长安在王莽末年以后遭到兵火破坏，但大部分城市建筑仍保存完好，规模宏大的长安城依然具有帝王之都的风姿。东汉时，长安虽不再作为都城，但它仍是全国屈指可数的一等城市。长安地理位置优越，交通道路四通八达，是西北地区与中原地区和东方贸易的中转站和枢纽，加之长安商业的发展已经有了相当悠久的历史，所以随着社会安定和经济的恢复，长安的商业很快又恢复起来。光武帝时，桓谭说：“今富商大贾，多放钱货，中家子弟，为之保役，趋走与臣仆等勤，收税与封

① 《后汉书》卷41《第五伦传》。

君比入。”[1] 可见商人势力恢复得很快，商人的收入也颇为丰厚。东汉中期，王符指出：“今举俗舍本农，趋商贾，牛马车舆，填塞道路，游手为巧，充盈都邑，务农者少，浮食者众。”[2] 由于经商利润丰厚，农民纷纷放弃农业而去经商，成群结队地拥入城市，结果使得大大小小的都邑都充满了这些商人。据王符说，当时首都洛阳的商人十倍于农夫，长安的情况也和洛阳差不多。这种状况一方面说明了城市商业的兴旺，同时也显示出商业发展的畸形现象。

东汉时，长安商业的发展仍存在着明显的不足之处。东汉一代，城市商业的繁荣与商业畸形发展是同时并存的现象。城市商业的服务对象仍然主要是那些官僚、豪强和富商大贾等上层统治阶级。在城市市场上，经营奢侈品的行业增多，奢侈品交易异常兴旺，人民日常生活必需品的交换反而大大地相形见绌了，这种现象说明东汉时城市商业的畸形现象比过去更为严重。王符曾指出：“物以任用为要，以坚牢为资；今商竞鬻无用之货，淫侈之币，以惑民取产，虽于淫商有得，然国计愈失矣。”[3] 王符将经营奢侈品的商人斥之为“淫商”，认为他们对国计民生有害无益。商业中的这种不正常现象在当时普遍存在，长安自然也不例外。西汉时，长安附近的三辅地区（京兆尹、左冯翊、右扶风），地处八百里秦川，人口多达240余万，人多财富。东汉时，随着关中地区政治经济地位的降低以及战乱破坏，关中人口锐减至50余万，只有西汉时的1/5，说明关中经济严重衰退。所以从总体上看，东汉时，长安不仅失去全国商业中心的地位，而且商业发展的程度也远不如西汉时

① 《后汉书》卷28上《桓谭传》。

② 《后汉书》卷49《王符传》。

③ 王符：《潜夫论·务本》。

期。大致说来，东汉时，长安商业的繁荣已次于洛阳。

（三）公元110年到189年董卓之乱前，是长安商业的停滞期

汉安帝刘祜以后，羌族人民连续三次发动大规模起义，前后延续达五六十年，关中地区战火不断，长安商业又陷入停滞状态。羌族长期居住在青藏高原、陇西一带，过着游牧生活。王莽末年，社会动乱，一部分羌人乘机内迁。东汉初，恢复西汉中期以来所设置的护羌校尉，管理羌族部落。此后羌族陆续内迁至天水、扶风及关中的广大地区，与汉人交错杂居。东汉后期，统治集团日益腐朽，政治极其黑暗，羌族人民所受剥削和压迫更加沉重，于是激起羌族人民三次大规模起义。

永初元年（107年），羌族人民发动了第一次大起义。起义烽火首先从陇右燃起，不久散居内地的羌人也纷起响应，“众遂大盛，东犯赵魏，南入益州，杀汉中太守董炳，遂寇三辅，断陇道”①。东汉政府屡易将帅也无济于事，遂下令将金城（今甘肃永靖西北）、陇西（今甘肃临洮南）、安定（今甘肃镇原东南）、上郡（今陕西榆林东南）等地居民迁入三辅地区及其附近，将凉州大半土地放弃。后来汉族人民也发动起义，汉军屡遭失败。直到117年，东汉王朝用了十一年时间才将起义平定下去，然而自羌族起兵“十余年间，兵连师老，不暂宁息。军旅之费，转运委输，用二百四十余亿，府帑空竭。延及内郡，边民死者不可胜数，并、凉二州遂至虚耗”②，汉朝元气大伤，而包括关中在内的西北地区则遭到严重的战火浩劫，使得这些地区的社会经济迅速凋敝下去。

汉顺帝后期，羌族人民又发动了第二次起义。永和五年（140年）夏，羌族且冻、傅难等部“与西塞及湟中杂种羌胡

---

①② 《后汉书》卷87《西羌传》。

大寇三辅，杀害长吏”[1]。东汉政府又集结大军开赴三辅地区，重点据守，富饶的关中又一次成为战场。羌族骑兵三千余骑“寇陇西，又烧陵园，掠关中，杀伤长吏”。在镇压羌族人民起义过程中，汉将贪残，“上下放纵，不恤军事，士卒不得其死者，白骨相望于野”[2]。汉政府历时六七年，耗费八十多亿巨额军费才将这次起义镇压下去，战争给人民带来的灾难也非常深重。延熹二年（159 年），羌族人民第三次起兵反抗，起义扩展到三辅及并、凉二州的很多地区。汉政府经过十余年征讨，才将这次起义镇压下去。

从汉安帝到灵帝六十余年中，羌族人民先后三次大规模起义，汉政府为此前后花费军费达 418 亿之巨，最后才算平息了起义。这个事件不仅使汉王朝元气大伤，对长安乃至关中地区的社会经济也产生了严重的消极作用。在长期的攻守杀伐中，长安通往西域和西南地区的商路受到严重阻碍，正常的商品贸易无法进行。当时长安和关中屡遭羌族士兵抢掠。更重要的是，关中成了汉政府征讨羌人的前沿阵地，这里经常驻屯大量军队。关中往往变成汉军与羌人东征西讨的战场，从而使关中地区的社会经济不断遭到破坏，残破不堪。在这种极为不利的社会环境中，商业非但无法顺利发展，有时甚至难以维持正常的商业活动。所以在这六十余年中，长安商业始终处于一个时断时续的停滞期。此后二十年中，关中经济和长安商业还没有来得及恢复，历史的车轮又进入了东汉末年异常酷烈的军阀混战时代。

（四）董卓之乱到曹魏政权建立（190—220），长安商业遭到严重破坏，出现了前所未有的大倒退

东汉末年的董卓之乱，使长安地区遭到了极大破坏。189

① ② 《后汉书》卷 87《西羌传》。

年，汉灵帝死，其子刘辩即位，史称少帝。外戚何进以帝舅身份掌握朝政，依靠袁绍兄弟杀死宦官蹇硕，夺回禁军领导权，并密召驻防河东的并州牧董卓进入京师洛阳。董卓进入洛阳后，废杀少帝，另立灵帝少子刘协为帝，史称汉献帝。袁绍、曹操等人反对董卓擅自废立，先后离开洛阳，纷纷自立。189年年底，关东的州郡牧守纷纷起兵，组成以袁绍为盟主的"关东军"，讨伐董卓。董卓迫于关东军压力，急忙把都城由洛阳迁至长安。

初平二年（191年）四月，董卓率军西入长安，自封太师，"数与百官置酒宴会，淫乐纵恣，乃结垒于长安城东以自居"[①]。他还在今陕西眉县东建筑了庞大的坞堡，号称"万岁坞"，贮藏了大量粮食和堆积如山的金银财宝。他残忍嗜杀，使长安处于白色恐怖之中。史称当时"法令苛酷，爱憎淫刑，更相被诬，冤死者千数。百姓嗷嗷，道路以目"[②]。初平三年（192年）四月，司徒王允与董卓部将吕布合谋杀死董卓，"士卒皆称万岁，百姓歌舞于道。长安中士女卖其珠玉衣装市酒肉相庆者，填满街肆"[③]，可知当时长安的商业交易尚能维持。董卓死前曾指使人诬告大臣张温与袁术勾结，并在长安的市场上鞭笞张温，将其杀害。董卓之所以在此鞭笞张温，说明这时长安的市场仍是人来人往的喧闹之地。

不久，董卓部将李傕、郭汜率兵十余万与董卓故将樊稠、李蒙等人汇合，围攻长安。李傕攻克长安后，"放兵虏掠，死者万余人"，王允被杀，吕布败走。此后李傕、郭汜、樊稠三人"共秉朝政"。兴平元年（194年），与李傕结怨的马腾又与韩遂等人合兵进攻长安，连日不决。连年不息的战火使长安残

---

①③ 《后汉书》卷72《董卓传》。

② 《三国志》卷6《董卓传》。

破不堪，社会秩序异常混乱，盗贼横行，白日也虏掠成风，于是李傕、郭汜和樊稠“乃叁分城内，各备其界，犹不能制，而其子弟纵横，侵暴百姓”。由于粮食极为缺乏，甚至于1石谷卖50万钱，1石豆、麦也卖到20万钱，以至于“人相食啖，白骨委积，臭秽道路”[①]。次年，李傕刺杀樊稠，并和郭汜互相攻打起来。李傕先发制人，劫持汉献帝到自己营地，郭汜则劫持了公卿大臣，乱兵乘机拥入宫殿，疯狂抢掠宫中财物，李傕又“徙御府金帛乘舆器服，而放火烧宫殿官府居人悉尽”。此后，李傕与郭汜在长安城内“相攻连月，死者以万数”[②]。这些野蛮残暴的军阀为所欲为，大肆烧杀抢掠，使长安遭到一场空前浩劫。

汉献帝进入长安时，“三辅户口尚数十万”。经过李傕、郭汜等人连年混战，长安及三辅地区一派残破景象。196年，汉献帝从长安逃回洛阳后，“长安城空四十余日，强者四散，羸者相食，二三年间，关中无复人迹”[③]。繁荣壮丽的汉都长安被完全破坏了，富庶的关中地区一时也变成了荒无人烟的凄凉之地。诗人王粲当时正好在长安，当他将要离开长安去荆州时，撰写《七哀诗》描述当时的悲惨情形：“西京乱无象，豺虎方遘患。复弃中国去，委身适荆蛮。亲戚对我悲，朋友相追攀。出门无所见，白骨蔽平原。路有饥妇人，抱子弃草间。顾闻号泣声，挥涕独不还：‘未知身死处，何能两相完?’驱马弃之去，不忍听此言。”在这种情况下，长安商业自然极其萧条，甚至出现严重倒退和停滞。董卓之乱对当时货币流通和物价也有极坏的影响。汉献帝初平元年（190年），董卓“又坏五铢钱，更铸小钱，悉取洛阳及长安铜人、钟虡（jù）、飞廉、铜马之属，以充铸焉”。所谓“铜人”，就是秦始皇所铸的十二个

①②③《后汉书》卷72《董卓传》。

"金人"（实为铜人），据说每个铜人有24万斤重。由于董卓所铸的小钱十分轻薄，仅长安的这十二个铜人就可铸造一铢小钱5~10亿枚，从而导致货币空前贬值，物价飞涨，竟然出现了一石谷卖数万钱，甚至"谷一斛数十万"的天价。从此以后，钱货不行，经济趋于实物化，长安商业出现了空前大倒退，这种状况一直持续到三国时期。

从中国商业史的大趋势来看，东汉一代的商业发达程度明显不如西汉，这与东汉时期豪强地主田庄经济发达、赋税制度的实物化以及小农经济的变化等都有密切关系。长安商业在东汉时期的盛衰演变趋势，与整个东汉商业发展的主流基本上是一致的。

第三节 魏晋、北朝时期的长安商业

东汉末年，经过三十余年的军阀混战，最后形成了魏、蜀、吴三国鼎立局面。太康元年（280年），西晋统一全国。西晋的统一仅仅维持了二十多年，便再度陷入更大的分裂和战乱之中。西晋灭亡后，匈奴、鲜卑、羯、氐、羌等周边少数民族纷纷入主中原，在中国北方地区建立了不少小朝廷，这就是五胡十六国时代。南方则由东晋王朝统治。后来鲜卑族建立的北魏逐渐统一了北方，社会经济趋于稳定。北魏王朝后又分裂为西魏和东魏，最后这两个政权又分别被北周和北齐所取代。589年，取代北周的隋朝消灭了南方的陈朝，中国历史终于走向大统一、大发展的隋唐时代。

魏晋南北朝时期是中国历史上的分裂时期，这一时期社会经济各个方面无不具有鲜明的时代特征。长安商业在这一时期的演变也是如此。在这三个半世纪分裂动乱时期，长安先后做过西晋惠帝和愍帝、前赵（319—329）、前秦（351—383）、后秦（384—417）、西魏（535—556）、北周（557—581）等政权的国都，从而使其成为当时屈指可数的重要城市和政治、军事中心。也许正因为如此，长安成了各个政权争夺的焦点、社会动荡的核心城市，以及各派政治势力厮杀和决斗的战场。这一切都使得长安商业和社会经济的发展屡次遭到战乱破坏，时断时续，前进的脚步艰难曲折。总的说来，在漫长的三个多世纪里，长安商业时而恢复，时而破坏，有时发展，有时则出现倒退，经历了一个恢复、发展、破坏，再到恢复、发展的艰难曲折的演变过程。

一、曹魏、西晋时期的长安商业

经过东汉末年董卓之乱及数十年的军阀混战，长安和关中经济遭到空前剧烈的破坏，“自此长安城中尽空，并皆四散，二三年间，关中无复行人”①。当时物价飞涨，商品交换和货币流通陷于停滞状态，商业极其萧条。建安十六年（211 年），占据关中的马超被曹操赶跑。几年后，曹操统一了北方地区。黄初元年（220 年），曹操之子曹丕废汉献帝，自立为帝，国号魏，定都洛阳。不久，刘备、孙权也相继称帝，建立蜀、吴政权，三国鼎立自此开始。

曹魏统治时，战乱比以前大为减少，社会经济逐渐恢复。曹操在北方广大地区实行屯田以恢复农业生产，当时长安就设有典农官。社会秩序稍见安定后，流民纷纷回归故里，从事生产。汉献帝建安初年，“关中百姓流入荆州者十余万家，及闻本土安宁，皆企望思归，而无以自业”。卫觊认为，食盐专卖有利可图，遂建议曹操恢复昔日的旧制，实行食盐专卖，“以其直益市犁牛，百姓归者以供给之。勤耕积粟，以丰殖关中，

① 《晋书》卷 26《食货志》。

远者闻之，必多竞还”。曹操采纳了他的建议，“遣谒者仆射监盐官，移司隶校尉居弘农”。结果，寓居他乡的流民纷纷回到家乡，“关中丰实”[①]。流民重返故里，有利于关中经济的恢复。曹魏还在关中兴修了若干水利设施。例如青龙元年（233年）开成国渠，自陈仓（今陕西宝鸡市东）至槐里（今陕西兴平东南）；“筑临晋陂，引汧（今汧河）、洛（今北洛河），溉舄（xì）卤之地三千余顷，国以充实焉”[②]。魏文帝黄初年间（220—226），颜斐任京兆尹，命百姓闲月上山砍木材做车，“其无牛者令养猪，投贵卖以买牛。始者皆以为烦，一二年中编户皆有车牛，于田役省赡，京兆遂以丰沃”[③]，关中地区的经济明显恢复，长安地区猪、牛等牲畜交易逐渐活跃起来。

随着社会逐渐安定，在农业、手工业有所恢复的基础上，长安的商业也比东汉末期有了起色。曹魏时，邺（今河南临漳）和洛阳商业最为繁盛，长安则与邺、洛阳、许昌、谯并列为五都之一，说明曹魏时长安商业已恢复到相当程度。当时，市场和住宅区（里）仍然分开设置，商品交易仍然按种类分区陈列，仍旧沿用汉代的旧制。两汉时，驻军之地往往设有“军市”，曹魏时也如此。长安在曹魏时经常驻有重军以对付蜀汉。曹魏明帝时，司马懿就曾在长安设置“军市”，由军市侯负责管理，以贸易所得供军中之需。不过“军中吏士多侵侮县民”。京兆太守颜斐便向司马懿告发这一情况，“军市侯”为此被司马懿杖责一百[④]，可见当时统治者对市场交易秩序尚能注意保护。在市场中，交易的经纪人仍然称为“侩”，如马侩、牛侩、市侩等，他们的社会地位似乎很低。长安市中曾有一个市侩，

①②③ 《晋书》卷26《食货志》。

④ 《三国志》卷16《仓慈传》注引《魏略》。

名叫刘仲始，“一为市吏所辱，乃感激，蹋其尺折之，遂行学问，经明行修，流名海内”[①]。当时商人的社会地位比士人低得多。

曹魏政权在商业政策上有一个不同于东汉的地方，就是对一些主要商品恢复专卖制。如前所述，曹操时，关中就已实行食盐专卖，它对增加财源、安抚流民都有积极作用。后来铁器、酒，甚至胡粉、木材等货物的买卖都由政府控制。东汉末年，军阀割据，各地纷纷征收关税，漫无章法，税率很高。曹丕继位为魏王后，下令说：“关津所以通商旅，池苑所以御灾荒，设禁重税，非所以便民。其除池御之禁，轻关津之税，皆复什一。”[②] 这个命令将以前的关税合法化、制度化，不过将税率定为10%，比过去有所减轻，这有利于商业发展。曹魏后期，商税则不断增多，甚至连卖牛肉也要征税，即所谓“度支经用，更每不足，牛肉小赋，前后相继”[③]。在各种杂税重压下，商品交换势必是每况愈下了。

货币流通状况可以反映出一个时期商品流通的活跃程度。东汉末，董卓铸小钱，造成物价狂涨，“谷一斛至数十万”，钱货不行，原有的货币制度被破坏殆尽，社会上常常用实物交易。曹操任丞相后，废除董卓的小钱，仍使用五铢钱。然而当时五铢钱的铸造停废已久，被毁者又多，货币流通量本来就不多，加之曹操“又更无所增益”，新货币增加很少，所以形成了谷价跌落不止的局面。在物价狂跌声中，不久又废止了五铢钱。曹丕称帝后，于黄初二年（221年）三月初恢复使用五铢

① 《三国志》卷22《裴潜传》注引《魏略》。

② 《三国志·魏书》卷2《文帝纪》延康元年二月注引《魏书》。

③ 《三国志》卷25《高堂传》。

钱。到了十月，又因为谷贵而废除五铢钱，“使百姓以谷帛为市”①。谷帛作为交易媒介显然多有不便，难以适应日益恢复的商品交换的需求，其弊病很快就显现出来。几年后，“钱废谷用既久，人间巧伪渐多，竞湿谷以要利，作薄绢以为市，虽处以严刑而不能禁”。在此情况下，大臣司马芝等人建议恢复五铢钱流通，魏明帝采纳了这个建议。太初元年（227 年），“更立五铢钱，至晋用之，不闻有所改创”②。实际上，当时货币流通中仍维持着钱、物并用的局面，这种状况一直持续到唐代才有所改变。曹魏时的货币流通状况表明商业已比从前有所恢复，但恢复程度仍很有限，因为这时实物经济的色彩比东汉时更浓了。东汉时期，以绢帛、谷物作为交易手段的现象就已出现，曹魏时这一现象更趋严重（南方的蜀、吴也大体如此）。当时，绢以匹计，谷物则以斗斛计，尤其是绢帛的“匹”更广泛地被用作交易和计算社会财富的数量单位，说明实物经济的地位有所上升，货币经济地位显著下降。

曹魏时，长安为军事重镇，故曹魏政权一直比较重视经营关中和长安，从而使长安的社会经济有所恢复。在此基础上，商品交换也逐渐活跃起来，但商业的恢复则是有限的。之所以如此，主要是由于长安在董卓之乱中所受破坏特别严重，短期内难以完全恢复。直到西晋时，长安城仍破败不堪，十分萧条。晋惠帝元康二年（292 年），长安县令潘岳在《西征赋》中描述了长安的萧条衰败景象。他说：长安“街里萧条，邑居败逸，营宇、寺署、肆廛、管库，蕞芮于城隅者百不处一。所谓尚冠、修成、黄棘、宣明、建阳、昌阴、北焕、南平，皆夷漫涤荡，亡其处而有其名”。可知当时长安的商业市场及官署集于城内一角，不及汉代的百分之一。街道仅知其名，而实际

① ② 《晋书》卷 26《食货志》。

上已难寻其踪迹，一片荒凉景象。其次，长安和关中地区的社会经济基础仍然十分脆弱。由于长期战乱的破坏，关中经济已经衰退，使人民没有多少剩余产品可供交换。其三，金属货币流通量减少，不利于商品流通。由于受战乱影响，人们往往重实物而轻货币。为了满足战争需要，政府也仅仅重视农业生产，而对商业和商品流通重视不够，赋税制度的改变就是明证。曹魏时，赋税多征实物，很少征收货币，这与汉代有很大区别。这样一来，农民不必出卖农产品，农民与市场、商人、货币的关系大为减弱，商品交换的范围和规模也必然明显萎缩。另外，由于农民的贫困化，其购买力大为减弱，于是便尽可能不依赖于市场。在这种大环境下，长安商业当然难以迅速发展。

景元四年（263年），曹魏消灭蜀汉政权。两年后，司马炎废掉魏帝曹奂，自立为帝，史称晋武帝，定都于洛阳，史称西晋。太康元年（280年），西晋又灭孙吴。自董卓之乱开始，经过九十年的分裂混战，至此中国又重新统一。

西晋统一为社会经济快速发展提供了极为有利的条件，市场逐渐活跃起来，商业也有所发展。晋武帝下诏说："豪人富商，挟轻资，蕴重积，以管其利。故农夫苦其业，而末作不可禁也。"为此，他专门下令告诫地方官员要"务尽地利，禁游食商贩"[①]，说明当时富商大贾仍然很活跃，弃农经商的中小商人也不少，所以晋武帝专门告诫地方官禁止这些小商贩。不过，西晋时长安商业的发展还是很有限的。

国家统一，社会安定，经济有所发展，这些都是促进商业发展的有利条件，但阻碍长安商业进一步发展的因素也不少。首先，西晋统一为时太短，真正太平的时间仅十余年，长安便

---

① 《晋书》卷26《食货志》。

陷入“八王之乱”的战火之中。西晋定都洛阳，对长安的经营用力很少，而且长安还远未从汉末的破坏中恢复过来。从潘岳《西征赋》可以看出，长安仍很萧条，至少商业市场的面积已大为缩小。其次，西晋时门阀士族拥有很大的政治经济特权，经营着不少规模庞大的田庄。这些田庄往往是农、林、牧、副、渔诸业俱全，自给自足的能力很强。士族田庄经济的发展，在很大程度上加强了自然经济的统治地位，限制了商品货币关系的发展。这是阻碍商业发展的重要因素之一。其三，东汉以来，长安多次遭到战乱破坏，具有较高生产技术的城市手工业者，或死于战火，或流散于他乡。有幸活下来的手工业者，则成为官营手工业作坊中的劳动者。他们的社会地位很低，不能自由地生产商品，不能在市场上自由营业，也不能自由地被人雇用。西晋时，官营手工业阵地扩展，私营手工业比重却有所缩小，这在相当程度上缩小了商品生产的范围①。另外，西晋时赋税的实物化趋势更趋明显，货币流通也未比曹魏时有多少改善。上述这些因素决定了长安商业不可能得到太大的发展。

从另一方面看，当时商贾的社会地位很低，法令规定市侩要戴上头巾，头巾上写明姓名和所卖物品名称，并且一脚穿白鞋，一脚穿黑鞋②，对商人故意加以丑化。然而大地主、大官僚经商现象却有增无减，从而使正当的私营商人日益受到排挤。例如曾任长安县令的潘岳就经营了一个不小的田庄，种植了梨、柿、枣、李、梅、桃、杏、石榴、葡萄等果树，以及葱、韭、蒜、芋、堇等蔬菜。他在《闲居赋序》中承认自己

① 吴慧：《中国古代商业史》第二册，第232页。

② 《太平御览》卷8《资产部》八引《晋令》。

"灌园鬻蔬，供朝夕之膳；牧羊酤酪，俟伏腊之费"[①]。他既卖各种蔬菜，也卖鲜鱼、羊酪等，经营的商品还真不少。不仅官僚地主热衷于经商，就连皇太子也在宫中设立市场，学做商人[②]。这只能说明，官僚地主对商业利润的争夺比以前更加厉害。

正当长安商业缓慢恢复时，"八王之乱"的战火又一次燃烧到关中，长安商业又一次陷入了历史的低谷。晋惠帝时，为了争权夺利，晋室八个诸侯王进行了一场空前规模的大厮杀，这场大混战从 291 年一直持续到 306 年，达十六年之久，史称"八王之乱"。镇守长安的河间王司马颙成为挑动事变的中心人物之一，战火也就由洛阳烧到了长安。304 年，晋惠帝被俘至邺（今河南安阳北），洛阳空虚，司马颙部将张方乘机进据洛阳。后来，张方以武力逼迫元气大伤的成都王和晋惠帝一起到长安。从此司马颙大权独揽，坐镇长安，挟惠帝以号令天下。永兴二年（305 年），东海王司马越又起兵西进，攻打司马颙。经过一年激战，司马越军队攻入长安，司马颙逃入太白山，晋惠帝又被劫回洛阳。随后司马越毒死惠帝，另立司马炽为帝，是为怀帝。司马越独掌晋朝大权，"八王之乱"至此方告结束。

司马氏同室操戈，骨肉相残，不仅为晋室自掘坟墓，而且使得长安、洛阳等地惨遭破坏。东海王司马越攻克长安后，他的部将祁弘等"所部鲜卑大掠长安，杀二万余人"[③]。至于因战乱流离失所者，恐怕数量更大。经过这场浩劫，关中一片残破，满目荒凉。长安被烧杀抢掠后更加衰败，从而使正处于恢

① 《晋书》卷 55《潘岳传》。
② 《晋书》卷 53《愍怀太子传》。
③ 《晋书》卷 4《惠帝纪》。

复发展中的长安商业再受摧残，这无疑使长安商业又一次遭受到严重挫折。

“八王之乱”后，西晋王朝迅速走向末日。史称：“惠帝之后，政教陵夷，至于永嘉，丧乱弥甚。雍州以东，人多饥乏，更相鬻卖，奔迸流移，不可胜数。幽、并、司、冀、秦、雍六州大蝗，草木及牛马毛皆尽。又大疾疫，兼以饥馑，百姓又为寇贼所杀，流尸满河，白骨蔽野。”① 政治腐败与自然灾害交相作用，人民处于水深火热之中，于是各族人民纷纷起兵反抗西晋的统治。

魏晋时，西北各少数民族人民纷纷向内地迁徙，主要有匈奴、鲜卑、羯、氐、羌五族，旧史称为“五胡”。当时长安和关中人口中的少数民族所占比重很大。早在“八王之乱”中，匈奴贵族刘渊就乘机起兵反晋，建立汉国。永嘉五年（311年），刘渊攻克洛阳，杀王公百官及士庶三万余人，俘获晋怀帝。同年八月，刘聪之子刘粲攻下长安，“长安遗人四千余家奔汉中”②。这次战乱中，长安又遭兵火破坏，百姓流散他乡者不少。次年九月，前雍州刺史贾疋在关中人民支持下又赶走了刘粲，收复长安城。后来他们又迎司马业为帝，改元建兴，史称晋愍帝。

晋愍帝以长安为都，并在此建宗庙社稷，但对城市建设根本无力顾及，所能做的仅仅是掩埋遗骸而已。建兴四年（316年）八月，刘曜率军攻打长安，内外联系完全断绝，将士多死。到了十月，天气寒冷，“京师饥甚，米斗金二两，人相食，死者太半。太仓有麹数十饼，麹允屑为粥以供帝，至是复尽”。十一月，晋愍帝在山穷水尽之际出城投降，西晋至此灭亡。这

① 《晋书》卷26《食货志》。

② 《晋书》卷5《孝帝纪》。

时长安的衰败更甚于以前任何时候。《晋书》卷五《孝愍帝纪》总结说："属永嘉之乱，天下崩离，长安城中户不盈百，墙宇颓毁，蒿棘成林。朝廷无车马章服，唯桑版署号而已。众唯一旅，公私有车四乘，器械多阙，远馈不继。"宏大的长安城居然人口不到百户，公私仅有四辆车，简直连一个村镇的经济力量也不如，其衰败可谓到了极点，整个关中地区也是一派残破景象。当时关中诸郡"百姓饥馑，白骨蔽野，百无一存"①。在这种极端残破的情况下，商品交换和商业必然也极其衰败。

二、十六国时期长安商业的剧烈波动

西晋灭亡后，北方地区各族割据势力先后建立了十几个政权，史称"十六国"。十六国时期，整个北方地区战乱频仍，兵连祸结，百姓或死于锋镝，或流亡于他乡，社会经济遭到严重破坏，有时甚至出现倒退。长安在这一时期曾先后做过前赵、前秦、后秦等政权的国都，这对长安商业的恢复是一个有利条件，而且这些政权对长安和关中的经济建设也做过不少努力。在社会安定、经济恢复时期，长安的商业交换也有显著恢复。不过这一时期的长安商业有一个十分显著的特征，就是它的恢复始终处于"时断时续"的状态。

十六国时期第一个在长安建都的是匈奴人刘曜。刘曜是匈奴首领刘渊的族子。西晋末，刘渊起兵反晋，建立汉国。刘曜为其屡建战功，曾率兵攻克洛阳和长安，被提拔为相国，率兵镇守长安。刘渊死后，刘聪杀兄自立。汉昌元年（318 年），刘聪荒淫而死，其子刘粲继位，荒淫残暴更甚于其父。后来外戚靳准发动政变，杀掉刘粲及刘氏全族。刘曜从长安起兵讨伐

① 《晋书》卷 60《贾疋传》。

靳准，于途中称帝。光初二年（319 年），刘曜改国号为赵，定都长安，史称前赵。

前赵建国后，刘曜在关中的统治并不稳固。光初三年（320 年），关中巴氐人起兵反抗，羌、羯等族也群起响应，人数达三十多万，“关中大乱，城门昼闭”[①]。刘曜用了很大力气才把这些反抗镇压下去。接着他又降服了南安（今甘肃陇西）的杨韬、仇池（今甘肃成县）的杨难当和陇右的陈安。在这些战争中，刘曜不断把人口迁到关中和长安。据统计，先后被迁往长安及其附近的氐、羌、汉等各族人民就达三十多万人[②]。长安及其附近人口显著增多，有利于社会经济的发展，对于商业的恢复无疑是有帮助的。

刘曜很重视教育，在长乐宫东设立太学，在未央宫西设小学，“简百姓年二十五已下十三已上，神志可教者千五百人”，选择著名儒士教授儒学。为了恢复经济，他下令禁止杀牛，限制饮酒，禁止奢侈[③]。说明前赵时长安的社会经济秩序已较平稳，商业必然有一定程度的恢复。遗憾的是，这种恢复未能保持多久就被打断。

光初十一年（328 年）底，刘曜率大军与后赵石勒大战于洛阳，结果兵败被俘，不久被杀。刘曜之子刘熙等闻讯弃长安奔上邽（今甘肃天水）。次年，后赵将领石生不战而得长安。随后，后赵又把关中大族九千余人迁往襄国（今河北邢台）。前赵仅存在十年便亡国了。

前赵亡国后，长安处于后赵统治之下。后赵石勒在位时，尚能注意劝课农桑，减轻租调，使社会经济有所转机，商品流通也有了一点起色。石虎在位时，还曾修过未央宫。东晋咸康六年（340 年），石虎命令石苞代镇长安，“发雍、洛、秦、并

① ②③ 《晋书》卷 103《刘曜载记》。

州十六万人城长安未央宫”[1]，可见这次修建的规模还不小。但石虎是个极端残暴的统治者，他穷兵黩武，横征暴敛，大兴土木，致使“百姓失业，十室而七”[2]。由于当时“众役繁兴，军旅不息，加以久旱谷贵，金一斤直米二升，百姓嗷然无生赖矣”[3]。349年，梁犊又率卫兵在关中起义，并攻克长安。石虎死后，诸子争位，厮杀不已。永宁二年（351年），后赵亡国。在这兵荒马乱、百姓失业的情况下，长安的商业自然很萧条。

后赵灭亡后，前秦占据了关中地区，且以长安为国都。前秦统治时，长安和关中地区社会逐渐安定，经济明显好转，从而使长安商业经历了一个较为稳定的发展阶段。

皇始元年（351年），氐族人苻健自称天王，定都长安，国号秦，史称前秦。苻健的父亲苻洪是临渭（今甘肃秦安）的氐族豪强，他曾接受过前赵、后赵的封号。石虎死后，他已拥兵十余万，自称三秦王。苻洪死后，苻健继位，率军从河南西进关中，赶走了占据长安城的京兆豪强杜洪。苻健在长安即位后，设置百官，修缮宗庙社稷，减轻百姓赋税，发展生产，优待士族，尊崇儒学，各方面都有一些起色。关中社会经济秩序逐渐安定。为了增加财政收入，还开放了与南方的关市贸易。苻健的弟弟苻雄在丰阳县（今陕西山阳）设置荆州，“以引南金奇货、弓竿漆蜡，通关市，来远商，于是国用充足，而异贿盈积矣”[4]。说明前秦统治者从一开始就比较注重商业的作用。苻健死后，儿子苻生即位。不久，苻健的侄子苻坚在汉、氐大臣支持下，杀掉残暴的苻生，苻坚做了大秦天王。

苻坚即位后，励精图治，任用汉族士人王猛为相，治理秦

---

①②③ 《晋书》卷106《石季龙载记》。

④ 《晋书》卷112《苻健载记》。

国。在政治上，他能够虚心纳谏，任人唯贤，对王猛的任用就是最好的说明。王猛年少时贫贱，“鬻畚为业，尝货畚于洛阳”[①]。王猛虽系小商贩出身，却有着杰出的政治军事才能，为此苻坚对他大加重用，“军国内外万机之务，事无巨细，莫不归之”。在王猛辅佐下，苻坚坚决打击不法豪强势力，整顿吏治，“于是百僚震肃，豪右屏气，路不拾遗，风化大行”[②]。苻坚十分重视恢复和发展农业生产，派遣官吏劝课农桑，赈恤穷困，改进农业耕作技术，将西汉时实行的区种法重新在关中推广。区种法是一种适合于干旱地区的先进耕作技术，随着这一先进技术的推广，关中的农业获得了较好收成，关中的水利工程也得到了修复。自魏晋以来，由于战乱破坏，关中地区在战国秦汉时所修建的水利灌溉网已被严重破坏，难以发挥效用，农业生产深受影响。为此，苻坚着力兴修水利，征发“王侯已下及豪望富室僮隶三万人，开泾水上源，凿山起堤，通渠引渎，以溉冈卤之田，及春而成，百姓赖其利”[③]。水利设施的修复无疑有助于发展农业。由于前秦推行了许多有利于农业发展的政策，关中地区残破的农业得到了恢复和发展，空虚的仓库里又装满了粮食，颠沛流离的百姓有了较为安定的生活，即所谓“田畴修辟，仓库充实，盗贼屏息”[④]。出现了“关陇晏清，百姓丰乐”[⑤]的兴旺景象。随着社会经济的发展和国力的增强，前秦终于在370年消灭了前燕，夺取东晋的梁州（今陕西汉中）、益州（今四川成都），并于376年吞并前凉，统一了中国北方地区。

前秦时，还多次从各地向关中和长安移民以充实关中，最

① ②③⑤ 《晋书》卷113《苻坚载记》。

④ 《资治通鉴》卷101，晋穆帝升平五年。

多的一次竟达10万户，若按每户5口计，则有50万人之多[①]。关中农业的发展及人口的迅速增加，有利于长安商业的发展。苻坚即位不久就宣布“开山泽之利，公私共之，偃甲息兵，与境内休息”[②]。秦汉以来，山林川泽常常是皇帝的私有财产，禁止私人樵采渔猎，前秦弛山泽之禁，显然有利于自然资源的开发，也有利于商品交换的活跃，因为山林川泽中的众多产品大多是深受人们喜爱的商品。苻坚允许私人开发山泽产品，必然能够增加市场上的商品供应，促进商业的活跃。

前秦对长安城的建设也多所致力，各个宫殿的修建自不必说，城中居民住宅区和市场也都整饰一新。城内街道宽阔平坦，街道两旁栽种了杨树和槐树。苻生在位时还曾征发三辅百姓修建了渭桥[③]。经过前秦努力经营，长安的社会经济逐渐趋于繁荣，人民心情舒畅，于是百姓歌唱说：“长安大街，夹树杨槐。下走朱轮，上有鸾栖，英彦云集，诲我萌黎。”[④]长安与外地的交通道路也大为改观，《晋书·苻坚载记》说：“自长安至于诸州，皆夹路树槐柳，二十里一亭，四十里一驿，旅行者取给于途，工商贸贩于道。”交通道路改善后，往来于长安和各地之间的商人明显比以前增多。长安与各地的商品交流也更加顺畅。

从以上所述可以看出，当时长安人口众多，社会安定，文化教育逐渐兴盛，经济迅速发展，交通发达，城市繁荣，这一切都为商业的发展提供了有利条件，特别是交通道路的改善及北方地区的统一，极大地便利了商人往来。当时西域和中亚各

① 薛平拴：《陕西历史人口地理》第五章，第332～333页，人民出版社2001年版。

②④ 《晋书》卷113《苻坚载记》。

③ 《晋书》卷112《苻生载记》。

族各国的商人也纷纷来到长安经商，为此前秦政府专门在长安平朔门设置了“来宾馆”“以怀远人”[①]。苻坚在位时，东北的肃慎、西域的鄯善王、车师前部王、康居、于阗，南亚的印度、西亚的大宛以及海东诸国，共有六十二个国家和国王遣使臣到长安贡献方物[②]。在此情况下，四方商贾云集长安和关中，据说那时“四夷宾服，凑集关中，四方种人，皆奇貌异色”[③]，说明长安的少数民族商人和域外商人不少。这种盛况在魏晋南北朝时的确是难能可贵的。

随着商业的恢复和发展，长安中聚积了不少家累千金的富商大贾。这些富商大贾财力雄厚，政治上也相当活跃，与达官贵人过从甚密。例如长安商人赵掇、丁妃、邹瓫等人，“皆家累千金，车服之盛，似则王侯，（苻）坚之诸公，竞引之为国二卿”，足见商人势力之活跃。这种情况可能较为普遍，以至于引起一些官员不满。黄门侍郎程宪就曾向苻坚告状说：“赵掇等皆商贩丑竖，市郭小人，车马衣服僭同王者，官齐君子，为藩国列卿，伤风败俗，有尘圣化，宜肃明典法，使清浊显分。”于是苻坚把荐举赵掇等为国卿的人降低了爵位，并且为此专门下了一道诏令，规定：“非命士已上，不得乘车马于都城百里之内，金银锦绣，工商、皂隶、妇女不得服之，犯者弃市。”[④]这一政策与传统的重农抑商政策没有什么区别，当然也有抑制奢侈之风的含意。商人的活跃从一个侧面反映了当时长安商业的兴盛。

当前秦全盛之际，苻坚决心消灭南方的东晋政权，完成统

① 《晋书》卷112《苻生载记》。

②④ 《晋书》卷113《苻坚载记》。

③ 《太平御览》卷363引车频《秦书》。转引自吴慧：《中国古代商业史》第二册，第244页。

一中国的大业。太元八年（383 年），苻坚从长安启程，率秦军大举伐晋，“旗鼓相望，前后千里”，颇为雄壮。不料在淝水之战中一败涂地，苻坚狼狈逃回长安。原来在苻坚控制下的各族上层分子纷纷独立，建立起自己的政权。在以后半个世纪里，北方地区再度陷入分裂和混乱之中。

前秦的败亡，使长安商业的发展势头又一次被打断。苻坚从淮南败归长安后，鲜卑贵族慕容垂等起兵反叛，羌族人姚苌也叛于渭北。燕兴元年（384 年），慕容冲率兵攻长安，不久攻占了阿房城（今陕西西安三桥镇南），并在此称帝，史称西燕（后定都山西长子）。长安久被围困，粮食奇缺，“时长安大饥，人相食，诸将归而吐肉以饴妻子”[①]。385 年，苻坚率数百骑从长安逃奔五将山（今陕西岐山县境），留太子苻宏守长安。不久苻宏也从长安逃出，辗转投奔东晋。慕容冲攻入长安后，“纵兵大掠，死者不可胜计”。这次战乱对长安和关中破坏极大，史称慕容冲“毒暴关中，人皆流散，道路断绝，千里无烟”[②]，一派衰败凄凉景象。长安的繁华又一次无情地被毁灭了，商业又陷入了衰败状态。

前秦败亡后，羌人建立的后秦政权又崛起于关中，后秦仍定都长安。后秦统治时，长安的经济有所恢复，商业又有一段短暂的兴复。

后秦是羌族豪帅姚苌建立的。苻坚兵败淝水后，姚苌率兵叛走渭北，于 384 年自称万年秦王，攻占北地（今陕西耀县）、新平（今陕西彬县）等地，控制羌胡十余万户。后来他遣兵在五将山围杀了苻坚，又在新平大破西燕慕容冲五万人马，迫使慕容冲退出长安。不久，姚苌击败乘虚入据长安的卢水胡郝卢，占据了长安城。太元十一年（386 年），姚苌在长安称帝，

① ② 《晋书》卷 114《苻坚载记》下。

国号大秦，史称后秦。姚苌在位时，修德政，重节俭，重用人才，在长安兴建太学，使前秦末年的混乱局面有所改变。姚苌于建初八年（393 年）病死，其子姚兴即位。

在十六国时期的许多君主中，姚兴是较有才能的。他曾采取一些有利于社会经济的措施，使后秦迅速强大起来。姚兴为政较为宽明，能够知人纳谏，注重法律，甚至“立律学于长安，召郡县散吏以授之。其通明者还之郡县，论决刑狱。若州郡县所不能决者，谳之廷尉。（姚）兴常临谘议堂听断疑狱，于时号无冤滞”[①]。他也很重视儒学和佛教，在长安汇集了许多著名儒学家，如天水人姜龛、东平人淳于岐、冯翊人郭高等。他们在长安教授儒学，各有门徒数百人，“诸生自远而至者万数千人”，从而使长安儒风大盛。他还邀请佛教大师鸠摩罗什到长安，翻译了大量佛经。当时从各地来长安的和尚达五千多人，“州郡化之，事佛者十室而九矣”[②]，从而使长安成为佛教重镇。姚兴还注意缓和社会矛盾，曾下令“郡国百姓因荒自卖为奴婢者，悉免为良人”。消灭苻登后，又下令“散其部众，归复农业”。这些措施都有利于社会稳定和经济恢复，所以后秦在姚兴统治时曾一度相当强大，控制了西起河西陇右，东至徐、兖的广大地区。

前秦末年，受战乱影响，长安和关中人口锐减。有的因战火而死亡，有的为了避乱而流散他乡，有的则是有组织地迁移外地，如西燕军队退出长安时，鲜卑人随之东去者甚众，以至于长安为之空虚[③]。为了充实长安和关中，后秦曾多次向这里移民。仅据《晋书·姚苌载记》和《晋书·姚兴载记》统计，后秦时向长安大规模移民就有三次，向关中移民两次。三次共向

① ② 《晋书》卷 117《姚兴载记》。

③ 《晋书》卷 116《姚苌载记》说：慕容冲“既率众东下，长安空虚”。

长安移民至少在4.5万户以上，若以每户5口计，则等于向长安迁入了23万人。由于长安人口逐渐恢复，商业也就必然逐渐趋于活跃。随着经商者日益增多，商税自然也越来越重要。后来，姚兴便以国用不足为名，“增关津之税，盐竹山木皆有赋焉”。

长安商业恢复不久，便在后秦败亡时又一次遭到破坏。姚兴在位二十二年，长安和关中尚能安定。他死后，诸子争位，内讧不休，长安又陷入动乱之中。义熙十三年（417年），东晋刘裕率军北伐，乘乱攻入关中，攻占长安，后秦亡。刘裕消灭后秦后，将长安的织锦工等手工业者大量迁到建康（今江苏南京）[①]，这必然会影响长安的手工业。后秦败亡时，长安人口也顿时减少。不久，刘裕匆匆由长安南归，留其十二岁的儿子刘义真镇守长安。次年，匈奴人赫连勃勃大举进攻关中，刘义真被迫撤出长安。临行时，刘义真和将士大掠珍宝子女，装满了一车又一车，因而行军速度甚慢，结果在青泥（今陕西蓝田）被赫连勃勃的军队追上，刘义真单骑逃走。赫连勃勃称帝于灞上，然后留其子守长安，自己回到大夏国的都城统万城（今陕西靖边白城子）。426年，北魏军队攻占长安。在这连年不息的杀伐攻战中，关中社会经济日益脆弱，长安的商业再度陷入萎缩不振的境地。

三、北朝时期的长安商业

北朝时期，长安与其他大多数城市一样，商业的总体发展水平不高，速度也较为缓慢。但相对于十六国时期来说，还是有所发展。

---

① 《太平御览》卷815《布帛部》引《丹阳记》说：“斗场锦署，平关右，迁其百工也。”

北魏的建立者是鲜卑族拓跋部。登国元年（386 年），拓跋珪乘前秦瓦解之机在盛乐（今内蒙古和林格尔北）称代王，重建代国，同年改国号为魏，史称北魏。天兴元年（398 年），北魏迁都平城（今山西大同）。北魏太武帝时，十六国时期的各个政权经过多年互相吞并，已所剩不多。经过八九年的征讨，北魏终于消灭了这些割据政权，于 439 年统一了北方。这时南方则由取代东晋的刘宋王朝统治。

从商品交换规模、商品经济活跃程度以及货币流通、市场发展水平等方面来看，北魏时期特别是北魏初期，长安商业发展水平不高。这种状况主要是由于以下因素决定的：其一，长安及其周围地区久经战乱破坏，北魏时仍有几次大的战乱，致使长安在相当长的时期内始终没有一个持续恢复的机会；其二，关中的农业及手工业由于长期破坏而陷入衰落状态。其三，在生产关系、社会经济制度等方面也还存在不少阻碍商业发展的制约因素，这些因素都严重制约了长安商业的发展。

频繁的战乱几乎是制约长安商业发展最重要的因素。北魏时，长安及其周围地区的战乱虽不及十六国时那样频繁和酷烈，但战乱仍有好几次。北魏是从匈奴人手中夺得长安的。始光三年（425 年），魏军大举西进，镇守长安的夏国将领赫连助兴弃城而逃，此年十二月，魏军占领长安。次年正月，赫连昌派其弟赫连定率兵两万向长安进发，欲夺回长安。北魏太武帝则派遣拓跋礼镇守长安。后经多次交战，魏军将赫连定的军队赶出了关中。北魏初期，民族矛盾也十分尖锐，反魏起义此起彼伏，其中尤以关中盖吴起义规模最大。太平真君六年（445 年）九月，卢水胡盖吴在杏城（今陕西洛川西南）起义，“诸种胡争应之，有众十余万”，屡次击败魏军，起义军势力迅速扩大。不久盖吴自称天台王，设置百官。太平真君七年（446 年）正月，太武帝亲率六万精兵进入关中，从渭南直扑长安。半年之内，魏军与起义军大小数十战，几乎“无日不战”，损兵折将，“伏尸蔽野”，仍未能取胜。北魏又从河北调来两万精锐部队驰援关中。八月，盖吴在作战中牺牲，不久起义失败。北魏末，关陇地区又爆发了莫折念生和万俟丑奴领导的起义。525 年，起义军主力十几万人在黑水（今陕西兴平西）与魏军大战，结果起义军溃败，损失十万人，被迫退出关中。几个月后，起义军东山再起，接连攻克汧州（今陕西陇县）、岐州、北华州（今陕西黄陵）和长安，横扫关中，势不可挡。起义军直取潼关，威胁北魏首都洛阳，使北魏朝野震惊。528 年，万俟丑奴自称天子，建元神兽。530 年，尔朱天光、贺拔岳带兵入关中镇压起义。后来，丑奴战败被俘，起义失败。

长安和关中地区自晋末、十六国以来就屡遭战火，进入北魏后，仍几次遭到战乱破坏，这就不能不使长安商业的恢复受到阻滞。频繁的战乱造成人口减少，农田水利设施被毁，关中农业已处于衰落状态，至于长安的手工业也因种种原因未能恢复。刘裕攻占长安后，就曾把长安的手工业者大量迁往南京。太平真君七年（446 年），魏太武帝镇压盖吴起义后，又下令“徙长安城工巧二千家于京师”[①]。长安大量手工业者被迁往外地，致使手工业者人数下降，其技术程度和生产规模也就不能不受影响。与此同时，有些手工业工人死于战火，有的则因逃避战乱而流散异乡。另外，北魏从建国开始就竭力垄断手工业，对工匠严密控制。太武帝时就规定“其百工伎巧驺卒子息，当习其父兄所业”，“违者师身死，主人门诛”[②]。工匠的社会地位也很低，如文成帝时规定：“皇族师傅王公侯伯及士民之家，

①② 《魏书》卷 4《世祖纪》。

不得与百工、伎巧、卑姓为婚，犯者加罪。”[①] 孝文帝规定：“工商皂隶，各有厥分，而有司纵滥，或染清流。今户内有工役者，唯止本部丞以下，准次而授。”[②] 北魏还禁止私人占有工匠，私造器物也被禁止。北齐时，大官僚毕义云“又坐私藏工匠，家有十余机织锦，并造金银器物，乃被禁止”[③]。可见直到北齐时，私藏工匠和私造器物还是违法的。北魏对手工业的垄断以及对工匠的严格控制，极大地妨碍了私营手工业和小型工业的发展。在此情况下，长安手工业生产的规模、水平等方面也就自然难以恢复。农业、手工业的衰落，决定了长安商业不可能有大的发展。

从社会经济制度和生产关系方面来看，也有不少制约商品经济发展的因素。建立北魏的鲜卑拓跋部，社会发展程度较低。在社会经济领域内，既有原始氏族经济的残余，又有一定比重的奴隶经济，还有占主导地位的封建经济，人身依附关系趋于强化。当时除自耕农外，还存在大量的新民、农奴、杂户、隶户、奴婢，其社会地位都很低，受政府或豪强地主的严格控制，他们同市场的联系很少。北魏时期士族田庄经济比以前更加发展。关中士族地主以韦、裴、柳、薛、杨、杜、皇甫等为最盛。士族地主占有大量良田，他们的庄园既种植五谷，也栽培果树，还有蔬菜、家禽饲养、种桑养蚕等，“至能守其业者，闭门而为生之具已足，但家无盐井耳”[④]。这些士族田庄除了自己不能生产的食盐而必须依靠市场外，其他一切生活品都可以自己生产，从而达到“闭门而为生之具已足”。这里

① 《魏书》卷5《高宗纪》。

② 《魏书》卷77《高祖纪》。

③ 《北齐书》卷47《毕义云传》。

④ 颜之推：《颜氏家训》卷1《治家》。

不大需要商人的介入，与市场的联系若有若无。在这样的经济结构里，商品交换的规模很难扩大。

从货币制度、货币流通状况来看也是如此。北魏从立国之初到太和十九年（495 年）长达一百余年中，竟然长期没有发行货币，故史书说："魏初至于太和，钱货无所周流。"① 直到 495 年才正式发行了"太和五铢"钱。但北魏政府又同时宣布"民有欲铸，听就铸之"②，把货币发行权"下放"给了私人，这一现象正好说明当时货币经济水平低下。后来北魏又曾发行"永安五铢"钱。但是这两种货币发行后，京师洛阳及各州镇也是或铸或停，有的地方则一直专用古钱，而不使用新钱，形成新旧钱并行流通的混乱局面。这种状况致使货币流通不畅，引起"商货不通，贸迁颇隔"。货币流通不畅，商品交换也就难以通畅。北魏亦曾禁止旧钱流通，但在熙平初年，任城王元澄又上奏请将太和五铢等新钱与"古钱内外全好者，不限大小，悉听行之"，得到了魏明帝的批准。造成货币流通混乱的另一大祸根则是私铸之风盛行。由于私铸盛行，流通中有所谓"鸡眼"等劣钱，后来有的劣钱"薄甚榆荚，上贯便破，置之水上，殆欲不沉"，"乃至风漂水浮，斗米几直一千"③。孝庄帝曾试图整顿货币流通，结果引起更大混乱。史称"利之所在，盗铸弥甚，巧伪既多，轻重非一，四方州镇，用各不同"④。这种状况一直持续到魏末。另一个值得注意的现象是，北魏时期货币的职能大为降低，使用范围明显缩小，货币流通萎缩。北魏前期百余年间，"钱货无所周流"，在此形势下，绢帛谷物则成为主要流通手段，代替了货币职能。北魏发行太和

---

①②④ 《魏书》卷 110《食货志》。

③ 《魏书》卷 77《高崇传》附《高谦之传》；《北史》卷 50《高道穆传》。

五铢钱后，河北诸州“犹以他物交易，钱略不入于市也”[1]，货币的使用范围明显缩小。秦汉时期，征收赋税、官俸、赏赐等方面都广泛使用货币，而北魏征收租赋则收实物，开始制定官禄时也是以布帛计算和支付。笨重的物品作为货币使用，显然不便于携带和分割换零，这就必然阻碍商品交换的扩大。

上述事实说明，当时社会经济的大环境不利于长安商业的发展，也显示出北魏商业不发达。但随着历史的发展，这些不利因素或多或少有所改变，商业也就逐渐活跃起来。

北魏在北方的统治逐渐稳定后，大规模的战事减少，社会秩序趋于安定。特别是孝文帝大刀阔斧地进行改革，社会经济迅速恢复。孝文帝即位后，实行三长制、均田制和班禄制，整顿吏治，迁都洛阳，并加速汉化。孝文帝的一系列改革，把北魏的社会经济推向一个新的水平。在农业显著恢复的同时，手工业状况也有所改善，北魏政府对手工业者的控制也稍稍有所放松。延兴二年（472 年），孝文帝宣布：“工商杂伎尽听赴农。”太和十一年（487 年），又下令“罢尚方锦绣绫罗之工，四民欲造，任之无禁”[2]。制盐在北魏前期本来实行官营，酒也不允许私人酿造。但孝文帝时，盐池则允许民营，也允许私人酿酒。太和二十年（496 年）十月，孝文帝下令“开池盐之禁，与民共之。”[3] 手工业者有了较多自由，有利于手工业生产的发展。孝文帝时，随着商品交换的增多，也正式恢复了金属货币流通。太和五铢钱的发行，既说明商品交换已恢复到了一定水平，也促进了商品交换的发展。

由于长安在政治、经济、军事诸方面的重要性，北魏也就

① 《魏书》卷 110《食货志》。

② 《魏书》卷 7 上《高祖纪》。

③ 《魏书》卷 7 下《高祖纪》。

不能不对其倍加重视。北魏在长安站稳脚跟后，也曾对长安城做过一些维修工作。早在北魏初期，太武帝于延和二年（433年）下令征发秦、雍二州兵士一万人，在长安城内筑了“小城”[①]。随着社会逐渐安定，流亡他乡的居民也陆续回到长安。例如延和三年（434年），杨难当攻克汉中后，“送雍州流民七千家于长安”[②]。不少流民在社会安定后重返故乡，这样长安的人口也就逐渐上升。

随着社会逐渐安定及经济的发展，长安商业的环境大为改善：钱货无所周流的时代已经结束，城市已经维修，流民也已陆续返回，对手工业者的控制有所放松，于是商人们也已开始忙碌起来。就这样，商品交换逐渐活跃，商人获得的利润也越来越可观。北魏高宗在诏令中说，当时“大商富贾，要射时利，旬日之间，增羸十倍”[③]。商业利润的丰厚以及富商的活跃，足以说明商业已经恢复到相当程度。当时外国商人到北魏首都洛阳做买卖的络绎不绝，如《洛阳伽蓝记》卷3所说：“自葱岭以西，至于大秦，百国千城，莫不欢附，商胡贩客，日奔塞下。”到洛阳做生意的外国商人沿着著名的丝绸之路东行，必然要经过长安这座重要城市，在长安停留，在此做买卖，有的甚至干脆就住在长安而不再东行。所以这时长安的西域商人乃至外国商人恐怕也不少。

北魏中期以来，商业最发达的城市有三个：即洛阳、邺城和长安。洛阳是北魏首都，人口繁多，交通便利，遂成为当时北方最大的商业中心；邺城是新兴的商业都会；长安则仅次于洛阳和邺城，成为当时重要的商业城市。

北魏时，城市中仍然实行坊市制，即商业区（市）和居民

---

①② 《魏书》卷7下《世祖纪》。

③ 《魏书》卷5《高宗纪》。

区（坊）相互分离，市内不住家，肆中不住人[①]，同时坊里（住宅区）也不设市。不过从洛阳的情况可以看出，商人和手工业者的住宅距市场较近，一般都在市场附近，这样便于商人和手工业者往返，具有一定的合理性。市内各行业仍然是按商品种类分地段经营，以便于顾客选购和官府管理。在市场里，交易时间有明确规定，开市、闭市均由市场管理人员发出号令。政府设有钟、鼓，用击钟、敲鼓的办法来宣布开市、闭市的时间。例如在洛阳建春门外的建阳里建有三丈高的土台，“上作二精舍，赵逸云：‘此台是中朝旗亭也。’上有二层楼，悬鼓击之以罢市。有钟一口，撞之闻五十里”[②]。这个土台就是西晋时的旗亭（市楼）。用击鼓、撞钟以开市、闭市，是自秦汉以来就有的旧制度。洛阳沿袭前代的旧制，当时长安也应如此。另外，市场设有市门，市的四周都筑有围墙，不经市门是无法入市的。而且每个市场还设有市官，负责征税，监督交易，维持交易秩序等事宜。北朝一般是有商税的，商人在市内使用的店舍都要向官府交税。孝昌二年（526 年），北魏规定：“又税市，入者人一钱，其店舍又为五等，收税有差。”[③] 按照这个规定，不管是买者还是卖者，凡进入市场者均要征税，每人交一钱；商人们的店舍（营业场地）则分为五等，按等级纳税，这种“税”其实应是商人支付的营业场地租金，而不是市场交易税。交易税大概按照交易额的大小而征收。在市内进行大宗或者特定商品交易（如马、牛、驴、骡等）还要立文券。北齐人颜之推《颜氏家训·勉学篇》说：“邺下谚云：博士买驴，书券三纸，未有驴字。”这种文券相当于交易合同，也便

① 《太平御览》卷 828 引《晋令》说：“坐垆肆者，皆不得宿肆上。”

② 《洛阳伽蓝记》卷 2《城东》。

③ 《魏书》卷 110《食货志》。

于征收交易税。

总之，自北魏中期以来，长安的商业已有明显恢复，当然还未达到汉代的盛况。到北魏末期，战乱又起，国无宁日，长安商业又走下坡路了。

北魏末年，政治腐败，阶级矛盾尖锐，起义军遍布北方各地。这些起义虽被镇压下去，但北魏王朝却为之大伤元气。534年以后，北魏分裂为东魏和西魏两个政权：高欢立元善见为帝（孝静帝），并迁都于邺城，史称东魏（534—550）；535年，宇文泰立元宝矩为帝（文帝），以长安为都，史称西魏（535—557）。东、西魏对峙不到二十年，北齐取代东魏；北周则取代西魏，仍以长安为都，这样又形成了北齐与北周的对峙局面。

西魏、北周政权与东魏、北齐政权割据近半个世纪，双方互为敌国，时有战争，商业活动大受限制，故史称“魏自永安之后，政道陵夷，寇乱实繁，农商失业”，“百姓愁怨，无复聊生”①。在分裂割据、战争不断的社会环境中，经济遭到破坏，交通受阻，商人经商缺乏安全保障，商业凋敝是必然结果。

不过，西魏、北周皆以长安为都，发展商业的有利条件还是不少。长安再次作为国都，必然在经济、交通、人口、城市建设、市场设置诸方面有所改善。西魏、北周在政治经济等方面亦曾实行过一系列改革，如推行均田制和府兵制，大力向关中移民以充实关中，打击佛教势力，“取地于庙塔之下”，于是社会经济明显好转，西魏、北周也日渐强大起来，并超过了北齐。577年，北周灭北齐，统一了北方。北周还从南朝手中夺取了重要的商业城市益州（今四川成都）和江陵（今湖北江

① 《隋书》卷24《食货志》。

陵）。就在灭齐的同年，周武帝又整顿了度量衡，“议定权衡度量，颁布天下，其不依新式者，悉追停”[①]。北方的统一、度量衡的整顿都有助于商业的发展。再者，西魏、北周时虽有不少战争，但长安并未直接受战争破坏。而且由于它是国都所在，在城市建设方面肯定会有所改善，这与董卓之乱后长安屡遭兵火摧残显然有所不同。长安的人口也显著增加，这种增加一是由于流民重返故里，另外则是由于政府有目的的移民。大统十二年（546 年），独孤信讨平凉州宇文仲和，“虏其民六千户，送于长安”[②]。若按每户 5 口计，则这次移民就有 3 万人之多，类似这样的移民还有几次。建德六年（577 年），周武帝下令“移并州军人四万户于关中”[③]，迁入关中的人口当有 20 万人之众。长安成为国都后，也吸引了各地的商人、手工业者甚至农民来此经营各种生意。

长安及关中的交通道路也有明显改善。以前，雍州境内“路侧一里置一土候，经雨颓毁，每须修之”。废帝二年（553 年），韦孝宽任雍州刺史后，命令境内在设置土候的地方种植槐树以取代土候，这样“既免修复，行旅又得庇荫”[④]。宇文泰对此大加称赏，于是命令“诸州夹道一里种一树，十里种三树，百里种五树焉”[⑤]。从此关中通往各地的道路皆有绿阴。西魏恭帝元年（554 年），宇文泰又命崔猷等人“率众开通车路，凿山堙谷五百余里，至于梁州（今陕西汉中）”[⑥]，从而使关中与汉中的交通更加便利。交通的改善有利于商人往来，商品流通也更为便利。

---

①③ 《周书》卷 6《武帝纪》。

② 《周书》卷 16《独孤信传》。

④⑤ 《周书》卷 31《韦孝宽传》。

⑥ 《周书》卷 35《崔猷传》。

在此情况下，长安的商业日渐活跃。据载，当时“有贾人持金二十斤，诣京师（长安）交易”[①]。这个商人到长安做生意，一次竟拿出黄金20斤，应是一笔很大的本钱。北周时，西域商人也有不少人来长安经商，史称北周“德刑具举，声名遐洎。卉服氈裘，辐凑于属国；商胡贩客，填委于旗亭”[②]。从商人势力的活跃亦可概见长安商业的发展。隋文帝杨坚代周前，他的心腹刘昉势倾朝野，官拜上大将军。刘昉“溺于财利，富商大贾朝夕盈门”[③]。长安不少富商都与这位权贵密切往来，商人势力的膨胀于此可见一斑。有的商人或其子孙甚至进入仕途，如富商王训的孙子王辩在北周时因军功授帅都督[④]。西域商人何妥也曾深受周武帝器重，并被任命为太学博士。何妥在周宣帝时还被封为襄城县伯[⑤]。在商人子弟做官的同时，官僚贵族也有经商牟利者。广陵王元欣在西魏大统时，曾任柱国大将军等，像这样的高官也在经商，史称其“好营产业，多所树艺，京师名果皆出其园”[⑥]。元欣大概经营着庞大的果园，所产水果品质优良，皆为京师长安名品，其收入自然不菲。

和北魏时相比，长安的市场设置和市场管理及商业的繁荣程度应有较大的改观。因为长安已是西魏的国都，自然不能停留在过去的水平而无所进步。同时代的其他城市，当然也无法和长安比拟。例如北魏中期以后以洛阳为都，洛阳商业之盛堪

① 《周书》卷22《柳庆传》。

② 《周书》卷49《异域传》。

③ 《隋书》卷38《刘昉传》。

④ 《隋书》卷64《王辩传》。

⑤ 《隋书》卷75《何妥传》。

⑥ 《北史》卷19《广陵王诩传》附《元欣传》。

称第一。但西魏、北周时，长安再次为国都，而洛阳却失去了国都地位，并且洛阳还遭到战火破坏。这样洛阳大为衰落，长安则明显进步，长安商业之繁荣又一次超过洛阳，成为我国北方最负盛名的商业都会。为了加强长安的商业管理，北周设有“司市下大夫”一职，专门负责长安的市场管理。早在北魏时就有所谓“入市之税”，或称“市门税”，这种税在西魏时仍然征收。北周建国后，闵帝宇文觉为了表示刷新政治，于557年正月下令废除市门税①。周宣帝即位（579年），“复兴入市之税，每人一钱”②。不过这次恢复市门税仅两年，北周便被隋朝取代。581年，隋文帝即位后，又废除了入市之税③。入市之税的征收对象是进入市场的每个人，属于工商杂税性质。它

图6　北周的货币

的出现一方面说明统治者的贪婪，另一方面也反映出进入市场的人很多，商品交易比较活跃，为此统治者想出了这个捞钱的好办法。

西魏、北周时，长安的商业虽有一定发展，但商业领域仍存在不少问题。从当时的货币发行与流通状况即可清楚地说明

① 《周书》卷3《孝闵帝纪》。
② 《通典》卷11《食货典·杂税》。
③ 《隋书》卷24《食货志》。

这一点。西魏曾于大统六年（540年）、十二年（546年）两次铸造五铢钱，作为西魏地区的主要货币。北周初年，仍沿用西魏发行的五铢钱。周武帝保定元年（561年），北周才开始发行“布泉”钱，以一枚布泉当五枚五铢钱，二者并行流通。建德三年（574年），又铸造“五行大布”钱，以一枚“五行大布”当布泉十枚。周静帝大象元年（579年），又铸造“永通万国”钱。尽管北周发行的三种新钱皆为货币中的精品，然而这些钱均为虚价大钱。例如“五行大布”钱与“布泉”重量差不多，而北周政府却规定前者一枚抵后者十枚使用，这等于货币减重1/10。这是北周政府剥削百姓的一种手段，商人所受损失也很大，所以史称北周政府“大收商估之利”[①]。短短十八年间，北周居然发行了三种货币，平均六年发行一次新货币，而且各种货币并行流通，相互比价又极不合理，因而引起私铸货币之风盛行，货币流通混乱不堪，这种状况显然不利于商业的发展。

① 《隋书》卷24《食货志》。

第三章

隋唐时期长安商业的空前繁荣

581年2月，北周贵族杨坚迫使周静帝退位，自立为帝，改国号为隋，年号开皇，定都长安。他就是历史上有名的隋文帝。589年，隋朝消灭南方的陈朝政权，统一了中国。隋朝虽然仅存在38年，但它结束了长达四个世纪分裂割据和军阀混战的局面，使中国再次走上统一的道路。而且隋朝所建立的政治、经济、军事制度，承前启后，从而为唐朝的繁荣奠定了基础。隋朝末年，群雄并起，杀伐不息，混战不已。617年，李渊乘机起兵于太原，并迅速进兵关中，攻克长安。618年5月，李渊在长安称帝，创建唐王朝，以长安为国都。

隋唐两代是中国封建社会国力最强盛、经济最繁荣、文化最发达的历史时期之一。而隋唐两代均把长安作为国都，从而为古都长安商业的发展提供了千载难逢的机遇。长安作为隋唐两朝国都，文化昌盛，中外商贾云集于此，市场兴旺，商业繁荣，呈现出一派欣欣向荣的景象。

第一节　隋唐长安繁荣的市场

一、长安市场繁荣的社会经济基础

隋唐时期，随着全国商业的日趋发达及关中社会经济的迅速发展，首都长安的商业也日益繁荣。当时的长安，商贾云集，异常活跃，来自各地的商品琳琅满目，令人目不暇接，商品交易之盛前所未有。这种兴旺繁荣的局面与当时长安所处的社会经济环境有密切关系。

首先，隋唐时期国家统一，社会安定，币制统一，从而为商业的繁荣提供了根本保障。东汉末年以来，战乱频仍，社会动荡不安，关中地区的经济遭到严重破坏。由于人口大量死亡或逃亡，大片土地荒芜，昔日富庶的关中长期处于残破状态。魏晋南北朝时，国家分裂，关卡林立，致使商路不畅，商品流通受阻。由于政治分裂，货币制度也极不统一，混乱不堪，从而给各地之间的商品交流造成严重障碍。上述情况都严重制约了长安商业的发展。然而到隋唐时期，上述制约因素或得到改善，或不复存在。隋唐两代，国家统一，疆域辽阔，社会安定，很少发生战乱，至少唐中期以前是如此。随着国家的统一，隋唐时期的货币制度也得到统一，这些都给商人的经营活动创造了十分有利的条件。

其次，隋唐水陆交通发达，也为长安商业的发展提供了便利条件。隋唐以前几百年间，南北分裂，交通状况恶劣，长江、淮河及长安以南的秦岭山脉有时竟成为南北政权的“国界线”，商人为此裹足不前，商业发展自然受到限制。但是在隋唐时代，水陆交通状况大为改善。武则天时，崔融说：“天下诸津，舟航所聚，旁通蜀汉，前指闽越，七泽十薮，三江五湖，控引河洛，兼包淮海。宏舸巨舰，千舳万艘，交贸往还，昧旦永日。”[①] 中唐时期的理财家刘晏则说：“今舟车既通，商贾往来，百货杂集，航海梯山”[②]，足见唐代水陆交通的发达。

① 《全唐文》卷219崔融《谏税关市疏》。

② 《旧唐书》卷123《刘晏传》。

正是由于水陆交通发达，才出现了“千舳万艘，交贸往还，昧旦永日”“商贾往来，百货杂集”的繁盛景象。由于隋唐两代皆定都于长安，当时陆路交通便以长安为中心，向外辐射，以至全国各地，甚至还可以通到域外有关国家和部落。陆路方面，由长安向全国各地辐射的道路共有四十多条之多[①]。这些道路四通八达，大约可分为5条干线：一是自长安经凤翔、成都到达西南各地；二是自长安经荆州（今湖北江陵）、长沙、桂林到达安南或广州；三是自长安东行，经洛阳、开封、滑县、齐州（今山东济南）到河北诸地或泛海至辽东地区；四是经太原、娘子关、范阳抵达北方各地；五是自长安西行经邠州（今陕西彬县）、凉州（今甘肃武威）前往西域各地，此条道路就是著名的“丝绸之路”。在长安通往各地的交通干线上都设有驿传，每30里设一驿站，驿站备有旅馆、驿卒及车船、马驴等交通工具，以备传递公文和官吏往来以及商贾行人之用。唐代通往少数民族地区和外国的道路主要有七条路线[②]。上述道路仅是一些最重要的交通要道，至于其他较次要的道路更是四通八达，无远不至。中唐时，杜佑说：“东至宋、汴，西至岐州，夹路列店肆待客，酒馔丰溢。每店皆有驴赁客乘，倏忽数十里，谓之驿驴。南诣荆、襄，北至太原、范阳，西至蜀川、凉府，皆有店肆，以供商旅。远适数千里，不持寸刃。”[③]正是在这些有利条件下，长安商人可以周流四方，从事贸易，而全国各地的商人也纷纷将外地商品贩远到长安，甚至许多外国商人也前来长安经商。在这种情况下，长安的商业便日益繁

① 史念海：《隋唐时期的交通与都会》，《唐史论丛》第六辑，陕西人民出版社1995年版。

② 《新唐书·地理志》。

③ 《通典》卷7《食货典·历代盛衰户口》。

荣起来。

第三，隋唐时期关中地区社会经济的迅速发展，则为长安商业的繁荣奠定了坚实的物质基础。隋唐两代定都长安，故对关中地区农业尤为重视。由于隋唐两代的大力整治，关中平原灌溉系统得到了大规模修复和扩展。唐初，在今陕西韩城境内，自龙门引黄河水灌溉，可灌溉农田 60 余万亩[①]。唐高宗时又扩建升原渠，从宝鸡西北引汧水至咸阳，长达 300 余里，既可灌溉，又可漕运。郑国渠经过整顿，在唐前期仍可灌田 10 000 余顷[②]。成国渠在唐代也有所改造，在其渠口重修 6 个水门，号称“六门堰”，使灌溉面积增加到 200 万亩[③]。白渠在唐代发展为北、中、南三支，又称为“三白渠”，灌溉面积不断扩大。龙首渠也由于引洛水修建通灵陂，扩大了农田受益面积。唐朝在关中地区除了修复前代各类灌溉渠之外，也充分利用其他河流进行灌溉，如长安附近利用沣、滈、灞、浐、潏、涝诸河，建堤修堰，开凿支渠纵横交错，从而形成一个完整的灌溉网。从史籍记载看，关中地区是唐代兴修水利工程最为密集的地区之一。关中人民还利用自然水利资源开辟了许多稻田，所谓“咸阳古城下，万顷稻苗新”[④]，“桑林摇落渭川西，蓼水瀰瀰接稻泥”等诗句[⑤]，都反映了长安地区绿水潺潺、稻田肥美的情景。农田水利事业的进步，大大促进了关中农业的发展。在大力兴修水利的同时，唐政府还在关中积极推广新式农具，鼓励农民垦荒，有时还为农民提供耕牛和种子，

① 《册府元龟》卷 497《邦计部》。

② 《类编长安志》卷 6《泉渠》。

③ 宋敏求：《长安志》。

④ 《全唐诗》卷 153，李华《咏史》。

⑤ 《全唐诗》卷 676，郑谷《访题表兄王藻渭上别业》。

这些措施都有利于关中农业的发展。到唐玄宗开元、天宝时，关中各郡粮仓丰盈，关辅等地“每郡官仓粟多者百万石，少不减五十万石”[①]，这一数字充分显示了关中农业发展的成就。与此同时，关中地区和长安的手工业也有很大进步。长安作为隋唐两代国都，于是成为全国能工巧匠的集中之地。这些手工业者继承并超越了前人的成就，把各种手工业的发展水平提高到一个新的阶段。大体说来，关中和长安的纺织业、印染业、制瓷业、粮食加工业、刻版印刷业、金银制造业等行业都比前代有显著发展[②]。

关中人口的大量增加，也说明关中地区的社会经济得到了空前发展。隋唐以前，关中战乱不断，百姓四处逃亡，人口凋零。而在隋唐时期，关中人口大量增加。西汉元始二年（2年），关中地区在籍人口约为193.4万人，而唐代天宝元年（742年）在籍人口则为319.8万人[③]，可见关中人口已大为增加。在我国古代，人口大量增加则意味着社会稳定和经济繁荣。总之，隋唐时期关中地区社会经济迅猛发展，为长安商业的繁荣奠定了坚实的物质基础，有力地促进了长安商业的发展。

第四，继秦汉之后，长安再度成为全国的政治中心，也为长安商业的大发展提供了难得的有利条件。隋唐两代都是统一的封建王朝，国力强盛，经济繁荣，长安作为其国都，不仅取得了政治中心的地位，而且也成为人员往来和全国货物集散中心，这就为长安商业的发展创造了有利条件。另一方面，长安作为国都，设置有庞大的政府机构，聚集着大量的王公贵族和官僚地主及其附属人员，还驻扎着数以万计的军队，来自全国各地乃至外国的商人、手工业者、僧人、道士、游民等为数甚巨，这就使得长安的人口大为增加。关于长安人口之众，历史

① 《通典》卷148《兵典序》。

② 魏明孔：《隋唐手工业研究》，甘肃人民出版社1999年版。

③ 《汉书·地理志》；《新唐书·地理志》。

文献屡有提及。显庆元年（656 年），玄奘法师率众到太极宫迎接唐高宗给慈恩寺撰写的《慈恩寺碑》，结果“京都士女观者百余万人”[①]。唐后期，韩愈则说：“今京师之人，不啻百万。”[②]《全唐诗》卷 201 岑参《天门街西》诗也说：“长安城中百万家。”上述材料均出自唐人之手，都说当时长安人口达到 100 余万，这些说法虽非官方统计数字，且有夸张成份，但与实际人口数量相差不会太大。[③] 因此长安在当时不仅是全国最大的城市，也是人口最多的城市。既然长安城人口如此众多，这就必然形成巨大的消费需求，需要大量的各种各样的商品来供应。既然长安的市场需求相当大，商人来此做生意自然也就容易赚钱，所以它吸引了全国各地的商人来此进行贸易，甚至不少外国商人也前来经营珠宝等生意。这是隋唐时期长安市场繁荣的一个重要原因。

二、市场设置

举世闻名的唐都长安城，其实是隋代创建的。隋建立之

① 《大慈恩寺三藏法师传》卷 9，第 189 页，中华书局 1983 年版。

② 《全唐文》卷 549，韩愈《论今年权停选举状》。

③ 关于唐长安人口数量，学术界有多种不同看法：最少者仅为五十万人，最多者为一百七八十万人，其余有七十万人、八十万人、一百万人等多种说法。详见李之勤：《西安古代户口数目评议》，《西北大学学报》1984 年第 2 期；郑显文：《唐代长安城人口百万说质疑》，《人文杂志》1991 年第 2 期；严耕望：《唐代长安人口数量之估测》，（台湾）中国唐代学会编《第二届唐代文化研讨会论文集》，1995 年 9 月；妹尾达彦：《唐都长安城的人口数量与城内人口分布》，《中国古都研究》第十二集，山西人民出版社 1998 年版；王社教：《论唐都长安的人口数量》《汉唐长安与关中平原》（《中国历史地理论丛》增刊，1999 年 12 月）；张泽咸：《唐代工商业》第 220 页。笔者认为，唐长安至少有 80 万人口，最多时可能接近 100 万人。

初，仍以汉长安城为都。然而，汉长安城“凋残日久，屡为战场，旧经丧乱。今之宫室，事近权宜”，“不足建皇王之邑”[①]。而且位于龙首原之北的汉长安城“水皆咸卤，不甚宜人”[②]。为此，隋文帝开皇二年（582 年）在今西安市及附近郊区创建了一座规模宏大的新城，这座新城在当时称为大兴城，唐代改名为长安城。

唐长安城位于风景秀丽的龙首原南麓。它“南侵终南山、子午谷，北据渭水，东临灞浐，西枕龙首原”[③]。这里地势开阔，地理位置十分优越。隋朝著名的建筑学家、太子左庶子宇文恺是这座新都的总设计师。唐代沿用隋大兴城的旧制，并不断修建，使之更加宏伟壮丽。长安城不仅规模宏大，而且布局非常严谨。其总体布局是：外城之中有内城，把皇族居住区、政府机构和居民区分开；坊市分立，把居民区与商业区分开；坊设围墙，把居民区划分为东西、南北排列整齐的坊。唐长安城很像棋盘，内部布局相当整齐划一。它由外郭城、皇城、宫城三大部分组成。经过现代考古发掘可知，外郭城略呈长方形，东西长（由春明门至金光门）9 721 米，南北长（由明德门至宫城北面玄武门偏东处）为 8 651 米，周长 36.7 公里，总面积达 84 平方公里[④]。皇城与宫城位于外郭城内北部正中。宫城在北，皇城在南，是隋唐长安城的核心。皇城又名子城，是中央政府机构所在地，尚书省、中书省和门下省中枢机构都设在这里。皇城南面有三个门，东、西两垣各有二门，均与城内主要大街相通。宫城是皇帝和皇族居住与处理朝政的地方，

① 《隋书》卷 1《高祖纪》。
② 《隋书》卷 78《庾季才传》。
③ 宋敏求：《长安志》卷 6《宫室四》。
④ 《唐代长安城考古纪略》，《考古》1963 年第 11 期。

由太极宫、东宫和掖庭宫组成。外郭城内、皇城两侧及其以南地域为居民区，分布着由纵横街道划分出来的坊、市。据记载，郭城内共有南北向的街道11条，东西向的街道14条。城内街道纵横交错，宽敞整齐，尤其是由朱雀门至明德门的朱雀大街宽达155米。大致说来，达官贵族宅第大多集中于宫城附近；郭城北部人口密集，南部的居民则相对稀疏。

隋唐长安城在商业市场的设置上颇有独到之处。《周礼·考工记》说："匠人营国，方九里，旁三门，国中九经九纬，经涂九轨，左祖右社，面朝后市。"亦即营建国都时，要将市场放在皇宫后面（北面），皇宫则应位于市场前面（南面）。汉都长安城的市场布局就符合这个规定。隋唐长安城的市场设置则抛弃了这个"面朝后市"的旧传统，这不能不说是个进步。长安城沿用了前代的集中市制，商业市场主要是东市和西市。东市位于皇城东南，隋朝时称为"都会市"。西市则位于皇城西南，隋朝时称为"利人市"。东、西二市平面皆呈长方形，各占两坊之地。从东、西二市所处的具体位置来看，基本上处于城区的适中位置。按照这样的设置，不论居住在城区北部的达官贵族，还是居住在城区南部的普通居民，他们要去市场购物均较为方便。对于在市场经营的各类商人来说也很方便。此外，在皇城之南有一条横贯城区的东西向大街，宽达120米，是全城的交通干线，由此街向东行可达长安东大门——春明门；向西走则可直达西大门——金光门。而东、西二市的位置恰好就在这条大街之南。当时，东、西两市各设有两个北门，这四座北门正好面对这条东西向的大街。因此，由东市北门向东行不远就是长安东大门，而由西市北门向西行不远就是长安西大门，由这两座东、西城门则可通往城外各地。可见东、西二市的地理位置十分优越，交通相当便利[①]。如此便利的交通条件促进了东、西两市的繁荣。

长安城中，东市和西市是最重要的两个商业市场。东、西两市规模之大，设置之完备，管理之完善，市场之繁荣均超过了以前任何都城中的市场。据记载，东市"东西南北各六百步，四面各开二门，定四面街各广百步"[②]。西市的规模与建置和东市基本相同。东西两市都是封闭型的商业市场，市场四面筑有围墙，东、西、南、北四面各设两个门。这样，每个市场就有八个门，以便人员往来和货物的进出。在市场内部，又设有两条东西走向和两条南北走向的大街。这四条大街各有名称，分别称为东街、西街、南街、北街。这四条大街纵横交错，从而形成了巨大的井字型街道，每条街道宽度不完全相同，大约是16～30米。这样一来，四条大街就把整个市场划分为九个交易区。每个区四面临街，各种行业的店铺便临街而设。据《长安志》记载，负责管理市场的市署和平准署就位于井字街的正中位置。此外，在市内还设有东西南北四条沿墙街道（顺城街）。除了上述较为宽阔的主要大街外，东西两市内部还设有为数众多的小街小巷，以便行人和货物进出。在小街小巷两旁，各种商店铺面均临街而设，不可胜计。

建国以后，经过考古工作者发掘，使人们对东、西二市的具体位置及内部结构有了更清楚的了解。考古资料显示，西市的具体位置在今西安城西南一公里多的糜家桥与东桃园村之间，即今西北工业大学以西一带。东市位于今西安咸宁路以南，西安铁路局以北，安东街以东，西安交通大学以西范围

① 史念海：《长安和洛阳》，《唐史论丛》第七辑，陕西师范大学出版社1998年版。

② 《长安志》卷8《东市》。

重玄门
玄武门
至渭河
北
0 1公里
太液池
右银台门
大明宫
左银台门
含光殿
永安渠
龙首池
含元殿
西内苑
小儿坊
光化门
景耀门
芳林门
玄武门
安礼门
兴安门
丹凤门
望仙门
延政门
至德门
建福门
修真
安定
修德
掖庭宫
太极宫
东宫
光宅
翊善
长乐
十六宅（永福坊）
龙首渠
普宁
休祥
辅兴
内侍省
承天门
嘉福门
永昌
来庭
大宁
兴宁
开远门
安福门
广运门
长乐门
延喜门
通化门
义宁
金城
颁政
皇城
永兴
安兴
永嘉
顺义门
景风门
兴庆宫
居德
醴泉
布政
崇仁
胜业
龙池
漕渠
含光门
朱雀门
安上门
勤政务本楼
春明门
金光门
群贤
西市
延寿
太平
光禄
兴道
务本
平康
东市
道政
怀德
光德
通义
（缺名）
开化
崇义
宣阳
常乐
小雁塔
崇化
怀远
延康
兴化
丰乐
安仁
长兴
亲仁
安邑
靖恭
丰邑
长寿
崇贤
崇德
安业
光福
永乐
永宁
宣平
新昌
青龙寺
延兴门
待贤
嘉会
延福
怀贞
崇业
靖善
靖安
永崇
升平
升道
永和
永平
永安
宣义
永达
兰陵
安善
昭国
修行
立政
大雁塔
常安
通轨
敦义
丰安
道德
开明
大业
晋昌
修政
敦化
和平
归义
大通
昌明
光行
保宁
昌乐
通善
青龙
（缺名）
永阳
昭行
大安
安乐
延祚
安义
安德
通济
曲池
曲江池
芙蓉园
黄渠头村
黄渠
永安渠
清明渠
安化门
明德门
启夏门
圜丘
先农坛

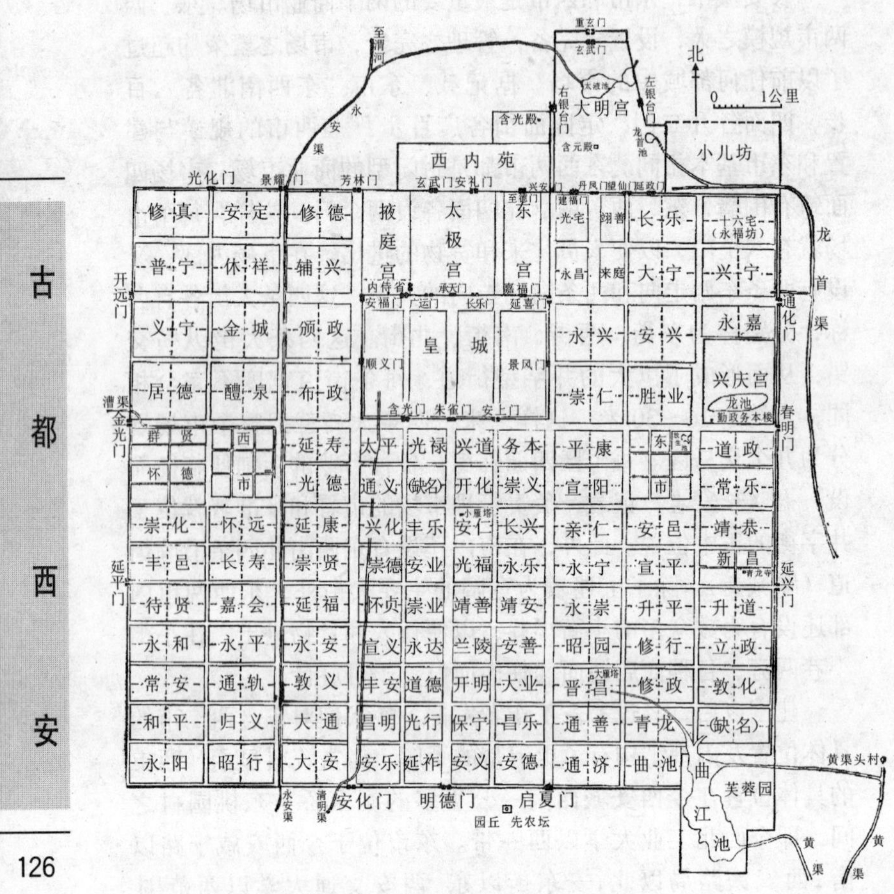

图 7　唐长安城图

内。据实测，西市南北长 1 031 米，东西长 927 米，南北较长，东西较窄，平面呈长方形，面积约 1 平方公里。市的四周有夯筑的围墙，墙基宽均为 4 米多。在围墙内有沿墙平行的街道(即顺城街)，街道宽皆 14 米许。市内构成井字形的四条大街皆宽 16 米，每条大街两侧均设有砖砌的排水沟，而且都是明沟。唐代晚期道路两侧的排水沟，在沟壁和沟底上都有横铺直砌着长方形的砖。为了便于排水，沟口略低于路面。沟底平直，宽约 110 厘米，沟口宽约 120 厘米，沟口略大于沟底，沟的深度为 65 厘米。晚期的排水沟不仅由早期土筑水沟改为砖砌水沟，而且宽度增加，质量有所提高。此外，在与大街相连的小巷中，还设有砖砌的暗水沟。这些暗水沟均与大街两旁的明沟相连，可见当时市内大街小巷的排水系统相当完备。东市的形制与西市相同，亦呈长方形。经实测，东市南北长1 000余米，东西宽 924 米，大小几乎与西市相等。东市内部也有纵横交错的四条大街。不过街宽都将近 30 米，比西市之街宽约 1 倍。东、西两市的四周都面临着宽阔的街道，这些街道的宽度都在 120 米左右[①]。据以上所述，东、西二市的区划和布局及排水、市内与市外交通等方面都设计得非常完备而周密。为了清楚起见，现将隋唐长安东、西二市的内部结构列成下表：

隋唐长安东、西二市内部结构简况表（单位：米）

隋朝市名	唐朝市名	面积		围墙宽度	井字街宽	顺城街宽	排水沟宽度
		南北长	东西长				
都会市	东　市	1 000	924	6～8	30		
利人市	西　市	1 031	927	4	16	14	沟底 1.1；沟口 1.2

① 中国科学院考古研究所西安唐城发掘队：《唐代长安城考古纪略》，《考古》1963 年第 11 期；《唐长安城西市遗址发掘》，《考古》1961 年第 5 期。

除东、西二市外，长安城中还曾设置过另外一些市场，如南市、中市、北市、宫市等。不过这些市场远不如东、西二市重要。唐高宗时，曾利用安善坊以及大业坊之半的地方设置了中市，具体位置大致在今西安市南二环以南、纬二街以北，东至翠华路、西至长安中路。中市占地达一个半坊之广，规模相当大。唐高宗还在中市设置了管理市场交易的机构——中市署，负责“领口马牛驴之市”。此处的“口”系指奴婢，说明中市大概以牛马驴等牲畜交易为主，也是买卖奴婢的重要市场。由于中市“偏处京城之南，交易者不便，后但出文符于署司而已，货鬻者并移于市”。为此，在长安元年（701 年）十一月，武则天下令撤销中市，在此设置教弩场[①]。玄宗天宝八载（749 年），又在长安威远营之地设置了“南市”。在临潼华清宫设置了“北市”。南市的位置，史无明文记载，可能在原来的中市一带。唐中后期，在十六王宅（永福坊）一带还设置了一个特殊市场。由于这里居住着许多皇子皇孙，所以这个市场被称为“宫市”。这个市场的服务对象主要就是这些皇族成员。至于宫市的具体位置及规模，史籍并无明确记载。十六王宅的位置大体在今西京医院和第四军医大学以北地区，宫市的位置应当在十六王宅（永福坊）附近。

总之，隋唐长安城的市场设置，充分显示了长安商业的巨大进步和发展。长安的商业市场不仅规模庞大，超过了以前任何时期，且市场布局更趋合理，市内的交通、排水、店铺设置等方面也更趋完善。这一时期的市已不再仅仅是一个定时一聚的交易地点，而变成略具近代型的常设市场，与近代城市中的商业区相差无几。市尽管仍限制在城内的固定地点，但市内已

① 徐松：《唐两京城坊考》卷 2《安善坊》，中华书局 1985 年版；《唐会要》卷 86《市》。

不再是空无所有，而是肆店行铺林立，并设有邸店、柜坊等商业辅助机构。

三、市场管理

隋唐两代不仅在长安城中设置了规模巨大的商业市场，而且也制定了一整套较为完备的市场管理制度。

隋唐时期在市场管理上实行严格的坊市制。坊是居民区，市即商业市场，坊和市严格分开，禁止在坊中进行商业活动，隋和唐前期尤其如此。为了使市场贸易能够顺利进行，隋唐两代在长安的各个市场设置了不少的市场管理机构和官吏。据《长安志》记载，长安的东市设有东市局和平准局。东市局位于东市的正中地方，平准局则位于东市局之东。它们隶属于中央政府的太府寺。在西市内部则设有西市局和平准局，亦隶属于太府寺[①]。据《唐六典》记载："两京诸市署，各令一人，从六品上；丞各二人，正八品上。京、都诸市令掌百族交易之事，丞为之贰。"[②] 在每个市场设置有"市署"，市署设有市令一人，市丞二人，市丞是市令的副职。在市令、市丞之下还设有录事一人，府三人，史七人，典事二人，掌固一人。隋文帝时，长安各市场的市令、市丞隶属于中央政府司农寺。隋炀帝大业三年（607年），则改为隶属于中央太府寺。唐朝时仍隶属于太府寺。平准局则设平准令二人，从七品下；平准丞四人，从八品下；监事六人，从九品下。"平准令掌供官市易之事，丞为之贰。凡百司不任用之物，则以时出货；其没官物者，亦如之"[③]。就是说，中央政府各衙门不用或多余的物资

① 《长安志》卷8。
② 《唐六典》卷20《太府寺》。
③ 《唐六典》卷20《平准署》。

以及官府没收的财物，由平准署负责按时在东、西二市上出售。平准署除平准令、丞外，还设有录事1人，府6人，史13人，典事2人，价人10人，掌固2人。除上述机构外，唐政府还在长安东、西二市设置了常平仓，其位置大致在东、西二市的中部偏北之地。唐政府之所以要在东、西二市设置常平仓，就是要通过它来有效地调节长安的物价（尤其是粮价）。长安市场上设置常平仓最早始于唐高宗时。永徽六年（655年）八月，关中大雨，道路不通，导致长安"米价暴贵，出仓粟粜之"。为此唐政府下令在"京师东、西二市置常平仓"①。常平仓其实是一个调节市场物价的机构。每当市场上货物价格太高时，政府就会把常平仓中的货物低价出售；而当某种货物（如粮食）价格太低时，政府就会在市场上高价收购此种货物。故史称：货物"至贵时贱价出粜，贱时加价收籴"②，这样就会使市场物价不至于太高或太低，以保持市场稳定，可见常平仓主要用来调节粮食价格。这是唐政府调节长安市场物价的一个重要制度。唐高宗显庆二年（657年）十二月，在长安设置了常平署，并设置了不少官员以管理常平仓。常平署的官员有常平令1人，从七品下；丞2人，从八品下；监事5人，从九品下。另外，还有府4人，史8人，典事5人，掌固6人。"常平令掌平籴仓储之事，丞为之贰。凡岁丰穰谷贱，人有余则籴之；岁饥馑，贵谷人不足，则粜之，与正、义仓帐具其本利同申"③。

① 《旧唐书》卷4《高宗纪》。

② 《唐会要》卷88《常平仓》。

③ 《唐六典》卷20《常平署》。《唐会要》卷88《仓及常平仓》称：常平署设于显庆二年。而《唐六典》则称设于"皇朝垂拱初"。此处从《唐会要》之说。

隋唐政府还建立了一套相当完善的市场管理制度，这些制度涉及到市场交易时间、物价、度量衡、市场秩序、市容、货币流通、商品质量、商税征收等各个方面，对市场管理官员的具体职责及奖惩等也做出了详细的规定。

隋唐政府规定，商业贸易都集中在固定的市场中进行，市场四周都有围墙。唐律规定："越官府廨垣及坊市垣篱者，杖七十。"①就是说，随便翻越市场围墙者要受到严惩。长安东、西二市各设有八个市门，市门均按时启闭，不得违犯规定。唐代规定："凡市，以日午击鼓三百声而众以会；日入前七刻，击钲三百声而众以散。"②可见市场交易有时间限制，商人必须按时进入市场，也必须按时离开市场。每天早上开市时，以击鼓为号，天黑前闭市时则以击钲为号。闭市以后，市场管理人员要关闭市门。如果市官擅自开闭坊市门者，或不按时开闭坊市门，就要负刑事责任。唐律规定："若擅开闭者，各加越罪二等；即城主无故开闭者，与越罪同；未得开闭者，各减已开闭一等。""其坊正、市令非时开闭坊、市门者，亦同城主之法。"③市令如果不按时开闭市门也要受到惩罚。

唐政府对市场物价也有严格的管理制度。唐朝规定，市场主管官吏要按时"平货物为三等之直，十日为簿"④。即如《唐六典》所说："以二物平市（谓秤以格，斗以概），以三贾均市（精为上贾，次为中贾，粗为下贾），凡与官交易及悬平脏物，并用中贾。"⑤就是说，市场上所陈列的各种商品，每种都要区分为上、中、下三等价格，三等价格每隔十天重新制

---

① 《唐律疏议》卷8《卫禁律》，中华书局1983年版。

②⑤ 《唐六典》卷20《两京诸市署》。

③ 《唐律疏议》卷8《卫禁律》。

④ 《新唐书》卷48《百官志》。

定，报官府备案。这是市场管理官员的重要职责之一。从汉代到唐代，物价由每月一定改为每十天一定，这显然是一种进步的表现。据《汉书》卷24《食货志》记载，王莽曾下令："诸司市常以四时中月实定所掌，为物上、中、下之贾，各自用为其市平，毋拘它所。"可见汉代是在每个季度的第二个月评定物价一次，区分为上、中、下三等价格。而唐代规定每十天评定物价一次，这显然比以前每月或每季度定价一次更加及时灵活。各市之间同一商品的价格并不要求一致，但同一市场的价格则要求统一。这一管理体制为后世所沿用。为了杜绝市场管理官员在评议物价时徇私舞弊，唐律规定："诸市司评物价不平者，计所贵贱，坐赃论；入己者，以盗论。"《唐律疏议》解释说："公私市易，若官司遣评物价，或贵或贱，令价不平，计所加减之价，坐赃论。'入己者'，谓因评物价，令有贵贱，而得财物入己者，以盗论，并依真盗除、免、倍赃之法。"①市场管理官员如果评议物价不公平也要受到惩处，情节严重者还要按盗窃罪论处。

合格的度量衡器具是市场交易不可或缺的重要工具。为了维护正常的市场交易秩序，确保买卖双方利益不受侵害，隋唐政府都十分重视市场所用度量衡器具的统一和检查工作。隋初，赵煚（jiǒng）为冀州刺史，"冀州俗薄，市易多奸诈，(赵) 煚为铜斗铁尺，置之于肆，百姓便之"。隋文帝听说后大加称赞，"颁告天下，以为常法"②。隋文帝以铜斗铁尺为标准，推行于全国，统一了度量衡制。隋文帝于开皇年间规定，以古尺一尺二寸为一尺，以古斗三升为一升，以古秤三斤为一

① 《唐律疏议》卷26《杂律》。

② 《隋书》卷46《赵煚传》。

斤[1]。在唐代，两京诸市署“掌财货交易、度量器物，辨其真伪轻重”[2]。可见辨别度量衡器物的“真伪轻重”也是市署官员的重要职责之一。唐代《关市令》规定：凡长安地区所用的度量衡器，必须在“每年八月，诣太府寺平校；不在京者，诣所在州县平校，并印署，然后听用”。如果太府寺官员校勘的斛斗秤度不够准确，还要负刑事责任。唐律规定：“诸校斛斗秤度不平，杖七十。监校者不觉，减一等；知情，与同罪。”[3]这个规定的确比较严厉。唐代不仅要求定期审校市场所用的度量衡器，对于私自制造度量衡器者更是严加惩处，严禁在市场上使用私制的度量衡器。唐律规定：“诸私作斛斗秤度不平，而在市执用者，笞五十；因有增减者，计所增减，准盗论。”甚至规定：“其在市用斛斗秤度虽平，而不经官司印者，笞四十。”[4]私自制作各种不合格度量衡器具者要受到严惩，虽然合格但未经审验者也要予以惩处。商人借斗秤大小以牟取厚利，官府规定虽严，仍难以彻底杜绝。唐武宗会昌年间（841—846），柳仲郢任京兆尹，“置权量于东、西市，使贸易用之，禁私制者。北司吏入粟违约，仲郢杀而尸之，自是人无敢犯，政号严明”[5]。这也说明，市场所用度量衡器必须严加管理，只有这样才能有效地保护买卖双方的正当利益，防止不法商人的欺诈行为。

为了保证市场交易顺利进行，唐政府还对商品质量、具体交易规则等做了详细的规定。

首先，严禁在市场上出售质量不合格的商品。唐政府规

① 《隋书》卷16《律历志》上。

② 《新唐书》卷48《百官志》。

③ ④ 《唐律疏议》卷26《杂律》。

⑤ 《新唐书》卷163《柳仲郢传》。

定："以伪滥之物交易者，没官；短狭不中量者，还主。"[1] 对于出售伪劣商品者的惩罚，唐律的规定则更为具体。按唐律规定："诸造器用之物及绢布之属，有行滥、短狭而卖者，各杖六十（不牢谓之行，不真谓之滥。即造横刀及箭镞用柔铁者，亦为滥。）得利赃重者，计利，准盗论。贩卖者，亦如之。市及州县官司知情，各与同罪；不觉者，减二等。"《唐律疏议》对此作了如下解释："凡造器用之物，谓供公私用及绢、布、绫、绮之属，'行滥'，谓器用之物不牢、不真；'短狭'，谓绢匹不充四十尺，布端不满五十尺，幅阔不充一尺八寸之属而卖：各杖六十。……其行滥之物没官，短狭之物还主。……'贩买者，亦如之'，谓不自造作，转买而卖求利，得罪并同自造之者。"[2] 就是说，自己制造并出售质量不合格的商品，要承担刑事责任；贩卖不合格的物品，贩卖者与制造者处以同等刑罚；市官如果知情而不禁止者，与贩卖者及制造者同罪；如果市官未发觉，也要减二等处罚。这些规定，旨在杜绝劣质商品及不合格商品进入市场，保护了消费者的利益，有利于商品交换的正常发展。另一方面，市官因市场出售质量不合格的商品也要负连带责任，这在一定程度上加强了市官的责任心，能较好地履行其岗位职责。为了督促商品生产者提高产品质量，增强他们的责任心，唐政府还规定："其造弓矢、长刀，官为立样，仍题工人姓名，然后听鬻之；诸器物亦如之。"[3] 据此，手工业者生产的各种器物必须题上生产者的姓名，然后才能出售。这一规定显然有利于提高商品的质量。

其次，严禁"更出开闭，共限一价"等欺行霸市行为。唐律规定：在市场上凡是"诸卖买不和，而较固取者"以及"更

① ③ 《唐六典》卷20《两京诸市署》。

② 《唐律疏议》卷26《杂律》。

出开闭，共限一价”等行为，都要处以杖八十的惩罚。就是说，“卖物及买物人，两不和同，‘而较固取者’，谓强执其市，不许外人买”，这种欺行霸市、强行购买行为是违法的；而所谓“更出开闭，共限一价”，是指“鬻贩之徒，共为奸计，自卖物者以贱为贵，买人物者以贵为贱，更出开闭之言，其物共限一价，望使前人迷谬，以将入己”，这种行为要杖八十[①]。就是说，贩卖之徒为了谋取厚利，相互共谋，互相勾结，卖物以贱为贵，而买他人物则以贵为贱，以及共同限定一个价格进行买卖的欺行霸市行为。

其三，严禁“参市”行为。所谓“参市”，唐律的解释是：“谓人有所卖买，在傍高下其价，以相惑乱。”也就是说，“负贩之徒，共相表里，参合贵贱，惑乱外人”[②]。所谓“参市”，就是买卖双方在交易时，其中一方与其他人员相互勾结，故意哄抬或者压低价格，以便诱惑另一方上当，从而获取利益的行为。这种行为就是现在市场上所常见的“托”，这是一种严重扰乱市场交易秩序的违法行为。为此唐律规定：“若参市，而规自入者，杖八十。已得赃重者，计利，准盗论。”

其四，严禁交易违禁物品和使用恶钱。在唐代，有些东西是严禁买卖的，如兵器之类。有些物品在内地市场上可以出售，但却严禁向周边“番人”出售。唐代《关市令》规定：锦、绫、罗、绸、绵、丝、布、真珠、金、银、铁等物品“并不得度西边、北边诸关及至缘边诸州兴易”[③]。这些物品虽然是私家可以拥有的，但却不能将其出售给西边和北边的番人之地，否则要予以严处。玄宗开元二年（714 年）规定：“诸锦、绫、罗、縠、绣、织成绸、绢、丝、犛（lí 即牦牛）牛尾、真

---

①② 《唐律疏议》卷 26《杂律》。

③ 《唐律疏议》卷 8《卫禁律》。

珠、金、铁，并不得与诸蕃互市及将入蕃；金铁之物，亦不得将度西北诸关。”[①] 唐律规定：“共化外人私相交易，若取与者，一尺徒二年半，三匹加一等，十五匹加役流。”疏议说：“若共化外蕃人私相交易，谓市买博易，或取蕃人之物及将物与蕃人，计赃一尺徒二年半，三匹加一等，十五匹加役流。”[②] 唐代对货币的大小轻重及成色均有法定标准，如果货币的大小轻重因为剪磨等原因而不合法定标准，或者私自铸造货币等，都被视为“恶钱”。唐政府一再下令严禁在市场交易中使用恶钱，不过唐政府的规定似乎没有得到有效地执行。长安市场上的恶钱，一直是个难以有效解决的问题。

其五，特殊商品交易必须要订立“市券”。当时，奴婢是可以在市场上买卖的特殊商品。唐代规定“凡卖买奴婢、牛马，用本司、本部公验以立券”[③]。按照唐律规定：“诸买奴婢、马牛驼骡驴，已过价，不立市券，过三日笞三十；卖者，减一等。立券之后，有旧病者三日内听悔，无病欺者市如法，违者笞四十。即卖买已讫，而市司不时过券者，一日笞三十，一日加一等，罪止杖一百。”[④] 就是说，凡是买卖奴婢、马牛驼骡驴等特殊商品，必须在交易成交后订立“市券”。如果不及时订立市券，超过三天，买者笞三十，卖者罪减一等。立券以后，如在三天之内发现所买商品有旧病者，允许买者反悔；三天之后如无疾病，而故意反悔者，买者笞四十；如果有疾病，故意欺骗买者，而又不接受买方的反悔（退货），卖者也要笞四十。买卖成交后，市场主管官员不按时发给市券者，超

① 《唐会要》卷86《市》。
② 《唐律疏议》卷8《卫禁律》。
③ 《唐六典》卷20《两京诸市署》。
④ 《唐律疏议》卷26《杂律》。

过一天笞三十，以后每天罪加一等，最高的处罚为杖一百下。这个规定有利于避免交易纠纷，对买卖双方都具有保护作用。药品也是关系到人民生命安全的一种特殊商品。长安市场上就有不少的药肆。药品的买卖是否需要立券，史无明载。但唐律对此也有明确的规定。唐律规定：“其故不如本方，杀伤人者，以故杀伤人论；虽不伤人，杖六十。即卖药不如本方，杀伤人者，亦如之。”[①] 就是说，药店在卖药时，故意“增减本方，不依旧法，杀伤人者”，按故意杀伤罪论处；而“寻常卖药，故不如本方，虽未损人，杖六十；已有杀伤者，亦依故杀伤法”。一般的卖药者，如果故意不按本方出售药品，即使未伤人，也要杖六十；如果致人死者，则要按故意杀伤罪论处。这些规定有利于保护消费者的生命安全。

加强市容管理，维护市场交易秩序，是市场管理官员的重要职责，也是唐代市场管理制度的主要内容之一。在此方面，唐政府也有不少具体规定。首先，唐政府十分重视市容的管理与整治。为了使市场整洁，道路畅通，唐政府严禁在市场内随便筑墙建房，侵占街道。大历二年（767 年），唐代宗下诏规定：“诸坊市街曲，有侵街打墙、接檐造舍等，先处分一切不许，并令毁拆。……如有犯者，科违敕罪，兼须重罚。”[②] 唐政府还禁止商人和手工业者在正铺前私自建造“偏铺”，以避免影响市容和交通。景龙元年（707 年），唐政府规定：“两京市诸行，自有正铺者，不得于铺前更造偏铺，各听用寻常一样偏厢。”[③] 为了维护市容的整洁，唐律还规定：“其有穿穴垣墙，以出污秽之物于街巷，杖六十。直出水者，无罪。……主

---

① 《唐律疏议》卷 26《杂律》。

② 《唐会要》卷 86《街巷》。

③ 《唐会要》卷 86《市》。

司并合禁约，不禁者，与犯罪人同坐。”[①] 可见唐政府严禁向市场街巷排放污水；如果主管官员对此不加制止，也属于犯罪行为，同样要受惩处。这一规定当然也适用于居民区。此外，唐政府对市场内部道路、桥梁、市门等的维修也很重视。唐律规定：“诸在市及人众中，故相惊动，令扰乱者，杖八十；以故杀伤人者，减故杀伤一等；因失财物者，坐赃论。其误惊杀伤人者，从过失法。”[②] 凡是在市场内及人众之地，故意惊动市人（如诳言有猛兽之类），致使市场骚乱者，就要受到惩罚，引起人员伤亡或财产损失者，则要从重惩处。为了维护市场交易秩序，这些规定无疑是必要的。

此外，唐政府还严禁市场管理官员利用职务之便巧取豪夺及贪赃枉法。唐律规定：“官人于所部卖物及买物，计时估有剩利者，计利，以乞取监临财物论。‘强市者笞五十’，谓以威若力强买物，虽当价，犹笞五十；有剩利者，计利，准枉法论。”[③] 在自己所管辖地区买卖货物，按当时价格计算，获取利益者，按“乞取监临财物”罪论处。如果凭借自己的权势，强行在市场中购物，即使价格公允也要笞五十；如果强行压价购买而获利者，则要按贪赃枉法罪论处。市场管理官员为其他官吏购物而有“剩利”者，则要区分不同情况，分别予以处分。这些规定对于限制官吏利用职务之便巧取豪夺，具有一定的积极作用。

综上所述，隋唐时期的市场管理制度已经相当完备。上述制度中尽管有些规定是针对全国市场而言，但同样适用于长安的市场管理。而且长安作为隋唐两代的首都，在市场管理方面

① 《唐律疏议》卷26《杂律》。
② 《唐律疏议》卷27《杂律》。
③ 《唐律疏议》卷11《职制律》。

比全国其他各大城市更加严格，制度也更为健全，市场管理机构和人员更为齐备。如果与前代相比，隋唐政府对长安市场的管理和监督已经达到了一个较为成熟的阶段。完善的市场设置，成熟健全的市场管理制度，是长安商业在隋唐时期得以迅速发展的重要保障。正是在这种有利条件下，长安商业才迅速繁荣起来，从而达到一个新的历史高度。

四、长安市场的繁荣

隋唐时期，长安的市场日趋活跃，商店林立，商贾云集，百货杂陈，行业增多，交易之盛前所未有。市场的空前繁荣，充分显示了长安商业已经进入了一个鼎盛时期。

长安市场的繁荣，首先表现在市场内部的店肆相当繁多。据记载，长安东、西二市有大量的“肆”，如帛肆、衣肆、酒肆、茶肆、书肆、鞋肆、毕罗肆、饼肆、鱼肆、凶肆、药肆等。“肆”有时可称为市，如酒肆即可称为酒市。除大量的肆、市之外，还有不计其数的各种店散布于东、西二市的大街小巷两旁。店的规模可能比肆略小，但数量却相当多。有的店以所卖货物命名，如东市有鱼店，西市有油靛店、法烛店、煎饼团子店等。有的店则以主人姓氏命名，如西市北大街有王会师店、王家店、富商窦乂开设的店则称为“窦家店”[①]。除了店、肆之外，还有大量的“铺”。铺大约和店差别不大，所以史籍中也有店铺连称的。长安东、西二市的固定店铺的确相当稠密。据载，东市“市内货财二百二十行，四面立邸，四方珍奇，皆所积集”；西市“市内店肆如东市之制”[②]。唐武宗时，日本僧人圆仁曾到长安求法。据他记载，会昌三年（843年）

① 《太平广记》卷243《窦乂》。

② 《长安志》卷8，卷10。

六月二十七日，“夜三更，（长安）东市失火，烧东市曹门已西十二行四千余家，官私钱物、金银绢药等总烧尽”①，这说明东市的店铺相当多，而且十分密集。杨德泉先生据此认为：长安东、西市“工商店铺当在八万家左中”②。严耕望先生则认为：“两市店舍合计必逾十万之数，人口当逾四十万或至五十万以上。”③ 杨、严二位先生皆按圆仁所记推算，即按 12 行有 4 000 家店铺这一比例来推算。这一推算显然不可能十分准确，因为店铺排列并不一定都按比例分布。但如果按照工商业店铺的面积来看，东、西二市工商店铺达到 8 万家是可能的；就工商业人口而言，当在 30 万人左右，而不可能达到四十万或五十万人以上。1961 年到 1962 年，考古工作者对唐长安西市进行了发掘，“从发掘的遗址可以看出，当时的店铺非常稠密，市内几乎没有什么空地”。店铺的面积一般是面阔 6 米左右，约为两间；小的店铺仅一间，面阔 4 米左右。最大的店铺，面阔 10 米左右，约为 3 间之数④。由此看来，店铺的面积一般在 20 平方米左右，最小者仅 10 平方米左右，最大的也只有 30 多平方米。在众多的肆、店、铺当中，有些店铺专门经营某一种商品，如鱼店之类；有些则以某种商品为主，兼营其他商品。当时还有一种兼营各种杂货的“星火铺”。李匡义《资暇集》卷中记载：“肆有以筐以筥，或倚或垂，鳞其物以鬻

① 圆仁：《入唐求法巡礼行记》卷 4，第 172 页，上海古籍出版社 1986 年版。

② 杨德泉：《唐宋行会制度之研究》，《宋史研究论文集》（《中华文史论丛》增刊）第 214 页，上海古籍出版社 1982 年版。

③ 严耕望：《唐代长安人口数量之估测》，（台湾）中国唐代学会编《第二届唐代文化研讨会论文集》，1995 年 9 月。

④ 马德志：《唐代长安与洛阳》，《考古》1982 年第 6 期；《唐长安城西市遗址发掘》，《考古》1961 年第 5 期。

者，曰星货铺。言其列货丛杂，如星之繁，今俗呼为‘星火铺’，误也。”这种星火铺经营商品相当庞杂，无所不有，其性质很像近代城市中土产杂货商店。此外，长安西市还出现了“寄附铺”。据《霍小玉传》记载，霍小玉因生活困难，“往往私令侍婢潜卖箧中服玩之物，多托于西市寄附铺侯景先家货卖。曾令侍婢浣沙将紫玉钗一只，诣（侯）景先家货之”①。这种寄附铺与近现代都市中的寄卖店颇为类似。总之，东、西二市内店铺林立，充分显示了长安商品交易的活跃和市场的繁荣。

隋唐长安成为国内外商人的云集之地，这里不仅聚集了不计其数的小商小贩，资财雄厚的富商大贾也为数不少。这里不仅有来自全国各地的商人，也有不少来自中亚、西亚等地的外国商人。史称长安东市“四面立邸，四方珍奇，皆所积集”②。可见来此经营的各地商人很多，以至于将全国四面八方的珍奇货物都贩运到了长安。而西市的商人比东市还要多。《长安志》说：由于“公卿以下居止多在朱雀街东，第宅所占甚多，由是商贾所凑，多归西市”，西市之内，“浮寄流寓，不可胜计”③。西市距长安西大门金光门很近，凡是经由丝绸之路来长安的中亚、西亚商人及西域各族商人，大都由金光门进入长安城，西市就成为这些商人的首先落脚之地，所以西市的商人特别多，尤其是聚积了大量西域商人和外国商人。长安市场商人增多，说明这里的商品交易比以前更为活跃，市场交易的数量自然也就很大。

隋唐时期的长安市场不仅商店众多，商贾云集，商品也相

① 《太平广记》卷 487《霍小玉传》。
② 《长安志》卷 8。
③ 《长安志》卷 8，卷 10。

当丰富，商品品种比前代大为增加。根据大量的文献记载以及考古资料，可以把当时长安市场上经营的商品大致分为23个大类：1. 粮食类：主要有粟、米、小麦、大麦、粳米、大豆、麦面等。2. 纺织品类：主要有绢、帛、绫、罗、绵、棉布、丝、绮、纱、缣、缌、麻布、青麻布等。3. 食品类：主要有胡饼、毕罗、蒸饼、粽子、团子、馄饨等。4. 衣服鞋帽类：主要有白衫、布鞋、丝鞋、大衣、麻鞋等。5. 皮革类：如皮带、皮衣等。6. 蔬菜花果类，如橘、柑子、枣、韭、蒜、荠、萝卜、桃、梨、牡丹花等。7. 水产品类：如各种鱼类。8. 调料类：如盐、酱、醋、油等。9. 饮料类：如茶叶、茶水、葡萄酒等。10. 燃料类：如柴、草、木炭等；11. 肉品类：牛肉、猪肉、羊肉等。12. 生活用具类：主要有盘、杯、盅、壶、瓶、瓷枕、灯、剪刀、铜镜、竹席、茶碗、蜡烛、各种陶器等。13. 生产用具类：主要有犁、锄、铲、铁斧等。14. 牲畜家禽类：主要有马、牛、羊、驴、骡、鸡等。15. 文化用品类：主要有各种纸笔、紫石砚、墨、书法作品、佛经、日历、书籍、乐器等。16. 交通工具类：主要有车、船、马、驴等。17. 建筑材料类：如砖、竹、各种木材等。18. 家具类：床、几、什器、柜等。19. 医药用品类：有饮子、药剂、各种药材等。如白居易《城盐州》诗云："鄜州驿路好马来，长安药肆黄蓍贱。"20. 丧葬用品类：长安专门有出售丧葬用品的市场，称为"凶肆"。主要有棺椁、假花、假果、粉人、粉帐、寿衣、纸钱等。21. 其他杂货类：如秤、斗、尺、台货、树苗、香药等。22. 奢侈品类：如珠玉、香料、玳瑁、沉香、各种金器、银器、玉器等。23. 特殊商品类：如奴婢、房屋等。这些商品从衣、食、住、行到文化卫生，从金银珠玉到地下矿产乃至于丧葬用品，无所不有，相当丰富。总之，唐长安市场的商品品种比前代有了显著增加，呈现出琳琅满目的繁盛景象。与此同时，在同类商品中，品种也显著增多。例如纺织品类，不仅有丝织品和麻织品，而且还有毛织品，甚至还出现了棉织品（白叠布）。在纺织品类中，还出现了印花织品。实际上，唐代纺织品的种类相当多，仅布类就有胡女布、女稽布、胡布、赀布、丝布、楚布、獠布、隔布、火麻布、葛丝布、斑布、高杼布、花布等二十余种。而绫绢的品种则更多。长安市场上酒的品种也相当多。当时东、西二市有许多酒肆、酒楼、酒店，生意兴隆，酒的品种也就特别多，其中以"西市腔""郎官清""阿婆清"等名酒倍受消费者欢迎[①]。长安市场上商品品种增多，生意兴隆，也从一个侧面显示了长安市场的繁荣。

随着商品品种的增多以及商业的发展，商业内部的行业分工更加细密，行业显著增多。隋朝时，东都洛阳丰都市"周八里，通门十二，其内有一百二十行，三千余肆"[②]。有的文献记载说：隋"东京丰都市，东西南北居二坊之地，四面各开三门，邸凡三百一十二区，资货一百行"[③]。据此估计，隋西京长安的市场也大体如此。唐朝时，长安东、西二市中"行"的数量则大为增加。据《长安志》记载，长安东市"市内货财二百二十行，四面立邸，四方珍奇，皆所积集"[④]。可见唐长安市内的"行"比隋朝洛阳市内的行数增加了约一倍。"行"是由经营同类商品的商店所组成的，不同的行贩卖不同种类的商货。所以行数增多是市场活跃、商业繁荣的一种表现，说明商业内部按商品分工越来越细致。唐长安市场见于记载的"行"主要有绢行、马行、铁行、肉行、鱼行、秤行、布行、笔行

---

① 李肇：《国史补》卷下，第60页，上海古籍出版社1979年版。

② 杜宝：《大业杂记》。

③ 《太平御览》卷191引《西京记》，中华书局1960年影印本。

④ 《长安志》卷8。

等，其余绝大多数行的名称已难知其详。

按唐初规定，商业活动只能在白天进行，即如《唐六典》所说："凡市，以日午击鼓三百声而众以会；日入前七刻，击钲三百声而众以散。"[①] 即中午开市，日落前闭市，夜间决不允许进行商业活动。随着长安商业的日益发展，这一限制逐渐被冲破，"夜市"在长安的出现就是一个有力的证明。从文献记载看，长安"夜市"最迟在唐文宗以前就已出现。唐文宗开成五年（840 年）十二月，唐政府曾下令规定"京（长安）夜市宜令禁断"[②]，说明在此以前长安就已出现夜市。随着商品经济的发展，市场交易日趋活跃，如果把商业活动限制在白天进行，显然已不能满足城市各阶层居民的需要，所以商业交易活动的时间便不断延长，直至深夜。夜市的出现是长安商业迅速发展的必然结果，也标志着长安市场的空前繁荣。尽管唐政府下令禁止夜市，但在当时并未起到多少作用。人们在夜间从事商业活动非但没有完全取缔，反而更加普遍。唐武宗时，王式任京兆尹，"长安坊中有夜栏街铺设祠乐者，迟明未已。（王）式过之，驻马寓目，巫者喜，奉主人杯，跪献于马前……（王）式取而饮之"[③]。有人在坊中栏街通夜设祠乐，京兆尹看见后不但不加制止，反而参加饮宴，可见当时的夜禁制度已逐渐成为一纸空文。

长安城中的商业活动不仅延伸到了夜里，使交易时间比以前大为延长，而且从事商业活动的空间范围也从固定的市区扩大到了整个坊区（居民区），传统的坊市制在商品经济的猛烈冲击下已逐渐趋于崩溃。隋唐以前，我国城市中实行严格的坊

① 《唐六典》卷 20《两京诸市署》。

② 《唐会要》卷 86《市》。

③ 《唐语林》卷 2。

市制。坊（居民区）和市（商业区）截然分开，商业活动只能在市中进行，居民区（坊）中不允许从事商业活动。隋和唐初也实行这一制度。然而由于城市商品经济的迅速发展，这些限制逐渐被冲破。景龙元年（707 年）十一月，唐政府规定："两京市诸行，自有正铺者，不得于铺前更造偏铺，各听用寻常一样偏厢。"① 由此可以看出，景龙元年前，长安市中的不少店铺已经在原来的店铺（即正铺）之前，扩建新的店铺，即所谓"偏铺"。这一现象说明，原来的经营场地已不够使用，所以要扩建新的经营场所。如果市场萎缩，商业不景气，那么商人及手工业者绝不会去扩大营业场地的。所以偏铺在长安的大量出现，充分说明当时的市场已经相当繁荣。

商人在市场内部纷纷扩建偏铺的同时，又把商业活动逐渐由市区延伸到了居民区（坊区）。根据各种文献记载，唐长安城中几乎所有的坊（居民区）都存在着商业活动。例如，在朱雀街东宣平坊小曲内有卖油者和酒馆②。开化坊西北角有酒肆③。光宅坊有车坊。据《唐国史补》记载："初，百官早朝，立马建福、望仙门外，宰相则于光宅（坊）车坊避风雨。"有些坊中还有经营茶叶生意的茶肆，如永昌坊中就有茶肆。《旧唐书·王涯传》记载：大和九年（835 年）十一月"甘露之变"发生后，宰相王涯等人"苍惶步出，至永昌里茶肆，为禁兵所擒"，说明永昌坊有茶肆。永兴坊有卖鱼者④。崇仁坊则有王

① 《唐会要》卷 86《市》。
② 《太平广记》卷 417《宣平坊官人》。
③ 《太平广记》卷 86《任三郎》。
④ 《太平广记》卷 117《许俨》。

家店[①]。韦应物《陪元侍御春游》诗说："贳酒宣平里，寻芳下苑中。往来杨柳陌，犹避昔年骢。"[②] 可见宣平坊中有酒馆。沈既济《任氏传》记载，升平坊北门旁有胡人卖饼之舍。常乐坊中出产的美酒更是名闻京城。据《寺塔记》载，靖恭坊中有毡曲；颁政坊中则有馄饨曲。长兴坊有毕罗店（饭馆）[③]。朱雀大街以西延寿坊有卖金银珠玉者[④]。春明门附近有卖饼馎饦者[⑤]。天门街在皇城内，此处尚有卖鲜鱼者[⑥]。在丰邑坊则有租赁和出售丧葬用品的"凶肆"[⑦]。春明门至游览胜地曲江池一带，沿途有不少的酒肆。即使在高官显贵住宅附近也有不少的饼肆等摊点。唐顺宗在位时，王叔文等人位高权重，"于是叔文及其党十余家之门，昼夜车马如市。客候见（王）叔文、（王）伾者，至宿其坊中饼肆、酒垆下，一人得千钱，乃容之"。胡三省注云："长安城中分为左右街，画为百有余坊。饼肆，卖饼之家。酒垆，卖酒之处。"[⑧] 此事说明，即使在高官显贵住宅附近，仍然有不少饼肆和酒馆之类的商业摊点。从上述记载看，这些饼肆、酒肆的规模可能较小。唐长安城中胡饼非常盛行，不论僧俗皆喜食胡饼，故史称"时行胡饼，俗家皆

① （日）圆珍：《行历抄》，"大中九年五月十九日到城（长安），权下崇仁坊王家店"。
② 《全唐诗》卷192，韦应物《陪元侍御春游》。
③ 《太平广记》卷278《国子监明经》。
④ 《集异记》。
⑤ 《太平广记》卷383《白行简》。
⑥ 《太平广记》卷156《崔洁》。太府卿崔洁等人过天门街时，"偶逢卖鱼甚鲜，……遂令从者取钱买鱼，得十斤"。
⑦ 《太平广记》卷260《房姓人》。
⑧ 《资治通鉴》卷236，永贞元年。

然”①。长安城中有不少卖胡饼的少数民族商人，坊中的饼肆也日益增多。崇仁坊还有制造乐器的作坊，据载，崇仁坊“大约造乐器悉在此坊，其中南北二赵家最妙”②。在东市西面的平康坊则有卖薑果的，宣阳坊有彩缬铺③。长安作为隋唐的国都，往来于此的官僚、士人、僧尼、道士、商人、赴京应举的考生、外国使节等非常多，流动人口数量之大是其他城市所难以比拟的。正因为如此，长安的商业服务性行业也得到了蓬勃发展，其中最为突出的就是旅馆业和租赁业的兴盛。据记载，长安居民区中拥有大量的旅馆，这些旅馆散布于务本坊、长兴坊、永乐坊、永兴坊、亲仁坊、永崇坊、宣平坊、道义坊、布政坊、延福坊、兴化坊、靖安坊、崇仁坊、新昌坊、道政坊、兴宁坊等等④。这些旅馆都见于文献记载，至于文献失载的肯定还有不少。从上述旅馆的具体位置来看，它们大多位于东、西二市附近的居民区中，可见市场附近的旅馆最为密集，旅馆与商业市场的关系相当密切。由此也可以说明，旅馆业的兴盛正是市场兴旺的一个重要标志。另外，皇城附近的许多坊中也有不少旅馆，这些旅馆大概以接待官吏和士人为主。总之，随着商业的不断发展，长安居民区内的各种商业活动也日趋活跃。大体说来，在东、西二市四周的各个坊以及靠近皇城和宫城的各个坊中，商业活动均比其他坊繁盛，其中最为繁盛的坊当属东市西北的崇仁坊。崇仁坊西临皇城，南临东市，因为它“与尚书省选院最相近，又与东市相连接，选人京城无第宅者，多停憩此。因是工贾辐凑，遂倾两市。昼夜喧呼，灯火不绝。

---

① 《入唐求法巡礼行记》卷3。

② 段安节：《乐府杂录》琵琶条，第26页，《丛书集成》本。

③ 孙棨：《北里志》。

④ 徐松：《唐两京城坊考》，中华书局1985年版。

京中诸坊，莫之与比”[1]。优越的地理位置，使得崇仁坊成为长安诸坊中最为繁盛的地方。延寿坊西临西市，北临宽阔的金光门大街，与皇城隔街相望，因而也相当繁盛，甚至被“推为繁华之最”[2]。居民区商业活动日益活跃，充分说明长安城中商业市场不断向外扩大，这是长安商业日趋繁荣的一个重要标志。

第二节　货币流通与金融业

货币流通状况与商业有着极为密切的关系。隋唐时期，长安的货币流通充分反映了长安商业的复兴和发展。隋唐货币制度的进步和币制的统一，为长安商业的繁荣提供了有利条件，促进了长安商业的繁荣。尽管隋唐时期长安的货币流通几经变化，但和其他时期相比还是比较稳定的。随着货币经济的发展和商业的繁荣，长安的各种金融事业也相应产生。在长安最为繁华的西市中，已有提供抵押借贷的质库；中央政府各个衙门乃至于京兆府等各级政府放债牟利的公廨本钱，经营存款及保管钱财的柜坊，从事金银买卖与兑换的金银店等。此外长安还出现了我国最早的汇兑事业——飞钱。所有这些都标志着长安的信用关系和金融业已发展到一个前所未有的新水平。

一、长安的货币流通

隋唐以前，长安的货币流通状况相当混乱。北周时，长安地区流通中的货币有五铢钱、布泉、“五行大布”和“永通万国”钱。当时，各种货币轻重不一，但却并行流通，货币之间

---

① 《长安志》卷 8《唐京城二》。

② 苏鄂：《杜阳杂编》卷下第 29 页，《丛书集成》本。

的比价又很不合理，加之私铸之风颇盛，货币流通秩序十分混乱。此外，长安流通的货币不仅与当时南方地区的货币不同，而且与北方其他地区的货币也不尽相同。例如北齐统治下的河南、山东等地的货币就与长安流通的货币不同，这种状况显然不利于商业的发展。

为了整顿货币流通秩序，统一币制，隋文帝即位不久便下令发行统一的合乎标准的五铢钱。这种新钱“文曰五铢，而重如其文。每钱一千，重四斤二两”①，每枚重约 3 克。为了推行这种新钱，隋文帝于开皇三年（583 年）四月下令，在关中四面诸关（如潼关、武关、散关等）均用 100 钱作为样钱，凡是携带铜钱入关者都要经过检查，只有合乎标准的五铢钱才允许入关，不合格的钱则销毁为铜，改铸新钱。此外，前代遗留下来的旧钱如“五行大布”“永通万国”及北齐发行的“常平五铢”钱等也都禁止流通。经过五年左右的大力整顿，货币流通秩序大为改观，“自是钱货始一，所在流布，百姓便之”②。开皇九年（589 年）隋灭陈朝后，新的五铢钱更推广到全国范围内流通。货币的统一，有力地促进了商业发展。

隋文帝时，对货币流通管理十分严格，所以长安的货币流通秩序较为稳定。当时在京师大兴城（长安）各个邸肆“皆令立榜，置样为准。不中样者，不入于市”③，以防止恶钱进入市场流通。后来长安城中有人使用恶钱交易，结果为官吏所捕获，有人甚至被处以死刑。由于管理严格，“数年之间，私铸颇息”，私铸货币大为减少，货币流通秩序也渐趋稳定。大致说来，隋文帝统治的二十多年间，长安的货币流通较为稳定，物价也较为平稳。

---

① ③　《通典》卷 9《食货·钱币下》。

②　《隋书》卷 24《食货志》。

隋炀帝大业年间，长安也和全国其他地方一样，货币流通出现了剧烈动荡，私铸之风盛行，铜钱日渐轻薄。起初每千钱犹重2斤，以后渐轻至1斤，结果导致“货贱物贵”，物价飞涨，货币流通混乱不堪。不久隋王朝就在农民起义的烽火中灭亡了。

唐初仍沿用隋朝五铢钱，当时长安市场劣币充斥，亟待整顿。唐高祖初入长安时，“民间行线环钱，其制轻小，凡八九万才满半斛”[①]。为了整顿币制，改变这种混乱局面，唐高祖于武德四年（621年）下令废除隋五铢钱，开始发行“开元通宝”钱。新钱“每十钱重一两，计一千重六斤四两”[②]。这种新钱是我国古代货币史上最为成功的货币之一。它的发行相当成功，史称其“轻重大小，最为折衷，远近便之”[③]。在发行新钱的同时，唐政府严禁私铸货币，规定：“敢有盗铸者，身死，家口籍没。”[④] 这一规定对于维护货币流通秩序的稳定无疑起了积极作用。大致说来，唐高祖至高宗初年的三四十年间，长安的货币流通相当稳定。当时开元钱的购买力很高，加之经济日渐恢复，物价也就特别低廉，“至贞观三年，关中丰熟。……牛马布野，外户不闭。又频致丰稔，米斗三四钱”[⑤]。直到高宗时，物价仍较为低廉。《通典》卷七记载，高宗“麟德三年（666年），米每斗折五文”。物价长期稳定，说明当时的货币流通秩序相当稳定。

随着货币经济的日趋发展，长安的货币流通也出现了一些新情况。大约在高宗显庆（656—660）以后，直至玄宗时期的

① 《新唐书》卷54《食货志》。

② ③ 《通典》卷9《食货典·钱币下》。

④ 《唐会要》卷89《泉货》。

⑤ 《贞观政要》卷1《政体》。

近一百年间，长安的货币流通出现过几次明显波动。造成波动的直接原因是私铸的盛行以及恶钱的流通。显庆五年（660 年）九月，由于流通领域恶钱渐多，唐政府下令以好钱换取恶钱。当时规定“以五恶钱酬一好钱，百姓以恶钱价贱，私自藏之，以候官禁之弛”。至十月，高宗又规定“以好钱一文买恶钱两文，弊仍不息”[1]，恶钱的流通仍未能根除。为了抵制恶钱流通，高宗于乾封元年（666 年）五月又改铸新钱“乾封泉宝”钱。乾封泉宝钱重二铢六分，仍与开元通宝钱并行流通。当时唐政府规定乾封泉宝钱与开元通宝钱的比价为110，这显然极不合理，因为它对新钱的作价太高，于是百姓纷纷将旧的开元通宝钱收藏起来，结果导致“商贾不通，米帛增价”[2]，造成物价上涨。第二年，唐政府只好废除乾封泉宝钱，仍使用开元通宝钱。

图 8　唐“开元通宝”钱

高宗以后，长安市场流通的恶钱主要来自江淮以南的荆（今湖北江陵）、潭（今湖南长沙）、宣（今安徽宣城）、衡（今湖南衡阳）等地。这些地方盗铸货币之风十分猖獗，盗铸者往往处于陂湖深山之中，波涛险峻，山深林密，人迹罕至，以致“州县莫能禁约”[3]。而不法商人遂将私铸的钱币贩运到京师长安等地，致使长安的货币流通出现波动。武则天统治时，长安市场上流通的私钱有熟铜、排斗、沙涩、鹅眼钱等。为了整顿流通秩序，武则天在长安年间（701—705）曾下令在长安各个市场公开陈列“样钱”，“令百姓依样用钱，俄又简择艰难，交

① ②③　《旧唐书》卷 48《食货志》。

易留滞，又降敕非铁锡、铜荡、穿穴者，并许行用。其有熟铜、排斗、沙涩厚大者，皆不许简”[①]。唐政府治理恶钱流通的措施不切实际，因而很难实行，甚至导致“交易留滞”的混乱情况，最后只好允许质量稍好的私钱继续流通。史称：“神龙、先天之际（705—712），两京（长安和洛阳）用钱尤甚滥恶。”[②] 流通领域中恶钱日趋增多，必然会导致物价上涨，市场不稳，从而影响商业的正常发展。所以史书说：先天时，“京中（长安）用钱恶，货物踊贵”。先天元年（712 年），谏议大夫杨虚受奏请整顿货币流通，建议由政府“博取”恶钱，“京城并以好钱为用”，唐政府认为此举“扰政”而未予采纳。[③] 开元五年（717 年），宰相宋 又奏请禁止所有恶钱流通，玄宗于开元六年正月下诏，严禁恶钱流通，恶钱“不堪行用者，并销破覆铸”。不料此诏颁布后，“百姓喧然，物价动摇，商人不甘交易”[④]，引起市场剧烈波动。此后唐政府一再禁止恶钱流通，采取各种措施整顿货币流通秩序，但始终收效不大。直到开元二十六年（738 年），宣（今安徽宣城）、润（今江苏镇江）等州初置钱监，“两京用钱稍善，米粟价益下”[⑤]，长安的货币流通明显好转，米、粟价格也日趋下降，渐趋正常水平。至天宝初年，长安“用钱稍好，米粟丰贱。数载之后，渐又滥恶。府县不许好钱加价回博，令好恶通用”。在此情况下，一些“富商奸人，渐收好钱，潜将往江淮南，每一钱货得私铸恶钱五文，假托公钱，将入京私用”。结果导致

① 《旧唐书》卷 48《食货志》。

② 《通典》卷 9《食货典·钱币下》。

③ 《唐会要》卷 89《泉货》。

④ 《旧唐书》卷 48《食货志》；《唐会要》卷 89《泉货》。

⑤ 《新唐书》卷 54《食货志》。

"京城钱日加碎恶，鹅眼、铁锡、古文、綖环之类，每贯重不过三四斤"[1]。由此可见，天宝初年以后长安市场上流通的恶钱至少有五六种之多，其重量不足法定货币重量的一半，它们主要来自江南、淮南地区。造成长安市场恶钱盛行的罪魁祸首主要是那些"富商奸人"。《资治通鉴》就明确指出：当时"江淮多恶钱，贵戚大商往往以良钱一易恶钱五，载入长安，市井不胜其弊"[2]。除不法富商和奸人外，一些"贵戚"（即达官贵族）也参与了恶钱的贩运，恶钱在长安的盛行与他们也有密切关系。为此，唐玄宗在天宝十一载（752 年）下诏说："如闻京城行用之钱，颇多滥恶，所资惩革，绝其讹谬。……宜令所司即出钱三数十万贯，分于两市，百姓间应交易所用不堪久行用者，官为换取，仍限一月日内使尽。庶单贫无患，商旅必通。其过限辄敢违犯者，一事以上，并作条件处分。"然而此时"京城百姓，久用恶钱，制下之后，颇相惊扰"[3]。当时玄宗又下令拨出国家仓库左藏库里所储存的排斗钱，在龙兴观南街开场允许市人换取，然而"贫弱者争次不得"。唐政府这次整顿长安市场上的恶钱，实际上并没有取得多大成效，反而遇到相当大的阻力。不久，玄宗只好规定：除铁锡、铜沙、穿穴、古文钱等各种较轻薄的恶钱外，其余的钱仍允许继续流通。过了好长时间，货币流通秩序才稳定下来。这次整顿长安货币流通之所以未能奏效，可能与唐政府内部的政治斗争有关。这次禁断恶钱在长安的流通，是出自宰相李林甫的奏请，但却遭到权臣杨国忠的大力反对。据说禁断恶钱的命令下达后，长安城中"商贾嚣然，不以为便。众共遮杨国忠马自言，国忠为之言于上（玄宗），乃更命非铅锡所铸及穿穴者，皆听

---

①③ 《通典》卷 9《食货典·钱币下》。

② 《资治通鉴》卷 216，天宝十一载。

用之如故"[1]。另外，唐政府以往整顿恶钱时，常常伤害中小商人和一般市民的利益，因而往往造成商民的惊扰与不安，甚至引起市人的抵制与反对。例如宰相李林甫曾奏请由政府拿出绢布300万匹，在长安"平估"收恶钱，结果导致"物价踊贵，诉者日万人"[2]。

总之，唐高宗到玄宗近百年间，由于私铸货币之风时起时伏，不少恶钱从江淮等地流入长安市场，致使长安的货币流通出现波动。在个别时期内，由于恶钱大量充斥市场，以致引起长安的物价产生剧烈动荡。唐政府治理恶钱所采取的措施往往未能抓住要害，不切实际，因而难以根除这一困扰长安商业正常发展的不利因素。尽管如此，恶钱问题尚未发展到严重阻碍商业发展的程度。因为从高宗到玄宗时期，长安的市场日趋活跃，商品越来越丰富，商业交易日益繁荣，长安商业一直在向前发展。此外，从开元通宝钱的购买力看，直至玄宗开元、天宝时期，长安的物价仍处于较低水平。玄宗时，"频岁丰稔，京师（长安）米斛不满二百"[3]，即一斗米卖十几文，这与初唐时的物价水平大体不相上下。从唐前期社会经济发展的总体趋势看，当时社会经济持续发展，人口不断增加，农业和手工业迅速发展，特别是商品交换日趋活跃，因而对货币流通量的需求也不断增加，然而唐政府的货币发行量显然跟不上商业发展的需求，从而形成通货不足的局面[4]。长安作为唐王朝的首都，商业发达，交易频繁，对货币的需求量自然比其他地区更大。这样就为恶钱的流通提供了可乘之机，这也是长安的恶钱

① 《资治通鉴》卷216，天宝十一载。

② 《新唐书》卷54《食货志》。

③ 《旧唐书》卷9《玄宗纪》。

④ 萧清：《中国古代货币史》第183页，人民出版社1984年版。

之所以屡禁不止的一个重要原因。

“安史之乱”后，军费支出急剧增加，唐政府财政拮据，国库空虚。在此情况下，唐政府采用第五琦建议，于乾元元年(758年)发行了一种新钱，称为“乾元重宝”钱。乾元钱每贯重10斤，按110的比价与开元通宝钱并行流通。次年，第五琦任宰相，又奏请发行“重轮乾元钱”。此钱亦称“重棱钱”，每贯重20斤，但它与开元钱的比价则高达150。当时开元钱、乾元钱与重轮乾元钱三种货币并行流通，但由于三种货币之间的比价极不合理，结果不久便出现了“谷价腾贵，米斗至七千，饿死者相枕于道”[①] 的严重局面。“重棱钱”的重量是开元钱的三倍多，然而唐政府却规定它与开元钱的比价为150。因此新钱实际上是虚价大钱，与实际价值相差较大，这就必然导致物价飞涨，市场波动。唐政府在发行乾元钱时就曾明确表示，利用发行新钱“冀实三官之资，用收十倍之利”[②]，企图借此来增加财政收入。由于唐政府把新钱的价钱提得太高，故意推行货币减重政策，这就为不法奸人盗铸货币提供了可乘之机。于是“长安城中，竞为盗铸，寺观钟及铜像，多坏为钱。奸人豪族，犯禁者不绝”。改铸大钱可以获取高额利润，因而不法之徒竞相改铸大钱，违犯盗铸钱令者甚多。当时郑叔清任京兆尹，对盗铸钱币的奸人豪族大力搜捕，严惩不贷，结果“数月间搒死者八百余人，人益无聊矣”[③]。在“物价益起，人心不安”的情况下，唐政府只好于上元元年（760年）六月宣布：重棱钱减为1文当30文行用，同时又抬高旧开元钱的价值，改为1文当10文行用，使之与乾元当十钱等价。当时人们对这种钱币虚抬作价的情形称为“虚钱”。唐政府规定：“碾硙鬻受，得为实钱，虚钱交易皆用十当钱，由是钱有虚实

---

①②③ 《旧唐书》卷48《食货志》。

之名。”[①] 因而后来在财产转让、市场交易时出现了所谓虚钱、实钱计价的双重价格现象。唐代宗即位后，下令“大小钱皆以一当一”，三种钱等价流通。在此情况下，乾元钱和重棱钱便被人们自动销毁，改铸为器物，而不再进入流通领域。这样便逐渐恢复了以前开元通宝钱的正常流通，“至是人甚便之”。至此，长安的货币流通逐渐趋于平稳。

大约在唐德宗建中初年以后，在货币流通领域中出现了一种十分独特的现象，即通货紧缩，货币流通量明显不足，物价急剧下跌，货币不断升值，旧史称之为“钱重物轻”。这一现象持续达七八十年之久。长安作为唐王朝首都，这一现象表现得尤为突出。

中唐以后，唐前期推行的租庸调法已无法实行，于是在建中元年（780年）改行两税法。两税法以钱定税，主要征收货币，盐税、茶税、酒税等也都大量征收货币税。与此同时，官员俸禄、军费等方面的货币支出也大幅度增加。而且由于商品交换的扩大和商业的不断发展，货币需求量不断增加。上述因素都使得流通领域对货币的需求量急剧增加，但由于种种原因，唐后期货币发行量非但没有增加，反而大幅度缩减。据载，天宝时期每年货币发行量为32.7万贯，宪宗时每年仅发行13.5万贯，而到文宗大和年间，每年发行量不足10万贯[②]。可见唐后期货币发行量明显减少，这种状况从而导致货币供需矛盾加剧，通货紧缩局面日趋严重。在此情况下，便出现了一种所谓的“钱荒”现象，货币价值不断升高，商品价格也随之下跌。

为了缓解通货不足的矛盾，唐政府曾规定百姓在交易时必须使用绢帛等实物作为交换媒介。贞元二十年（804年），唐

① ② 《新唐书》卷54《食货志》。

政府规定:“市井交易，以绫、罗、绢、布、杂货与钱兼用。”[1]元和六年（811 年），唐政府则规定：“公私交易，十贯钱已上，即须兼用匹段。”然而当时“京都时用，多重见钱”[2]。长安的百姓喜欢用铜钱交易，而不愿用绢帛交易。这一现象是长安商业日趋发达的必然结果，违背现实的行政手段自然难以奏效。为了改变“钱重物轻”现象，抑制物价的持续下跌，唐政府于元和八年（813 年）拿出国库现钱 50 万贯，在长安东、西二市“收市布帛，每端匹估加十之一”；元和十二年（817 年），宪宗又下令“京兆府拣择要便处开场，依市价交易。选清强官吏，切加勾当”[3]。这一措施也没有多大效果。随着货币价值不断升高，长安积藏货币之风也愈演愈烈，为此唐政府一再下令禁止私人储藏现钱。元和十二年（817 年），唐政府规定：“京城内自文武官僚，不问品秩高下，并公郡县主、中使等，下至士庶、商旅、寺观、坊市，所有私贮见钱，并不得过五千贯。如有过此，许从敕出后，限一月内任将市别物收贮。”如果现钱特别多，可以放宽到两个月。限期满后，如有违犯者，普通百姓应“决痛杖一顿处死”；文武百官及公主等则要重加科贬。然而当时“京师（长安）里闾区肆所积，多方镇钱，王锷、韩弘、李惟简，少者不下五十万贯。于是竞买第屋以变其钱，多者竟里巷佣僦以归其值。而高赀大贾者，多依倚左右军官钱为名，府县不得穷验，法竟不行”[4]。长安城中，积藏现钱最多的要数那些权贵和方镇节度使以及富商巨贾。对于权贵和方镇节度使，京兆府官员显然难以详查；而富商大贾则大多依托禁军的权势，将自己的巨额现钱冒充军方官钱，京兆府官员更是不敢详查。结果只有那些无权势的富商等连忙购

① 《新唐书》卷 54《食货志》。

②③④ 《旧唐书》卷 48《食货志》。

置房产货物等，将大量现钱变为实物。这一措施显然是不切实际的荒唐之举，因此也就难以取得多少实际成效。文宗大和四年（830年），也曾颁布过禁止积贮现钱的命令，甚至规定："凡交易百缗以上者，匹帛米粟居半。"① 就是说，凡是交易额超过100贯者，就要参用绢帛米粟，只能用铜钱支付一半，另一半则用绢帛支付。当时不仅要求京师长安执行这一规定，而且在河南府（今洛阳）、扬州（今江苏扬州）、江陵府（今湖北江陵）等城市也要执行这一规定。这一政策不仅违背了商品经济蓬勃发展的大趋势，事实上也难以执行，因而时隔不久便废除此令。

中唐以后，由于通货严重不足，铜钱的购买力日趋上升，于是在市场交易中出现了"除陌"现象。所谓"除陌"，是指在支付现钱时使用短陌钱，即每100文扣除若干文。长安市场上出现除陌现象，最迟在德宗贞元九年以前。贞元九年（793年）三月，德宗下诏说"陌内欠钱，法当禁断"，说明在此以前长安就已出现短陌钱。当时唐政府严禁使用欠陌钱，命令行头、牙人等对此严加检查，违者送官府惩处；如有人故意隐瞒，则允许卖方（卖货者）到官府告发，行头、牙人和买方都将被"重加科罪"，严加惩处②。宪宗元和四年（809年），"京城时用钱，每贯头除二十文"③。就是说，在交易时每贯要扣除20文，仅支付980文。穆宗时，唐政府不再禁止使用欠陌钱，并且明确规定每贯扣除80文。长庆元年（821年），穆宗下诏规定："其内外公私给用钱，从今以后，宜每贯一例除垫

① 《新唐书》卷54《食货志》。
② 《旧唐书》卷48《食货志》。
③ 《唐会要》卷89《泉货》。

八十，以九百二十文成贯，不得更有加除及陌内欠少。”[①] 唐政府这一规定是在迫不得已的情况下做出的，因为当时市场交易中除陌现象十分普遍，难以禁止，而且市场上除陌的比例也大小不一，高低相差较大，于是唐政府干脆承认这一现实，明确规定一个统一的比例，便于在交易中执行。应当说，这一规定是符合实际的。到唐末，“京师用钱，八百五十为贯，每百才八十五（文）”，而河南洛阳则以800文为一贯[②]。这说明，到唐末时，长安市场上的除陌比例已高达15%，亦即每100钱要扣除15文。唐德宗时，长安城中每贯扣除20文（即2%），到唐末则达到15%。可见长安的除陌现象呈现出持续发展的趋势。这也说明，唐后期长安市场上的通货不足问题始终未能得到有效地缓解。

二、柜坊、质库及金融借贷

在货币金融方面，唐长安不仅产生了飞钱汇兑业务，还出现了柜坊、质库、金银店这类专门办理存款、放款、生金银买卖等机构。唐政府经营的公廨本钱，则属于典型的官营金融借贷业务。这些机构及其所经营的业务，尽管不能和近现代金融业相提并论，但它却构成了我国初期的金融市场，标志着我国古代商业和金融业已发展到了一个新水平。

（一）柜坊

柜坊是一种专门经营存款、借款和保管钱财的机构，它的出现与商业贸易的发展有密切关系。这种专营存储现金业务的柜坊，最迟应于唐玄宗开元初年就已在长安城中出现。

唐代的铜钱每贯重六斤四两（合今7.6市斤）。商人外出

① 《旧唐书》卷48《食货志》。

② 《新唐书》卷54《食货志》。

贸易时，要随身携带如此沉重的铜钱显然不大方便，也不安全。从现有文献记载看，长安西市最迟在唐玄宗开元初年就已出现专门存放钱的柜坊。据《广异记》载：开元初年，有个名叫三卫的人来到长安卖绢，“后数日有白马丈夫来买，直还三万，不复踌躇，其钱先已锁在西市”[①]。据唐人温庭筠《乾馔子》记载，长安富商窦乂经常施钱给胡人米亮，并将钱存放在西市柜坊。当他听到米亮说崇贤里有小宅出售时，窦乂在“西市柜坊锁钱盈余，即依值出钱市之”[②]。由上述二例可以看出，商人往往将采购货物的铜钱预先存放在西市的柜坊。在买卖成交后，再到西市的柜坊提取现款。柜坊既然可以存放商人的购货款，当然也可以存放商人卖货后所得的现款。市场上有了专门代人存钱的柜坊，对于商人的贸易活动显然是个极为有利的条件，这样可以避免商人整天随身携带大量现钱或者运送现钱的许多麻烦。因此它的出现有利于商业的发展。

文宗大和年间（827—835），神策军中尉王守澄等诬告宰相宋申锡与穆宗的儿子漳王李凑谋反，捉拿十六王宅宫市典晏敬则等严加推问，“咸伏取受及得支证人，货卖银绢柜坊主人、卖物牙郎及见晏敬则从十六宅西门至漳王院，取信累路”[③]。虽然谋反之事出于诬告，但柜坊在长安的确存在却再次得到了证实。据李德裕《文武两朝献替记》载：太和七年（833年），“三月暮，高品阎从约押赐含桃，谓余曰：‘不锁柜坊也。’余未喻，曰：‘自相公入相，京师细婢良马无价，两市不锁柜坊。’”。所谓“两市不锁柜坊”，是说天下太平，社会秩序安定，连专门存放钱财的柜坊也可以不必上锁。这显然是对宰相

---

① 《太平广记》卷300《三卫》。
② 《太平广记》卷243《窦乂》。
③ 《册府元龟》卷670《诬构》。

李德裕的吹嘘之词，但长安存在柜坊却是千真万确的事实。这里说到“两市不锁柜坊”，显然是指东、西二市，可见不仅长安西市有柜坊，东市也有柜坊。建中三年（782年），唐德宗为了筹措巨额军费，下诏“大索京畿富商”，向长安富商“借钱”，“计其所得才八十万贯，少尹韦禛又取僦柜、质库法拷索之，才及二百万（贯）”[①]。唐政府从长安的柜坊及质库两个部门一次就搜括了120万贯，说明柜坊存款的规模的确不小。长安的柜坊都属于私人经营性质，至于长安究竟有多少家柜坊，史无明载。唐僖宗时，宦官田令孜任左神策军中尉，权势显赫，为所欲为。田令孜曾“语内园小儿尹希复、王士成等，劝帝籍京师两市蕃旅、华商宝货举送内库，使者监闷（bì）柜坊茶阁，有来诉者皆杖死京兆府”[②]。此事说明长安东、西二市的柜坊可能并不在少数。

除专门存钱的柜坊以外，长安的一些大商店如药店、外国商人经营的“波斯邸”等，也往往因商业往来关系而寄存钱财。据《续玄怪录》记载，杜子春遭到亲友抛弃后，“方冬衣破腹空，徒步长安中，日晚未食，仿佛不知所往。于东市西门，饥寒之色可掬，仰天长吁”。一位老人得知他的窘境之后，送他一贯钱，并对他说：“明日午时，候子于西市波斯邸，慎无后期”。次日，杜子春按时前往波斯邸，“老人果与钱三百万，不告姓名而去”[③]。据《逸史》记载：“昔有卢、李二生，隐居太白山。……卢生昔号二舅，……二舅又曰：‘公所欠官钱多少？曰：‘二万贯。’乃与一拄杖，曰：‘将此于波斯店取钱。’。”于是，李生拿着拄杖来到波斯店，“波斯见拄杖，惊

① 《旧唐书》卷12《德宗纪》。

② 《新唐书》卷208《田令孜传》。

③ 《太平广记》卷16《杜子春》。

曰：‘此卢二舅拄杖，何以得之？’依言付钱”[1]。上述二例说明，波斯商人经营的波斯邸、波斯店也经营存放钱的业务。据《广异记》载：张、李二公为好友，天宝末年，张对李说：“君欲几多钱而遂其愿？”李回答说：“得三百千当办已事。”张氏有一顶旧席帽，他对李氏说：“可持此诣药铺，问王老家张三，令持此取三百千贯钱，彼当与君也。”于是李氏“持帽诣王家求钱。王老令送帽问家人，审是张老帽否？其女云：‘前所缀绿线犹在’。李问张是何人，王云：‘是五十年前来茯苓主顾，今有二千贯钱在药行中。’李领钱而回”[2]。此事说明，药铺之类的大商店也为商人存放现钱。

从现有文献记载来看，凡是在柜坊及波斯邸等商店存放的钱物，必须持有特定的凭证方可领取。例如，李生凭拄杖到波斯店取钱两万贯，李公凭旧席帽到王家药铺取钱三百贯，有的凭本人书写的帖子取钱，还有的则凭书信取钱。取钱的凭据虽然不尽相同，但是领取钱物时必须持有一定的凭据则是一致的。

由于史籍记载缺漏，关于柜坊的具体活动情况及业务范围已很难详知。至于它的性质，学者之间仍存在很大分歧。有的学者认为柜坊是“纯粹的金融机构”，专营银行业务，一方面吸收存款，一方面经营贷款，故已具有后世钱庄的性质，因而柜坊“是中国最早的一种雏形银行”[3]。还有的学者认为，柜坊专营存储业务，唐代长安的柜坊、飞钱等，实际上已具有近

---

① 《太平广记》卷17《卢李二生》引《逸史》。

② 《太平广记》卷23《张李二公》引《广异记》。

③ 傅筑夫：《唐代都市商业的历史性变化与“行”的产生》，《唐史论丛》第一辑，第21页，陕西人民出版社1988年版。

现代初期金融市场的某些业务雏形[①]。还有的学者则认为，唐代的柜坊并不是金融机构，它不可能具有银行的性质[②]。根据现存文献来看，如果把唐代长安的柜坊看作是专门经营银行业务的纯粹的金融机构，甚至把它称为银行，似乎缺乏足够的证据，而且难免有故意拔高之嫌。因而第一种说法对柜坊的评价明显偏高，第三种说法有一定的道理，然而并不能完全成立，而第二种说法则比较符合实际。笔者认为，唐代长安的柜坊当然不能等同于近现代银行之类的金融机构，然而它是我国早期的金融机构则是毫无疑问的。因为柜坊不仅经营货币的存储业务，而且还经营贷款业务。这一点能从下述史料中完全得到证明。乾符二年（875年），唐僖宗在《南郊赦文》中说："自今以后，如有人入钱买官，纳银求职，败露之后，言告之初，取与同罪，卜射无舍，其钱物等并令没官，送御史台，以赃罚收管；如是波斯番人钱，亦准此处分。其柜坊人户，明知事情，不来陈告，所有物业，并不（令?）纳官，严加惩断，决流边远，庶绝此类。"[③] 这道诏令严禁纳钱买官，说明当时以钱买官者不少。从这道诏令可以看出，以钱买官者的资金主要来自三个方面：其一是私人在家自存的现钱；其二是波斯商人的钱，此钱显然来自如前所述的波斯邸或波斯店；第三个途径则是东、西二市的柜坊。此诏规定，凡发现用钱买官者，所有钱物由官府没收，行贿者与受贿者同罪；来自波斯邸的钱，也按此办理。对于经营柜坊的主人来说，如果明知有人来柜坊借款买官而不去官府报告，则要对柜坊主严加惩处，流放边远地

① 张泽咸：《唐代工商业》第340页，中国社会科学出版社1995年版。
② 秦晖：《唐代柜坊为"金融机构"说质疑》，《陕西师大学报》1990年第2期。
③ 《唐大诏令集》卷72《乾符二年南郊赦》。

区，并将其所有财产没收。在这里，唐政府对柜坊主的处罚最为严厉。这就说明，以前有人为了以钱买官而来柜坊贷款。也就是说，柜坊主曾经向这些买官者提供过贷款服务。在唐政府看来，柜坊主向买官者提供贷款服务，等于参与了违法活动，应负连带责任，故应予以严惩。唐政府之所以严惩提供贷款的柜坊主，其目的就是要切断买官者的财源，以便杜绝买官之弊。中唐以后，由于买官之风盛行，不少人就是通过借款来买官的。史称："自大历以来，节度使多出禁军，其禁军大将资高者，皆以倍称之息贷钱于富室，以赂中尉，动逾亿万，然后得之，未尝由执政；至镇，则重敛以偿所负。"① 时人称之为"债帅"。这条材料清楚地表明了买官者为了买官常常从"富室"以高额利息借贷巨额现款，待其上任后再以搜括所得偿还借款及利息。由此可见，借钱买官在唐后期已是常见之事，向买官者提供贷款的绝大部分是那些财力雄厚的富商大贾。既然一般富商纷纷向买官者提供贷款，那么经营柜坊的富商也就必然有可能向买官者提供贷款，这种贷款自然也是有利息的，而且利息还比较高。总之，在唐代长安，柜坊主向官僚及买官者提供贷款业务是毫无疑问的，而且利息往往较高。既然柜坊向买官者及官僚可以提供贷款，那么它向商人和手工业者提供贷款也应该是很自然的事。

总之，柜坊是唐代商业空前发达的产物。柜坊在长安的出现，无疑是长安商业空前繁荣的一个重要标志。尽管柜坊是我国初期的金融机构，但它为商人的经营活动提供了极大便利，促进了长安商业的进一步发展。

（二）质库

质库就是后世的当铺，是专门经营典当业务的机构。所谓

① 《资治通鉴》卷 243，文宗太和元年四月。

“典当”，是指以财物为抵押品的有息定期借贷银钱的经济行为。就其性质而言，典当业务实质上是一种抵押借贷。随着商业的发展，唐长安城中典当业也日益活跃起来，并成为商业、金融业的重要行业之一。

质库（当铺）最早发源于南朝时期的佛寺，当时称为“质库”或“长生库”。宋人吴曾说：“江北人谓以物质钱为解库，江南人谓为质库，然自南北朝已如此。”[①] 唐朝主要用“质库”这一称呼，史籍中也有用“典”“质”等词的。在唐代，质库已发展成为独立的私人事业。当然，这时的佛寺也仍然经营质库。

经营质库必须具有雄厚的财力作资本，另外还需要固定的场所，并建造一定规模的库房，以便用来存放各种各样的抵押品，所以质库并不是一般人所能经营的。在唐代长安城中，开设质库的往往是那些资财雄厚的富商大贾。在经营质库的商人当中，既有汉族商人，也有不少“胡商”（即少数民族商人和外国商人）。安史之乱后，河、陇地区为吐蕃所占，西域使者在长安者归途已绝。这些“胡客留长安久者，或四十余年，皆有妻子，买田宅，举质取利，安居不欲归”[②]。元朝人胡三省注释说：“举者，举贷以取倍称之利也。质者，以物质钱，计月而取其利也。”可见胡人在长安经营质库者颇为不少。由于经营质库能够获取较为丰厚的利润，除商人外，不少贵族、官僚、士大夫甚至公主也纷纷开办质库。女皇武则天的女儿太平公主就曾设有质库。先天二年（713 年），唐玄宗没收太平公主家产，发现她的家里“财货山积，珍奇宝物，侔于御府，马

① 吴曾：《能改斋漫录》卷 2。

② 《资治通鉴》卷 232，贞元三年六月。

牧羊牧，田园、质库，数年征敛不尽”[①]。既然皇帝之女也都经营质库，那么一般贵族官僚开设质库也就不足为奇了。尽管唐政府一再禁止官员经商牟利，然而官僚士大夫开办质库者仍然不绝于史。唐武宗下诏说：“如闻朝列衣冠，或代承华胄，或在清途，私置质库楼店，与人争利。”[②] 说明直到晚唐时，经营质库的官员仍然大有人在。从史籍记载看，长安的佛教寺院也有经营质库者。

质库实际上是一种金融借贷机构。与一般借贷机构所不同的是，凡是到质库借钱者（即债务人），必须用具有一定价值的物品作为抵押品，然后才能从质库借到现钱。按照唐朝规定，债务人借款时还需要有保人从中作保，这种借款有一定的期限限制，并且债务人应当交纳一定的利息。因此这种借款实际上是一种定期、有息抵押贷款。它的期限大致可分为一个月、三个月、半年、一年，长者可达两年甚至更长时间。由于缺乏史籍记载，关于借款期限的详细情况还不大清楚。到借款期限后，债务人应及时归还借款，并交纳利息，然后就可赎回自己的抵押品。如到期限后，债务人无力清偿借款和利息，那么质库有权变卖债务人的抵押品。不过唐政府曾规定，质库不能随意变卖抵押品，唐律规定：“收质者，非对物主，不得辄卖；若计利过本不赎，听告市司对卖，有剩利还之。如负债者逃，保人代偿。”[③] 可见唐律禁止质库的经营者未经债务人同意就擅自变卖抵押品。但是如果债务人到期不赎的物品，质库可以在报告当地官府后予以变卖；如果偿还借款及利息后仍有剩余，则应将余款退还给债务人。假如借债人逃跑，则由保人

① 《旧唐书》卷183《外戚传》。

② 《全唐文》卷78，武宗《会昌五年加尊号后郊天赦》。

③ （日）仁井田升《唐令拾遗》杂令第三三。

代为赔偿借款。

前往质库借款者，往往都是因为急需用钱而现有资金又不能满足需要。所以到质库借钱者往往都是些较为穷困的人，如贫穷的农民、城市中的下层居民（即小商人、小手工业者），乃至于妓女之类。不过当时到质库借钱者也未必全部是贫穷之人，一般士人、官僚乃至于富商有时也成为质库的顾客之一[①]。

借债者所用的抵押品真可谓五花八门，种类繁杂，常见的有衣服、家具、丝绸、金银首饰、珠宝、契约、房产、田产，甚至奴婢也可成为抵押品。据载，“（阳）城之为朝士也，家苦贫，常以木枕、布衾质钱数万，人争取之”[②]。阳城曾以木枕、布衾为抵押品借钱数万，说明木枕、布衾也可以成为抵押品。杜甫《曲江》二首之二诗云：“朝回日日典春衣，每日江头尽醉归。酒债寻常行处有，人生七十古来稀。”[③]白居易诗云：“走笔还诗债，抽衣当药钱。”[④] 有的农民为了向官府交纳租税，在青黄不接、经济拮据之际也常常到质库借钱。他们所用的抵押品往往是家具、农具等，甚至于将仅有的田地也作为抵押品。白居易《杜陵叟》诗感叹说：“杜陵叟，杜陵居，岁种薄田一顷余。三月无雨旱风起，麦苗不秀多黄死。九月降霜秋早寒，禾穗未熟皆青干。长吏明知不申破，急敛暴征求考课。典桑卖地纳官租，明年衣食将何如？”[⑤] 可见长安郊区贫苦农民往往成为质库的顾客。白居易《劝酒》诗说：“归去来，头

---

① 《太平广记》卷484《李娃传》。

② 《太平广记》卷16《阳城》。

③ 《全唐诗》卷225，杜甫《曲江》二首之二。

④ 《全唐诗》卷460，白居易《自泳老身示诸家属》。

⑤ 《全唐诗》卷427，白居易《杜陵叟》。

已白，典钱将用买酒吃。”[1] 说明一些经济不宽裕的官僚士大夫也到质库借钱。长安的一些官僚贵族后代，由于家境衰败，经济拮据，也常以先辈遗留下来的房产等作为抵押品，从质库借钱。贞观年间著名宰相魏征的后代就是如此。魏征的玄孙魏稠到宪宗元和初年时，因家境衰败，贫穷不堪，遂将先辈留下的房产“质钱于人”，因他无力赎回房产，致使这些房产被变卖。当时魏征的旧宅已为九家所拥有，为此唐宪宗于元和四年（809 年）三月下令，“出内库钱二百万赎之，以赐其孙（魏）稠及善冯等，禁其质卖”[2]。唐德宗时著名大臣段秀实的住宅在长安崇义坊，此宅系德宗所赐，后来也被其后代典卖。大中十年（856 年），唐宣宗命令用政府公款 3 475 贯将其赎回[3]。

在唐代，质库办理抵押放款称为“收质”或“纳质”，这种放款是有息借贷。唐朝法律对质库的贷款利率有明文规定。开元二十五年（737 年）制定的《户部格》规定：“天下私举质，宜四分收利，官本五分收利。”[4]《唐六典》也规定：“凡质举之利，收子不得逾五分，出息债过其倍。若回利作本，官不理。”[5] “举”指一般借款，“质”则是指质库借款。这里“质”与“举”并提，而且利率一致，说明唐政府规定的质库放款利率与一般借款利率相同。不过这些规定并未说明“四分收利”是指年利率还是月利率。按照中国古代的一般情况，所谓年利几分，是指年利百分之几十，如年利 5 分、6 分，就是

---

① 《全唐诗》卷 444，白居易《劝酒》。
② 《唐会要》卷 45《功臣》。参见《通鉴》卷 237，元和四年闰三月。
③ 宋敏求：《长安志》卷 7，崇义坊。
④ 《宋刑统》卷 26 引“唐开元二十五年户部格”。
⑤ 《唐六典》卷 6《比部郎中员外郎》。

年利率 50%、60%；而月利几分则是指百分之几，如月利 3 分、4 分，则是指月利率 3%、4%。唐代也是如此[①]。因此这里规定的“四分收利”，如果指月利，那么月利率则为 4%，年利率则可达 48%；如果是指年利，则年利率为 40%。由此可见，唐代质库放款的法定利率为年利 40%或 48%。当然这仅仅是法定利率，至于实际上的利率则未必完全如此。有些质库的经营者为了牟取暴利，往往将利率提得很高，甚至达到“倍称之息”，即年利率为 100%。不过，唐政府对于贷款利率有严格限制，玄宗开元二十五年（737 年）规定：“诸公私以财物出举者，任依私契，官为不理。每月取利，不得过六分。积日虽多，不得过一倍。”[②] 就是说，即使贷款期限再长，年利息率也不得超过 100%。此外唐政府还禁止放债收取复利，即所谓“回利作本”。长安元年（701 年）规定：“负债出举，不得回利作本，并法外生利，仍令州县严加禁断。”[③] 所谓“回利作本”就是俗话所说的“利滚利”，唐政府对此严加禁止。应当指出，质库放款的利率并非一成不变，由于唐政府规定的借贷利率在唐前后期变动较大，因而质库放款的利率也就必然有所变化[④]。此外，各个质库的利率也不完全相同。

（三）信用借贷

隋唐时期的借贷活动大致可分为两种：一种是抵押借贷，一种是信用借贷。质库所经营的贷款即属于典型的抵押借贷。在唐长安，不仅质库借贷相当活跃，信用借贷也很常见。唐代

① 刘秋根：《关于汉代高利贷的几个问题》，《中国经济史研究》1991 年第 4 期。

② 《宋刑统》卷 26 引“唐开元二十五年杂令”。

③ 《唐会要》卷 88《杂录》。

④ 《册府元龟》卷 505，卷 506，卷 508；《唐会要》卷 88《杂录》。

的信用借贷按其经营方式大致可分为两类：一类是官营的公廨本钱放款，另一类则是私人经营的放款。这些借贷行为在当时称为“出举”“举放”“举债”“放债”“放息钱”等。

唐长安的私营借贷相当活跃，其经营者不仅有富商巨贾，贵族官僚放债牟利者也屡见不鲜。从事放债活动的商人中，既有汉族商人，也有不少胡商（即少数民族商人和外国商人）。元和初年，左神策军将领李昱曾“假贷长安富人钱八千贯，满三岁不偿”①，可见这是私人经营的定期贷款，期限为三年，其贷款数额相当大。史称：“自大历以来，节度使多出禁军，其禁军大将资高者，皆以倍称之息贷钱于富室，以赂中尉，动逾亿万，然后得之，未尝由执政；至镇，则重敛以偿所负。”②时人称之为“债帅”。说明当时在长安的中央禁军将领贷钱者颇为不少，贷款数额也很可观，向禁军将领提供贷款的只能是那些财力雄厚的富商巨贾。长安的“蕃客”（胡商）相当不少，他们中的许多人也从事放债活动。由于胡商财力雄厚，以至于“京城（长安）内衣冠子弟及诸军使并商人、百姓等，多有举诸蕃客本钱”③，胡商的放债对象相当广泛。唐德宗时著名大将李晟之子也曾“贷回鹘钱一万余贯”④。除商人富室以外，一些贵族官僚甚至包括皇亲贵戚也纷纷放款牟利。太宗贞观年间，高季辅曾在上奏中指出，公主及勋贵之家虽然家产丰裕，然而却“戚戚于俭约，汲汲于华侈，放息出举，追求什一。公侯尚且求利，黎庶岂觉其非。锥刀必竞，实由于

---

① 《旧唐书》卷154《许孟容传》。

② 《资治通鉴》卷243，文宗太和元年三月。

③ 《册府元龟》卷999《外臣部·互市》。

④ 《旧唐书》卷133《李晟传》。

此"[①]。公主及贵族尚且放债牟利，一般官僚从事放债活动也就自然难以避免。对于官僚的放债出举行为，唐政府虽曾屡次明令禁止，然而始终是禁而不绝。

有放款者自然也就有借款者。私营贷款的对象相当广泛，包括普通的城市居民，如一般中小商人、手工业者及其他居民，城市郊区的贫苦农民往往也是私营放债的主要对象之一。当时农民向官府交纳赋税或由于天灾人祸等其他原因，而从高利贷者那里借钱度日的事，在史籍中常可见到，所以他们常常成为高利贷者的盘剥对象。除了普通城市居民外，士大夫、官僚、贵族乃至禁军将领也是私营借贷的主要放款对象。唐武宗会昌元年（841年），中书门下上奏说："选人官成后，皆于城中举债，到任后填还，致其贪求，罔不由此。"[②] 可见当时新任命的官员在长安举债者颇为不少，到任后再偿还债务，这是导致官员贪污的重要原因之一。为此，唐政府决定由政府给当年新任命的河东、陇西、鄜坊、邠州等地官员各借两个月俸禄，至其发放俸禄时再予以扣除，企图通过这一办法避免官员遭受私营高利贷者的盘剥。但这一办法显然并不能一劳永逸，官吏借贷者仍时有所闻。

对于私营借贷的利率，唐朝法律也有明文规定。如开元二十五年《户部格》规定："天下私举质，宜四分收利，官本五分生利。"[③] 可知唐代法定私营借贷利率为年利率40%，官营借贷的年利率则为50%，私营借贷比官营借贷的利率低10%。由于受利益的驱使，一些私人高利贷者往往无视法律和唐政府的规定，肆意提高放债利率，百般盘剥债务人。开元十六年

① 《旧唐书》卷78《高季辅传》。

② 《唐会要》卷92《内外官料钱下》。

③ 《宋刑统》卷26引"唐开元二十五年户部格"。

(728年)，唐玄宗下诏说：“比来公私举放，取利颇深，有损贫下，事须厘革。”正因为官营借贷和私营借贷都存在利率过高的弊端，玄宗规定：“自今已后，天下负举，只宜四分收利，官本五分取利。”[①] 这也说明，开元十六年以前，官、私营借贷的利率超过了这些规定的利率。此外，唐政府对放债收取复利及法外生利等行为则始终予以严厉打击。这些规定虽然未能完全禁止私营高利贷者的肆意盘剥，但对私人借贷利率毕竟有一定的限制作用。

隋唐长安城中不仅存在着大量的私营借贷者，而且还设有规模庞大的官营借贷体系。早在隋文帝开皇年间，长安就已建立了官营借贷机构。当时“京官及诸州并给公廨本钱，回易取利，以给公用”[②]。“台、省、府、寺及诸州皆置公廨钱，收息取给”[③]。长安（大兴城）是隋王朝的首都，庞大的中央政府就设在这里，作为中央政府的台、省、府、寺等各级机构都设置公廨本钱，用来放债牟利，足见长安的官营高利贷相当普遍。开皇十四年（594年），苏孝慈等人上书认为官府以公廨钱放债取息，“烦扰百姓，败损风俗”，故请求废除。隋文帝于是下令废除公廨钱。但是开皇十七年（597年），隋文帝又下令恢复了长安及各州的公廨钱。不过这时的公廨钱只能用于经营商品贩卖，却禁止放债收息[④]。

唐朝继承了隋朝的公廨钱制度，并且有进一步发展。在此形势下，长安的官营借贷也更加完备。在唐代，由政府拨给各级官府一定数额的专款作为资本从事放债活动，这种资本当时称为“公廨本钱”或者“食利本钱”。唐代公廨钱制度始创于

① 《唐会要》卷88《杂录》。

② ④ 《隋书》卷24《食货志》。

③ 《资治通鉴》卷178，隋文帝开皇十四年。

唐高祖武德元年（618 年）。武德元年十二月，“置公廨本钱，以诸州令史主之，号捉钱令史。每司九人，补于吏部，所主才五万钱以下，市肆贩易，月纳息钱四千文，岁满授官”[①]。这是就全国而言，首都长安也是如此。从唐初到开元中，公廨钱制度虽然中断过几次，但都为时甚短；从“安史之乱”直至唐亡，则再也没有中断过。

唐代公廨本钱作为一种官营借贷制度，其经营方式大致如下：由政府拨给各级官府数额不等的专款作为资本，各个官府都设有捉钱官吏，如捉钱令史、府史、庶仆、胥士等等，专门负责公廨本钱的经营。捉钱令史把公廨本钱放给富户豪民，责成他们按期交纳利息和定期交回本钱。这些人被称为“捉利钱户”或“捉钱户”。这些捉钱户利用公廨本钱直接从事放债收息，然后将利息交给官府。按照规定，捉钱户的徭役则予以免除。债务人在借贷公廨本钱时，应当填写契书，还要有保人做担保。如果债务人无力清偿本息而逃亡或者死亡，则由保人赔付所欠本息。

由于长安是唐王朝国都，中央政府各级衙门及军队等都设置于此，所以长安公廨本钱的经营规模远远超过全国其他任何一个城市。贞观十二年（638 年），褚遂良上书批评公廨钱制度：“在京七十余司，大率司引九人，更一二载后，年别即有六百余人输利授职。”[②] 可见在京城长安的中央政府有 70 多个部门都设有公廨本钱，每个部门大体有 9 人负责经营公廨本钱的借贷，以此计之，则大约有 630 余人专门从事官营借贷。中央政府从三省六部、御史台、五监、九寺、馆、院等各个官府都设有数额不等的公廨本钱。贞元十二年（796 年），御史中

---

① 《唐会要》卷 93《诸司诸色本钱》上。

② 《唐会要》卷 91《内外官料钱》上。

丞王颜上奏详细列举了68个政府部门设置公廨本钱的情况，其中67个官府都在长安，例如中书省设置公廨本钱5 998贯，门下省3 970贯，尚书省10 215贯，兵部6 520贯，户部6 000贯，礼部3 528贯，工部4 320贯，御史台18 591贯，集贤院4 468贯，史馆1 310贯，太常寺14 254贯，鸿胪寺6 605贯，国子监3 382贯。这些官府的本钱一般都在一千贯以上，少则只有数百贯甚至数十贯，有些官府则多达一万贯以上，本钱最多的则是京兆府，多达48 889贯224文[①]。据统计，这67个政府部门设置公廨本钱的总额多达241 738贯。很显然，这67个官府并非在京的全部衙门。除此之外，仍有不少设置本钱的官府。例如元和十五年（820年）八月，唐穆宗下诏“赐教坊钱五千贯充本，以收利息”；长庆三年（823年），穆宗“赐内园本钱一万贯，军器使三千贯”；同年又赐五坊使钱五千贯[②]。长安、万年二县也有本钱。乾元元年（758年），肃宗规定：“其长安、万年两县各借一万贯，每月收利”[③]，可见长安、万年二县的公廨本钱也不少。总之，唐长安各级官府设置公廨本钱相当普遍，且数额不小。据统计，各级官府在长安设置的公廨本钱总额至少在30万贯以上。由此可以说，唐长安城中从事官营借贷的公廨本钱规模之大是其他任何城市所难以比拟的。

公廨本钱作为一种官营借贷事业，自然有利息收入。唐代公廨钱借贷的利息率在前后期有较大变化。贞观十二年（638年），褚遂良奏称：“大率人捉五十贯已下，四十贯已上……每月纳利四千，一年凡输五万。”[④] 按此计算，公廨本钱的利息率

① 《唐会要》卷93《诸司诸色本钱》上。

② 《唐会要》卷93《诸司诸色本钱》下；《旧唐书》卷16《穆宗纪》。

③ 《唐大诏令集》卷69《乾元元年南郊赦》。

④ 《唐会要》卷91《内外官料钱》上。

为月利8%，则年利率达到96%，基本上是年利一倍，说明公廨本钱的借贷利率在唐初的确相当高。然而，此后的利率则呈现出逐步下降的趋势。玄宗开元六年（718年），崔沔上奏说："且五千之本，七分生利，一年所输四千二百。"[①] 此时公廨本钱借贷的月利率为7%，则年利率为84%，虽然比较高，但利率已经比贞观时有所下降。开元十六年（728年），玄宗下诏说："比来公私举放，取利颇深，有损贫下，事须厘革。自今已后，天下负举，只宜四分收利，官本五分取利。"[②] 说明当时无论是私营借贷还是官营借贷都存在着利率偏高的弊端，为此玄宗下令对官私借贷进行整顿，以限制高利贷的盘剥。从此诏可知，官营借贷的利率已经下调为"五分取利"，即月利为5%，年利率为60%。据《新唐书》卷55《食货志》记载，开元十八年（730年），"复置天下公廨本钱，收赢十之六"。可见此时公廨本钱的年利率为60%。大致说来，唐玄宗时期公廨本钱的利率在月利7%～5%之间，利率已呈现出下降趋势。到唐后期，官营借贷利率仍然有所下降。唐德宗建中二年（781年），政府准备设置待诏官30员，沈既济上书以为此举会导致冗食，因为新增30位官员的俸钱及其他开支每月须钱100万。这笔钱全部以公廨本钱取利而来，而"以他司息例准之，当以钱二千万为之本，方获百万之利"[③]。就是说，需要2000万钱作为公廨本钱，才能获得100万钱的利息。按此计

① 《唐会要》卷91《内外官料钱》上。《册府元龟》卷506《邦计部·俸禄二》：崔沔奏曰："且五十之本，七分生利，一年所输四千二百，兼算劳费，不啻五千。"此处"五十之本"显然有误，应为"五千之本"，故从《唐会要》。

② 《唐会要》卷88《杂录》。

③ 《旧唐书》卷149《沈传师传》附沈既济传。

算，月利为5%。可见到唐德宗建中初年，公廨本钱的借贷利率已降至月利5%。会昌元年（841年）六月，户部上奏说："今准长庆三年十二日敕，赐诸司食利本钱，共八万四千五百贯文，四分收利，一年只当四万九百九十二贯文。"① 公廨本钱为84 500贯，一年得利40 992贯，那么年利率为48%，则月利率为4%。此例充分说明，唐人所谓"四分收利"即为月利率4%。公廨钱借贷利率至此已降到了月利4%。总之，公廨本钱的借贷利率在唐代始终呈现出逐步下降的趋势，从贞观初年的月利8%一直下降到武宗会昌年间的4%，其下降幅度达到50%，应该说下降幅度是很明显的。唐代官营借贷利率的逐步下降，虽然还不能完全肯定它就是商品经济发展的结果，但是至少可以说，这一现象与当时商业的迅速发展有相当密切的关系。而且借贷利率的下降，对于商业及债务人来说无疑是一个具有积极意义的现象。

公廨本钱的利息收入是唐政府财政收入的一个组成部分，它主要用于百官俸料钱等几个方面的开支。《唐会要》卷91《内外官料钱》说："武德已后，国家仓库犹虚，应京官料钱，并给公廨本（钱），令当司令史番官回易给利，计官员多少分给。"贞观初年，唐政府"以用度不足，京官有俸赐而已，诸司置公廨本钱，以番官贸易取息，计员多少为月料"②。由此可知，在唐初国库空虚的情况下，设立公廨本钱就是为了给京官发放俸料钱。事实上，从唐初一直到开元天宝时期，所有京官（中央政府各级官员及京兆府、长安、万年二县官员等）的俸料钱，有相当部分来自于公廨本钱的利息收入。建中二年（781年），唐德宗下诏在中书、门下两省分置待诏官30员，这些官员"各准品秩给俸钱、廪饩、干力、什器、馆宇之设，

① ② 《唐会要》卷93《诸司诸色本钱》上。

以公钱为之本，收息以赡用”[①]。可见当时京官的俸钱、廪饩、干力、什器、建造馆宇等项费用都用公廨本钱的利息收入来开支。乾元元年（758 年），唐政府规定，长安、万年两县“各备钱一万贯，每月收利，以充和雇”。当时“祠祭及蕃夷赐宴别设，皆长安、万年人吏主办。二县置本钱，配纳质债户收息以供费”[②]。说明长安、万年二县公廨本钱的利息收入既用于和雇开支，也用于祠祭及蕃夷赐宴之类的开支。各级官府的日常杂用，如购买纸笔、香油、蜡烛等也都用公廨钱的利息收入来支付。大历六年（771 年），唐代宗下诏说：“军器公廨本钱三千贯文，放在人上，取利充使以下食料纸笔。”[③]唐中央政府各级机关普遍设有“公厨”。贞元元年（785 年），礼部尚书李齐运奏称：“当司本钱至少，厨食阙绝，请准秘书省、大理寺例，取户部阙职官钱二千贯文，充本收利，以助公厨。”[④]由此看来，各级官府公厨所需资金也有一部分来自于公廨本钱的利息收入。总之，唐长安拥有规模庞大的官营借贷体系，借贷资本的总额颇为可观，为此获得了相当丰厚的利息收入。这项收入为解决京官俸料钱及各级官府诸项杂用等提供了大量资金，因而它在唐政府财政收入中占有不容忽视的地位。

公廨本钱作为一种官营借贷资本，其实质是一种很古老的生息资本——高利贷资本，所以公廨本钱借贷实质上是一种官营的高利贷。由于高利贷资本本身所具有的落后性，以及唐政府经营管理的不善，在公廨本钱经营过程中出现了不少弊端及问题。首先，由于公廨本钱借贷利率较高，往往导致债务人无力偿还。开元六年（718 年），崔沔上奏指出：“顷以州县典吏，并捉官钱，收利数多，破产者众。”公廨本钱使得“富户

① 《旧唐书》卷 149《沈传师传》附沈既济传。

②③④ 《唐会要》卷 93《诸司诸色本钱》上。

既免其徭，贫户则受其弊，伤民刻下，俱在其中”[1]。在此情况下，有的债务人只好逃亡，有时甚至连保人也逃亡，从而使官府的本钱无法收回。贞元二十一年（805年），中书门下奏称：“伏以百司本钱，久无疏理，年岁深远，亡失颇多。”元和九年（814年），户部上奏说：“诸司食利本钱，出放已久，散失颇多。”[2] 诸司本钱之所以“亡失颇多”，其中一个重要的原因就是由于债务人拖欠利息及本钱。大致说来，债务人拖欠利钱及本钱的现象在唐中期以后比较突出，为此唐后期多次下令免除所欠利息，有时甚至连本钱也予以免除。与此同时，唐政府又多次为各级官府追加公廨本钱的数额，以便维持一定数量的本钱，使之能够继续运转。唐中期以后，政治日趋腐败，官员贪污之风盛行。有关官员中饱私囊，从中贪污公款也是导致公廨本钱大量散失的一个重要原因。

公廨本钱在经营过程中的另一大弊端则是，不少商人将私款混入官府本钱中，如果能收回的利息钱则归为己有，如果利息无法收回，则假称官府本钱。元和十一年（816年），崔从上奏说：“近日访闻，商贩富人，投身要司，依托官本，广求私利。可征索者，自充家产，或逋欠者，证是官钱，非理逼迫，为弊非一。”[3]长安各级各类的官府特别多，而且大多数权势很大，各官府都给他们所属的捉钱令史发放“牒身”，使其享有一定的特权。按当时的规定，捉钱户不仅免除各种差遣及夫役等，而且“如有过犯，请牒送本司本使科责，府县不得擅有决罚”[4]。这样就使从事公廨本钱放贷的商人成为特权商人。这些捉钱户凭借官府高利贷的身份而取得某一官府的庇护，以逃避法律对他们的约束和制裁。在此情况下，捉钱户即使违法

① 《唐会要》卷91《内外官料钱》上。

②③④ 《唐会要》卷93《诸司诸色本钱》下。

犯罪，而“府县不敢劾治”，于是“民间有不取本钱，立虚契，子孙相承为之”[①]。一些侥幸之徒并不领取官府本钱，虚立保契，获取牒身，以便取得这些特权。宪宗时，长安有个叫刘嘉和的人，由于他将别人的头打破，于是到闲厩使请求充当捉钱户，以便取得牒身，逃避京兆府对他的惩罚。实际上他并未领取闲厩使的公廨本钱[②]。为此，御史中丞柳公绰奏请：“诸使捉钱户，府县得捕役，给牒者毁之。自是不得钱者不纳利矣。”[③]按规定，充当捉钱户的都是些高户，即九等户中的上等户，他们不纳租税，不服徭役。元和六年（811 年），柳公绰奏称：“今据闲厩使利钱案，一使之下，已有利钱户八百余人。访闻诸使，并同此例。户免夫役者，通计数千家。”[④] 仅闲厩使所属的捉钱户就多达 800 余人，而在长安的诸使诸衙门所属捉钱户共有数千家之多，如果加上其他官府所属的捉钱户，那么长安城中的捉钱户无疑是一个不小的队伍。

三、飞钱

中唐以后，随着商品交换的日益活跃，我国出现了最初的汇兑业。当时进行汇兑的形式称为“飞钱”或“便换”。从现有文献记载看，“飞钱”的出现最早在唐宪宗元和年间，其发源地和主要办理机构就在唐王朝的国都长安。

据《新唐书·食货志》记载，所谓“飞钱”，是指“商贾至京师，委钱诸道进奏院及诸军、诸使、富家，以轻装趋四方，

① ③ 《新唐书》卷 55《食货志》。

② 《唐会要》卷 93《诸司诸色本钱》上。

④ 《唐会要》卷 93《诸司诸色本钱》下。

合券乃取之”[①]。由此可知，当时办理飞钱汇兑业务的机构既有诸道进奏院、诸军、诸使等官方机构，也有“富家”等私人机构，参与汇兑业务的主要是商人。中唐以后，各道和各府、州地方政府都在京师长安设立驻京办事处，称为“进奏院”。例如，兴元、鄜坊、易定的进奏院在长安崇义坊；河南、淄青、淮南、兖州、幽州、荆南、宣歙、江西、福建、广州、桂州、安南、黔南的进奏院在崇仁坊；浙西、浙东的进奏院在平康坊等等，专门负责当地政府与京师长安的各种联络。此外，唐政府还设有各种负责财政经济的专门使职，如水陆转运使、诸道转运使、盐铁使等，这些使职往往在全国各地设有办事机构。这样一来，诸道进奏院及诸军、诸使等便为商人从事飞钱汇兑业务提供了便利条件。于是商人将沉重的现钱交给诸道进奏院及诸军、诸使等机构，并领取一张票券，然后可以轻装到外地去从事贸易。商人到达目的地后，凭票券到当地政府机构领取现钱，在当地采购货物。可见所谓“飞钱”就是在甲地交钱领票，在乙地凭票取钱，这显然是现代汇票的最初形式。采用飞钱形式汇兑大量现金，既可以避免商人携带现款的风险，同时也免得地方政府不断地向京师长安运送现钱。这样做既安全又方便，所以“飞钱”又被称为“便换”。

除官方机构办理飞钱业务外，当时长安的一些富商巨贾也办理飞钱业务。宪宗时，裴武任京兆尹，他曾上书奏请：“禁与商贾飞钱者，廋索诸坊，十人为保。”[②]这说明，长安的富商大贾以前就曾办理过飞钱汇兑业务，因而裴武才会请求唐政府下令禁止。由于商业的迅速发展，长安积聚了一大批资财异常雄厚的富商巨贾。他们与各地有着频繁的交易往来，有的甚至在外地设有分店。为了避免运送沉重的现金，他们也从事飞钱

① ② 《新唐书》卷54《食货志》。

业务。

飞钱的产生，无疑是中唐以后商业及货币经济迅速发展的产物。它的出现也与当时的货币流通状况有关。随着商品生产的发展和商品交换的不断扩大，唐代从事长途贩运的商人日趋增多，而且长途贩运的交易额往往很大，这就促使货币流通的地域范围和规模不断扩大。唐代铜钱的法定重量为每贯 6 斤 4 两，按唐斤合今 1.19 市斤计算，每贯铜钱重 7.616 市斤，一千贯铜钱的重量就多达 7 616 市斤。而当时商人进行长途贩运时，交易额往往达到成千上万贯的规模，沉重的铜钱无疑给商人进行远距离大宗贸易带来很大困难。所以在异地之间进行大额现金汇兑便成为当时从事远距离贸易商人的迫切愿望，也是商品货币经济发展的迫切要求。飞钱汇兑业务正是在这样的社会需求下应运而生，这是促使飞钱产生的一个重要原因。

从文献记载看，飞钱的产生与茶商的经营活动有着极为密切的关系。在唐代，南方地区盛产茶叶，广大的北方地区则不生产茶叶，但北方地区的茶叶市场却相当广阔。当时不仅南方人普遍饮茶，北方人的饮茶之俗也相当普遍。唐人陆羽说，饮茶之俗“盛于国朝，两都荆、俞间，以为比屋之饮”[①]。李珏则说：“茶为食物，无异米盐，人之所资，远近同俗，既蠲渴乏，难舍斯须，至于田闾之间，嗜好尤切。”[②] 唐人封演说得更为具体，他说：“自邹、齐、沧、棣，渐至京邑（长安），城市多开店铺煎茶卖之，不问道俗，投钱取饮。其茶自江、淮而来，舟车相继，所在山积，色额甚多。”[③] 可见北方饮茶之俗异常兴盛，茶叶交易很活跃，市场非常广阔。在此情况下，长

① 陆羽：《茶经》卷下《六之饮》。

② 《全唐文》卷 719，李珏《论王播增榷茶疏》。

③ 封演：《封氏闻见记》卷 6《饮茶》。

安商人和北方商人纷纷南下采购茶叶，而南方地区的茶商也纷纷北上长安等地，将南方的茶叶源源不断地贩运到京师长安及北方地区。这样，长安和北方商人就需要运送大量现钱去南方；南方茶商在长安出售货物之后，也需要把现钱运回家乡。所以当时在京师长安与遥远的南方之间存在着频繁的巨额现金往来，这种巨额的现金往来如果依靠传统的运送方式显然很不方便，途中也有一定的风险。因此，茶商对飞钱汇兑业务的需求最为迫切，他们很可能是飞钱的创始人或最早使用者。

飞钱的产生，与当时货币流通中的矛盾也有密切关系。中唐以后，流通中的货币数量显然不能满足商品交换日益扩大的需要，出现了所谓“钱荒”现象。为了缓解这一现象，唐政府于贞元初年禁止商人携带现钱出骆谷（今陕西周至西南）、散关（今陕西宝鸡市西南），一些州县也往往禁止现钱出境。在此情况下，商人为了从事长途贩运，也只好采用汇兑现金的形式。由此可以说，当时通货不足也是促使飞钱产生的一个原因。

飞钱的产生，既是唐代商业空前发达的产物，也有利于商业的进一步发展。飞钱汇兑业务产生以后，商人到外地做贸易时就不必携带沉重的金属货币了，而仅仅用一张文券来代替巨额现金。这种办法既方便快捷，又比较安全，从而为商人进行贸易活动提供了前所未有的便利条件，因此有利于商业的进一步发展。另外，唐德宗以后，货币流通领域出现了严重紧缩的状况，钱重物轻现象日趋严重。这种状况对商品交换和经济发展显然很不利，但使用飞钱后，商人将巨额现金交给户部及诸军、诸使等设在长安的进奏院等机构，用一纸文券代替现金，这对加快货币流通速度、改善货币流通状况无疑是大有裨益的。

飞钱的使用对唐政府的财政状况也有一定影响。元和六年

(811年)，唐政府下令“茶商等公私便换现钱，并须禁断”[①]，结果这一禁令使唐政府吃了大亏。次年，王绍代表户部上奏说：“京都（长安）时用，多重见钱，官中支计，近日殊少。”官府为什么“殊少”现钱？王绍分析说：“盖缘比来不许商人便换，因兹家有滞藏，所以物价转高，钱多不出。”[②]由于唐政府禁止商人便换，结果引起“钱多不出”“家有滞藏”，货币流通速度减慢，因此造成唐政府财政支出“殊少”现钱的恶果，可见商人便换对唐政府财政状况影响之大。也正因为如此，王绍等人请求唐政府“许令商人于三司任便换现钱，一切依旧禁约”[③]。宪宗只好从之。

据《新唐书》卷54《食货志》载，当时规定商人在户部、度支、盐铁三司办理飞钱汇兑业务时，“每千钱增给百钱，然商人无至者。复许与商人敌贯而易之”。唐政府要求商人在便换时，向官府交纳10%的汇兑费，结果遭到商人的抵制和反对，无人前去办理飞钱汇兑业务。最后，唐政府只好同意取消汇费，实行平价汇兑的办法，以便吸引商人前来汇兑现钱。

飞钱汇兑业务，实际上是一种信用关系。在唐代，这种信用关系有时遭到官府的破坏，致使飞钱的信用降低。懿宗咸通八年（867年）十月，户部侍郎崔彦昭上奏指出：该司收管的江淮诸道两税、榷酒及支付米价等钱，按照旧例每年由“商人投状便换，自南蛮用兵以来，置供军使，当司在诸州府场监钱，犹有商人便换，赍省司便换文牒至本州府请领，皆被诸州府称准供军使指挥占领。以此商人疑惑，乃致当司支用不充”[④]。商人在长安将现钱交给户部等机构后，持文牒到江淮

① ③ 《旧唐书》卷48《食货志》。

② 《全唐文》卷447，王绍《请禁私藏钱奏》。

④ 《旧唐书》卷19《懿宗纪》。

地区领取现款时，当地政府对商人往往加以留难，未能及时兑付现钱。这就难免使“便换”的信誉遭到破坏，引起“商人疑惑”。为此有些商人不敢再去官府便换，结果导致“当司支用不充”。此事说明，以前到官府便换的商人颇为不少，一旦他们不来便换，唐政府就会有现钱“支用不充”的危险。因此崔彦昭请求唐政府命令“诸道、州府、场、监、院依限送纳及给还商人，不得托称占留”，及时向商人兑付现款，以维护便换的信用。懿宗采纳了这一建议。

飞钱作为汇兑业的一种形式，不仅仅是商人利用飞钱来汇兑现金，社会各层人士也可以通过这一形式汇款。据《因话录》记载，“有士鬻产于外，得钱数百缗，惧川途之难赍也，祈所知纳于公藏，而持牒以归，世所谓便换者，置之衣囊”①。此事说明士人也可以利用便换汇兑现金。唐政府在征收榷税时也利用了便换这一形式。文宗大和五年（831 年）十月，户部侍郎庾敬休上奏谈到剑南东西川、山南西道每年税茶及除陌钱等事，他说：“伏以剑南道税茶，旧例委度支巡院勾当榷税，当司于上都（长安）召商人便换。”② 说明西南地区应上交唐中央政府的榷税是和京师长安商人直接办理汇兑相抵消的③。

飞钱汇兑业务是唐代商品经济日益发达的产物。它的出现和推广使用，标志着唐代的商业和信用事业已经发展到一个前所未有的新水平。飞钱产生后，在客观上也促进了商业的进一步发展。

---

① 《因话录》卷 6，羽部。

② 《册府元龟》卷 504《邦计部·关市》。

③ 张泽咸：《唐代工商业》第 357 页，中国社会科学出版社 1995 年版。

第三节　隋唐长安的商人

隋唐时期，长安作为国都所在，人口众多，经济繁荣，因此成为商贾云集之地。这里不仅有众多的富商大贾，也有不计其数的中小商人。由于唐王朝实行了较为开明的民族政策以及对外政策，周边地区的各少数民族商人纷纷来到国都长安，甚至不少外国商人也被吸引到长安来经商。随着商业的发展，长安市场上出现了大量的交换中介人，即牙人；甚至还出现了商人的同业组织——行会。隋唐两代，长安商人不仅人数众多，而且拥有非常雄厚的经济实力，在政治上也相当活跃。长安商人政治经济实力的空前壮大，标志着长安商业已发展到一个前所未有的新阶段，反映了长安商业的空前繁荣。

一、中小商人

中小商人属于商人阶层的中下层。一般说来，他们财力有限，经营规模较小，社会地位也往往较低。在隋唐时期的长安城中，中小商人在整个商人群体中占有相当的比重，他们的经营活动是长安商业必不可少的组成部分。

隋唐长安的中小商人可谓不计其数，不仅在东、西二市可以看到大量的中小商人，在广大的居民区（坊）中也可以见到他们的身影。大量的文献资料显示，长安的中小商人比以前任何时期都要多。从其来源或自身构成看，长安的中小商人大致可分为三类：第一类是城内的小商品生产者，包括各种中、小手工业作坊主、小手工业者；第二类是来自长安附近或更远地区的弃农经商者，他们已完全脱离农村，不再经营农业，而以经商为业；第三类是来自长安郊区的半农半商型商人，他们尚未完全脱离农业，但经商活动在其经济生活中占有相当重要的地位。这三类商人在隋唐时期都有显著的增加。

隋唐时期手工业的蓬勃发展，是长安中小商人得以大量增加的一个重要原因。隋唐长安手工业可分为官府手工业和私营手工业两大类。前者直接受政府控制，主要为宫廷、贵族、官僚、官府提供消费品，基本上不属于商品生产。而私营手工业则完全属于商品生产。大致说来，玄宗天宝以前，官府手工业中的工匠以短番匠为主；天宝以后，和雇匠人数大增，并出现了“纳资代役”[①]，手工业者人身依附关系较前大为减弱，经营活动的自由更多，这对私营手工业的发展极为有利。而且由于长安是隋唐两朝的国都所在，聚积了来自全国各地大量的能工巧匠，也就使得长安的私营手工业比前代有了长足的发展。长安私营手工业店铺之多远远超过前代。这种店铺当时通常叫做“坊”“作”“铺”或“作坊”等。从文献记载看，长安的手工业作坊（店铺）主要有油坊、染坊、醋坊、酒坊、纸坊、铜坊、锻垆（铁匠铺）、石器店铺、木器作坊、玉器作坊、金银铺、糖坊等等。长安城中有不少的油坊，以至于在居民区小巷中都有卖油的小商人。例如在宣平坊小曲中即有卖油者，“里人有买其油者月余，怪其油好而贱”[②]。唐代的粮食加工业空前发达，经营磨坊者甚多，以至于出现了“磨行”“米面行”等手工业行会。唐长安周围河渠上的私家碾硙业作坊大约在一百所以上[③]。这些水力磨坊的经营者绝大部分是富商大贾、官僚贵族、寺观等，当然也可能有少数中小商人经营此种磨坊。此外，在长安城内及郊区附近，中小商人经营的畜力磨坊似乎更为常见，经营米面生意的中小商人颇为不少。开元时，长安城

① 《册府元龟》卷487《邦计部·赋税一》。

② 《太平广记》卷417《宣平坊官人》。

③ 梁中效：《唐代的碾硙业》，《中国史研究》1987年第2期。

内一斗米不到 20 文，一斗面卖 32 文[①]。大中六年（852 年）六月，宣宗下诏规定："近断京兆斛斗入京，如闻百姓多端以麦造面，入城货易。所费亦多，切宜所在严加觉察，不得容许。"[②] 说明长安附近从事粮食加工业的中小商人的确不少，进城卖面者很多。随着丝织业的不断发展，经营丝织品的中小商人也日趋增多。长安东城老父贾昌之子就经常"贩缯于洛阳市，往来于长安、洛阳"[③]。长安的棉纺织业也日渐发达。唐玄宗时，长安城内的中小商人"卖白衫、白叠布，行邻比廛间"[④]，棉布和衣服的产量和销量都很可观，卖白衫和棉布的中小商人遍布京城。长安的造车业也很活跃，车坊不少。京师长安通化门长店"多是车工之所居也，广备其财，募人集车。轮、辕、辐、毂，皆有定价，每治片辋，通凿三窍，悬钱百文"[⑤]。这实际上是一个木车作坊，召募木匠造车，显然属于商品生产，且从业工匠不少。这个作坊的规模可能不小，至于中小型的木器作坊应当更多。唐代，在织物上印染各种图案、花纹的技术相当发达，并已普遍推广，以至于印花织物"遍于天下，乃为至贱所服"[⑥]。长安作为国都所在，印花织物需求量相当大，染坊的经营者自然不少。新兴的印刷业在唐代也得到了迅速发展。中唐以后，私人开始印刷诗文、书籍、日历、佛经等，卖以求利。唐文宗时，剑南道及淮南道"皆以版印历日，鬻于市，每岁司天台未奏颁下新历，其印历已满天

① 《通典》卷 7《食货典·历代盛衰户口》。

② 《唐会要》卷 90《和籴》。

③ ④ 《太平广记》卷 485《东城老父传》。

⑤ 《太平广记》卷 84《奚落山》。

⑥ 《唐语林》卷 4《贤媛》。

下”[①]，说明剑南、两川及淮南地区的市场上已经有印刷的日历出售。唐朝末年，“益州始有墨版，多术数书、小学”[②]。这是长安以外的情况。实际上长安的印刷业更为发达。曾在敦煌莫高窟藏经洞发现的两件遗书，可以证明长安东市的雕版印刷业相当发达，其中一件是大约属于9世纪的印本日历残片，上面印有“上都东市大刁家大印”的字样。这件日历印刷品的残长17厘米，宽7厘米，现藏于英国伦敦博物院图书馆。另一件是咸通二年（861年）根据印刷本传抄的《新集备急灸经》，该经题记称“京中李家于东市印”，现藏于法国巴黎国家图书馆（编号为P.2675）[③]。上述两件文物充分说明，长安东市的印刷业相当发达，从事雕版印刷业的作坊还不少。由于印刷业的发达，使日历、诗文、书籍、佛经等日益成为普遍的商品。所以城市中的书市也渐趋增多，如京城长安就有“鬻坟典之肆”[④]，即出售五经及各种古籍等的书市。此外，长安的酒坊、酒肆等颇为不少。不仅东、西二市有酒坊、酒肆，居民区中也有酒坊和酒肆。西市出产的“西市腔”、长乐坊出产的“郎官清”“阿婆清”等酒都是闻名遐迩的美酒[⑤]。从长安东门到曲江池一带，沿途的酒肆、酒店不可胜计，许多文人墨客常到这里对饮，留下了大量诗篇。唐人诗云：“细草岸西东，酒旗摇水风。楼台在烟杪，鸥鹭下沙中。”[⑥]“陌上秋风动酒旗，江上丝竹竞相追”[⑦]；“酒旗相望大堤头，堤下连樯堤上楼”“酒舍

① 《全唐文》卷624，冯宿《禁版印时宪书奏》。

② 王应麟:《困学纪闻》卷8《经说》。

③ 宿白:《隋唐长安城和洛阳城》,《考古》1978年第6期，第417页。

④ 《太平广记》卷484《李娃传》。

⑤ 《唐国史补》卷下。

⑥ 《全唐诗》卷674，郑谷《曲江》。

⑦ 《全唐诗》卷548，薛逢《九日曲池游眺》。

旗亭次第开”“日晚上楼招估客”[1] 等，这些诗充分反映了曲江一带酒肆之多，而且酒肆、酒馆门前往往还悬挂着酒旗。据《资治通鉴》记载，光宅元年（684 年），“有飞骑十余人饮于坊曲”，说明坊曲（即居民区小巷中）也有酒肆。当时酒肆往往既从事酒的生产，也从事酒的销售。大致说来，酒肆、酒馆的经营者一般都属于中小商人。至于铁器铺、金银铺、毯坊、乐器作坊、皮货铺等类的手工业作坊，在长安也不少见。总之，隋唐长安私营作坊门类齐全，从业人数比前代显著增加。这些手工业者既是商品生产者，同时也是商品销售者，他们可以说是中小商人的典型代表。

长安城中的中小商人还有相当部分是由弃农经商者演变而来。隋唐时期，长安附近地区甚至包括关中地区的农民在弃农经商的大潮中纷纷脱离农村，不再以务农为生，而专门以经商为业。这些弃农经商者，有的涌入州县市场，有的则进入长安，从事各种小本生意。《隋书·地理志》称：“京兆王都所在，俗具五方，人物混淆，华戎杂错。去农从商，争朝夕之利，游手为事，竞锥刀之末。”[2] 由于京兆府为国都所在，“去农经商”之风颇盛。唐人杜佑说：关中“末业日滋，今大率百人才十人为农，余皆习他技”[3]。这种弃农经商之风在长安附近乃至关中始终较为兴盛。弃农经商之风为何如此兴盛？首先，关中地区农业的发展为商品交换提供了条件，使农民有可能提供剩余产品投放市场。其次，唐代的货币税比以前大为增加。唐前期的大税、小税、户税和唐后期的两税、青苗钱、地头钱等都属于货币税，这就必然促使农民去垅亩而经商。另外，在我

① 《全唐诗》卷 365，刘禹锡《堤上行三首》。

② 《隋书》卷 29《地理志》。

③ 《全唐文》卷 477，杜佑《御夷狄论》。

国古代，由于市场机制不够健全，农业、手工业、商业之间的利润率差别很大，从事农业生产非常辛苦而获利甚薄，而经商则获利甚厚。所以白居易说：当时“懋力者轻用而愈贫，射利者（即商人）贱收而愈富，致使农人益困，游手益繁矣”①。

长安的中小商人还有一部分是来自郊区的农民，他们家住郊区，尚未完全脱离农村，其户籍仍属于农民，但经商活动在其经济生活中占有相当比重。他们虽然家居郊区，但却“多牟利于市”，属于典型的小商小贩。在他们当中，以经营各种蔬菜、水果、药材、柴薪、粮食（如米、麦等）及各种小商品为多。如德宗贞元年间，长安曾有“农夫以驴负柴，宦者称宫市取之，与绢数尺”②。白居易《卖炭翁》诗云：“卖炭翁，伐薪烧炭南山中，满面尘灰烟火色，两鬓苍苍十指黑。卖炭得钱何所营，身上衣裳口中食。”③ 这位卖炭翁与卖柴农夫正是这类小商小贩的典型代表。

中小商人由于资金有限，经营规模一般都不大，他们所经营的商品也大多属于低值商品或日常生活用品等。有的则经营规模较小的店铺，如小商店、小饭馆、小酒馆、茶肆、饼肆、杂货店等；有的则深入大街小巷，沿街叫卖，并无固定的店铺。不仅在东、西二市有中小商人开设的沿街小店铺，就是在居民区也有不少小商小贩经营的小摊点。他们所出售的商品，正是广大市民所需求的。他们频繁而广泛的商业活动，满足了城内普通市民的生活需求，大大丰富了长安的物质文化生活，也有力地促进了长安商业的繁荣。

---

① 《全唐文》卷669，白居易《进士策问五道》第五道。

② 《资治通鉴》卷235，贞元十三年。

③ 《全唐诗》卷427，白居易《卖炭翁》。

中小商人势单力薄，社会地位较低，常常成为贪官污吏盘剥的对象，在政治日趋腐败的唐后期就更是如此。中唐以后，中小商人所受的侵害集中体现在宫市之害上。从德宗贞元以后，“京都多中官市物于廛肆，谓之宫市”[①]。中官就是宦官，他们依仗权势，肆意敲诈勒索商人钱财。他们为皇宫采购货物时，根本不是照价付钱，而是“置白望数百人于两市（东、西二市）及要闹坊曲，阅人所卖物，但称宫市，则敛手付与，真伪不复可辨，无敢问所从来及论价之高下者，率用直百钱物买人直数千物，多以红紫染故衣、败缯，尺寸裂而给之，仍索进奉门户及脚价钱。人将物诣市，至有空手而归者。名为宫市，其实夺之”[②]。这简直就是公开掠夺。在此情况下，“商贾有良货，皆深匿之；每敕使出，虽沽浆、卖饼者皆撤业闭门”，其中受害最深的当然是那些中小商人。德宗时，为皇帝饲养鹰犬的宦官，即所谓“五坊小儿”，也横行坊市之间，对中小商人肆意欺凌和盘剥。这些宦官“或相聚饮食于酒食之肆，醉饱而去，卖者或不知，就索其直，多被殴詈；或时留蛇一囊为质，曰：‘此蛇所以致鸟雀而捕之者，今留付汝，幸善饲之，勿令饥渴。’卖者愧谢求哀，乃携挈而去”[③]。受欺凌的显然都是中小商人。至唐顺宗即位后，于永贞元年对宫市及五坊小儿之害大加整顿，中小商人的处境才有所好转。不过这种整顿并不彻底，效果也未能持久。会昌六年（846年）七月，宣宗下诏说：“如闻十六宅置宫市以来，稍苦于百姓，成弊既久，须有改移。自今以后，所出市一物以上，并依三宫直市，

① 《唐会要》卷86《市》。
② 《资治通鉴》卷235，德宗贞元十三年。
③ 《资治通鉴》卷236，顺宗永贞元年。

不得令损刻百姓。”[①] 说明宫市对中小商人的侵害并未完全消除。

二、富商大贾

富商大贾属于商人阶层的上层分子。一般说来，他们资金雄厚，经营规模较大，从商经验丰富，其社会地位亦远非中小商人所能比拟。隋唐以来，特别是中唐以来，商品生产和交换日趋发达，对外贸易日益活跃，城市商业呈现出前所未有的繁荣景象。随着商业的迅速发展，长安城中不仅中小商人大增，同时也涌现出一批又一批资财雄厚的富商大贾。这些富商在商业领域大显身手的同时，在政治方面也相当活跃。

古代的富商大贾一般居于大城市之中。隋唐时期，长安作为封建王朝的国都，人口众多，商业活跃，为此吸引了大批的富商大贾来此经营各种生意。正如元稹《估客乐》所说：各地的富商“经游天下遍，却到长安城。城中东西市，闻客次第迎。迎客兼说客，多财为势倾”[②]。在长安的富商大贾中，不仅有来自全国各地的富商巨贾，而且还有来自周边地区各少数民族以及外国的富商。此外，长安的一些中小商人和手工业者也有人因经营得方而上升为富商大贾。贞观时期的裴明礼和德宗时的窦乂就是其中的典型代表。唐朝时期，长安的富商大贾可谓层出不穷，其中著名的主要有：唐初期的裴明礼、邹凤炽等；唐中期的郭行先、杨崇义、任宗、郭万金、任令方、刘逸、李闲、卫旷等；唐后期的窦乂、王布、张高、王酒胡、李泳、王宗等。

唐长安富商大贾的经营活动和经营内容十分广泛，其致富

---

① 《唐会要》卷86《市》。

② 《全唐诗》卷418，元稹《估客乐》。

途径也堪称多种多样。大致说来，富商大贾的经营内容几乎遍及粮食贩运、纺织品、水产品、木材、生活用具、生产用具、医药、畜牧业、养殖业、茶叶、盐、酒业、粮食加工业、金银珠宝业、奴婢买卖、高利贷、质库、邸店等等。总而言之，凡是能够获取厚利的，都在他们的经营范围之列。唐太宗时，长安富商裴明礼的经营之道和致富途径就颇具特色。裴明礼“善于理生，收人间所弃物，积而鬻之，以此家产巨万”。裴明礼的确善于经营，他专门收集别人弃置不理的“货物”，积而鬻之，因此发家致富。裴明礼致富后，又在长安金光门外购买一块廉价的不毛之地。他将地中的瓦砾等杂物彻底清理，“乃舍诸牧羊者，粪既积，预聚杂果核，具犁牛以耕之。岁余滋茂，连车而鬻，所收复致巨万。乃缮甲第，周院置蜂房以营蜜，广栽蜀葵、杂花果，蜂采花逸而蜜丰矣。营生之妙，触类多奇，不可胜数”[①]。其经营之道不能不令人叹服，像这样的富商在当时绝非个别事例。高宗时，巨商邹凤炽家住长安怀德坊南门之东，由于他“肩高背曲，有似骆驼，时人号为邹骆驼”。史称其“邸店园宅，遍满海内，四方物尽为所收”[②]。关于“邸店”，唐人的解释是:“居物之处为邸，沽卖之所为店。”[③] 可知“邸”相当于货栈，店则相当于商店。正由于他主要经营货栈和商店，所以才能做到“四方物尽为所收”。随着国内商业交换的日趋活跃，长安的外来客商也越来越多，邸店就成为接待外来客商的重要场所。经营邸店的富商大贾不仅为客商提供堆存货物的便利，而且组织居间贸易，或者坐地收购来自各地的货物。据《长安志》载，长安东、西二市内设置的邸相当多，

① 《太平广记》卷243《裴明礼》。

② 《太平广记》卷495《邹凤炽》。

③ 《唐律疏议》卷4《名例律》。

可知经营邸店的富商颇为不少。

德宗时，长安巨商窦乂的致富历程及经营之道也颇具特色。起初，他将亲戚赠送的一双丝鞋卖掉，得钱五百文，用此钱在铁匠铺打造两个小锸，用小锸在嘉会坊庙院开垦隙地，种植榆树。等到秋天时，“森然已及尺余，千万余株矣。及明年，榆栽已长三尺余”。于是他用斧子伐其树枝，“得百余束，遇秋阴霖，每束鬻直十余钱”。次年“又得二百余束，此时鬻利数倍矣。后五年，遂取大者作屋椽，仅千余茎，鬻之，得三四万余钱。……在庙院者，不啻千余，皆堪作车乘之用”。此后他又收购破麻鞋、槐子、油靛，用出售榆木的钱作资本，广召雇工，以槐子、油靛和破麻鞋等制造“法烛”万余条。建中初年，他便出售法烛，每条一百文，“又获无穷之利”。后来他又用三万钱在西市秤行之南购得一块低洼地，将其平整之后，在此“造店二十间，当其要害，日收利数千，甚获其要。店今存焉，号为窦家店”[①]。其后他又经营房产、珠玉、木材等，获利甚丰，以致成为名闻京师的巨商。像窦乂这样的巨商，在长安城中绝非少数，他只是其中的一个典型代表。史籍中未留下具体姓名的富商大贾肯定还有不少。

长安的富商大贾中也有不少人经营粮食加工业，即碾硙业。据记载，唐长安周围河渠上的私家碾硙业作坊大约在一百所以上，其经营者当中就有长安的富商大贾。史称：“关中沃野千里，旧资郑、白二渠，为豪家贵戚壅隔上流，置私碾百余所，以收末利，农夫十夺六七。”[②] 这里说的“豪家”即包括长安的富商。早在高宗永徽六年（656 年），雍州长史长孙祥就上奏说：“往日郑白渠溉田四万余顷，今为富僧大贾，竞造

① 《太平广记》卷 243《窦乂》。

② 《册府元龟》卷 497《邦计部·河渠二》。

碾硙，止溉一万许顷。”[①] 可知长安富商大贾经营碾硙者颇为不少。为此高宗下令将郑白渠上的私碾硙“皆毁撤之”。不久，被毁撤的碾硙又都恢复了。至代宗广德二年（764年），工部侍郎李栖筠又上奏请拆去私碾硙七十余所，不料一年后又都恢复设置。不仅富商大贾经营碾硙业，就连王公百官、宦官、寺观也都竞相经营碾硙，以获取厚利，这当然难以禁止。例如唐玄宗时，宦官高力士“于京城西北截沣水作碾，并转五轮，日破麦三百斛”[②]。代宗时，就连唐朝中兴名将郭子仪及唐代宗之女升平公主（郭子仪的儿媳）也经办碾硙，据载：“升平（公主）有脂粉硙两轮，郭子仪私硙两轮，所司未敢毁彻。”[③] 从记载看，富商、寺观、百官等经营的碾硙，还应向官府交税。元和八年（813年），宪宗下诏说：“应赐王公、郡主并诸色庄宅碾硙等，并任典贴货卖，其率税夫役，委府县收管。”[④]

富商大贾还利用经济波动来获取厚利。每当丰收之际，他们便乘机压价贱收，从中渔利；而在歉收之时，他们又囤积居奇，高价出售。所以唐人杜佑说：“天下农人皆当粜鬻，豪商富室乘急贱收，旋致罄竭。”[⑤] 长安的富商大贾还从事金融投机活动，以获取高额利润。天宝初，长安的用钱状况稍见好转，几年后又趋滥恶，“府县不许好钱加价回博，令好恶通用，富商奸人渐收好钱，潜将往江淮南，每一钱货得私铸恶钱五文，假托公钱，将入京私用，京城钱日加碎恶”[⑥]。这些富商

---

① 李吉甫：《元和郡县志》卷1《关内道》一。

② 《旧唐书》卷184《高力士传》。

③ 《旧唐书》卷120《郭子仪传》。

④ 《唐会要》卷89《碾硙》。

⑤ 《通典》卷12《食货典》。

⑥ 《通典》卷9《食货典·钱币下》。

奸人用一枚好钱换取五枚私铸的恶钱（劣币），在这一金融投机中可获利五倍。唐德宗以后，货币流通领域出现了“钱重物轻”现象，富商大贾们更乘机以逐轻重，以牟取暴利。《新唐书·食货志》指出：“自建中初定两税，而物轻钱重，民以为患，……豪商大贾，积钱以逐轻重。”除以上所述外，长安富商大贾还经营飞钱、柜坊、质库、高利贷、金玉珠宝、茶叶、盐等。

由于商业日趋活跃，长安的富商大贾大获其利，积累了惊人的货币资本和金银财富。唐高宗时，长安富商邹凤炽“其家巨富，金宝不可胜计。……邸店园宅，遍满海内，四方物尽为所收。虽古之猗、白，不是过也。其家男女婢仆，锦衣玉食，服用器物，皆一时惊异”。据说他曾拜见高宗皇帝，请求购买终南山中的树，每棵树估价一匹绢，他向高宗夸口说：“南山树尽，臣绢未穷。”[①] 这个故事在全国广为传诵，邹氏财力之雄厚实在令人惊叹。随着商业的日益繁荣，到玄宗时，长安的富商大贾更是层出不穷，其中著名的就有任令方、郭行先、杨崇义等。如杨崇义“家富数世，服玩之属，僭于王公”[②]。王元宝亦为“都中巨豪”，他“常以金银叠为屋，壁上以红泥泥之”，时人称之为“王家富窟”，“其器玩服用，僭于王公”[③]。开元二十二年（734 年），唐政府下令没收长安富商任令方资财六十余万贯[④]。关于任令方之富，这里有个数字可供参考。据《新唐书》卷 54《食货志》载，唐代每年最多铸钱——即货币发行量为 32.7 万贯，而任令方被没收的资财竟达六十余

① 《太平广记》卷 495《邹凤炽》。
② 王仁裕：《开元天宝遗事》卷上。
③ 王仁裕：《开元天宝遗事》卷下。
④ 《旧唐书》卷 8《玄宗纪》。

万贯，他拥有的资产值约等于全国两年的货币发行量之和，足见其财力之雄厚。

“安史之乱”后，许多富商的财力更为雄厚。唐顺宗时，长安东市巨商王布“藏钱千万，商旅多宾之”[①]。宪宗时，“长安张高者，转货于市，资累巨万”[②]。唐昭宗时，巨商王酒胡“居于上都，巨富，纳钱三十万贯，助修朱雀门”，后来又纳钱十万贯助修安国寺[③]，足见其富。

商人通过各种途径积累了如此雄厚的商业资本和财富，那么这些巨额资本的处境和出路如何？首先，商人的财富是封建政府和贪官污吏的重点掠夺对象之一。代宗时，宦官鱼朝恩在神策军北军设置监狱，召集大批市井恶少，专门“罗织城内富人，诬以违法，捕置狱中，忍酷考讯，录其家产，并没于军”[④]。这里的“富人”，有不少人就是长安的富商大贾。“安史之乱”后，唐政府每当财政拮据之时，便常常以“借商”“贷商”“括商”等名义百般搜括商人钱财。德宗建中初，“两河用兵，月费百余万缗，府库不支数月”。太常博士韦都宾等人认为：“货利所聚，皆在富商，请括富商钱，出万缗者，贷其余以供军。”[⑤] 于是德宗下令“京兆尹、长安、万年令大索京畿富商，刑法严峻，长安令薛苹荷校乘车，于坊市搜索，人不胜鞭笞，乃至自缢。京师嚣然，如被盗贼”[⑥]。长安商人为之罢市，以示抗议。结果这次在长安共搜括商人钱财达二百万贯之

① 《太平广记》卷436《王布》。

② 《太平广记》卷436《张高》。

③ 《玉泉子》。

④ 《旧唐书》卷184《刘希暹传》。

⑤ 《资治通鉴》卷227，建中三年。

⑥ 《旧唐书》卷12《德宗纪》。

多。乾符二年（875年），由于唐政府财政空虚，田令孜又劝说唐僖宗“籍两市商旅宝货，悉入内库”[①]。这次“籍商”仍在长安东、西二市进行。这些事例说明，在封建时代，商人的货币资本缺乏足够的安全保障。

商人们积累的商业资本主要用于以下几个方面：

首先，继续充当商业资本在流通领域中存在和发展。巨商窦乂就是如此，在有一定资本后，便投资开设商店（窦家店），每日可获利数千。大量的盐商、茶商、木材商、粮商等都是如此。他们把已有资本作为起点，购买商品，然后卖出，使商业资本一直在流通领域中发展，以便积累起更大的商业资本。

其次，把商业资本作为货币财富贮藏起来，或者用于奢侈性消费。在唐代，商人积藏货币现象一直存在，富商大贾更是积钱成风。中唐以后，唐政府曾把这种现象作为“钱荒”的原因来看待，强迫商人出钱易货，禁止商人把巨额现金“积藏私室”。商人积累的大量货币资本还有相当部分用于奢侈性消费，如营造豪华住宅、购置车马、金玉珠宝、奴婢等，或参与赌博，或用于狎妓、纳妾等。如王元宝“务于华侈，器玩服用，僭于王公。……常于寝帐床前雕矮童二人，捧七宝博山炉，自暝焚香彻晓，其骄贵如此”[②]。富商刘逸、李闲、卫旷等人“每至暑伏中，各于林亭内植画柱，以锦绮结为凉棚，设坐具，召长安名妓间坐，递相延请，为避暑之会”[③]。富商大贾凭借其雄厚的财力，过着锦衣玉食、妻妾成群的奢侈生活。这种奢侈性消费使商业资本积累的速度大大减缓。

---

① 《资治通鉴》卷252，乾符二年。

② 《开元天宝遗事》卷下《床畔香童》。

③ 《开元天宝遗事》卷下《结棚避暑》。

第三，商业资本转向高利贷。在古代，作为货币财富形式存在的商业资本在贮藏起来以后，很容易转向高利贷。长安富商大贾放债的对象有官僚、禁军将领、士人、地主、商人、手工业者及农民。

第四，商业资本转向土地。商人经商致富后，往往将大量资金用来购置田产。这种现象早在汉代就有，即所谓“以末致富，以本守之”。唐初实行“均田制”时，放宽了对土地买卖的限制，这就为商人购买土地提供了方便。在唐代，商人一直是兼并农民土地的一支重要力量。唐玄宗下诏说：“王公百官及富豪之家，比置田庄，恣行吞并，莫惧章程。”① 可见富商大贾和王公百官一样喜欢购置田产。

第五，也有部分商人将商业资本投入手工业生产和种植业等。例如，裴明礼就曾种植果树、养蜂等，德宗时的窦乂也曾经营树木种植，而长安的不少富商经营粮食加工业（碾硙）、酿酒业等更是其中的典型事例。

长安的富商大贾在极力追求经济利益的同时，也十分重视政治利益的争取，他们在政治上也很活跃。唐初，商人在政治上受到诸多限制和歧视。武德时，唐政府规定：“工商杂类，无预士伍。”② 在唐代，商人入仕始终受到排挤。面对这种现实，商人特别是富商并没有望而止步，他们以雄厚的经济实力做后盾，力图冲破种种限制，以改变自己的社会地位，从而充分显示了他们的政治实力。

通过各种途径入仕，是长安富商大贾政治实力壮大的一个重要标志。唐代商人入仕主要通过买官、交结王公百官等途径。德宗时，长安巨商窦乂竭力结交权臣李晟，并通过李晟将

① 《册府元龟》卷495《邦计部·田制》。

② 《资治通鉴》卷190，武德七年。

五六个富商子弟安排在“诸道膏腴之地重职”[①]。文宗时，长安商人李泳也“以贿赂交通，遂至方镇”[②]，后任河阳节度使。一些富商子弟则通过科举应试的途径进入仕途。

商人在积极谋求仕进的同时，还十分重视与达官贵族、士大夫等频繁交往，以便谋求更大的政治、经济利益。如邹凤炽就“常与朝贵游”，后来“尝因嫁女，邀诸朝士往临礼席，宾客数千”[③]。他甚至还曾与高宗皇帝拉关系。中宗时，长安“有富商抵罪，万年令李令质按之。（韦）濯驰救，令质不从，毁于帝”[④]。韦濯是中宗韦皇后的族人，权势显赫。这位富商犯罪，竟能得到外戚韦濯的紧急援救，足见其交往之深。开元、天宝时，有些巨商为了更广泛地与官僚士大夫交往，甚至还专门在家中设有“礼贤堂”，遂使“四方宾客，所至如归”。富商王元宝、郭万金、杨崇义等人无不如此，他们“各以延纳四方多士，竞于供送。朝之名僚往往出于门下。每科场文士集于数家，时人目之为豪友”[⑤]。这些富商接纳文人学士，供送举人，与其结为“豪友”，已不再是简单的礼节性交往。这一现象充分显示了商人浓厚的参政意识和对政治的关心。开元十八年（730 年），玄宗下诏说：“比来富商大贾，多与官吏往还，迭相凭嘱，求居下等。”[⑥] 其实富商们与官吏往来并不仅限于为了降低户等以减税，显然还有更深一层的目的，即寻求政治后台和靠山。德宗时，富商窦义曾处心积虑地与权臣李晟

① 《太平广记》卷 243《窦义》。

② 《册府元龟》卷 455《将帅部·贪黩》。

③ 《太平广记》卷 495《邹凤炽》。

④ 《新唐书》卷 206《外戚传》。

⑤ 《开元天宝遗事》卷下《富窟》，卷上《豪友》。

⑥ 《唐会要》卷 85《定户等第》。

拉关系。当时李晟住宅附近有处房地产，窦义遂用二百贯钱买下此宅，将其整饰一新，然后选择适当时机将这块地产送给李晟作马球场。李晟颇为高兴，说："不要某微力乎？"窦义答曰："犹恐后有缓急，再来投告令公。"[①] 一语道破商人交结官僚贵族的真正意图。文宗时，长安药商宋清也颇热心与官僚交往。每当"朝官出入移贬，（宋）清辄迎送之"[②]。无论朝官升降出入，他都积极与其交往，足见其交往之广泛。中唐以后，不少富商还与禁军将领有密切往来。德宗时，长安的一些富商子弟"名在军籍受给赐，而身居市廛为贩鬻"[③]，这些富商因勾结禁军将领而混迹禁军。

长安富商大贾在政治上日趋活跃，说明他们政治实力的壮大。毫无疑问，富商大贾政治经济实力的壮大也给封建等级制以猛烈的冲击，从而使其社会地位显著提高。商贾势力的壮大，无疑是长安商业空前繁荣的结果，标志着长安的商业已发展到一个新的水平。

三、少数民族商人和外商

隋唐时期，国力强盛，疆域辽阔，交通发达，特别是唐朝推行了开明的民族政策，重视同周边少数民族及外国通商。在此形势下，周边地区少数民族商人纷纷来内地经商，不少外国商人不远万里来唐贸易。长安作为隋唐王朝的国都，又是著名的贸易干线——丝绸之路的起点，从而使长安成为少数民族商人和外国商人的聚集之地。

长安的少数民族商人主要是北方地区和西域诸族的商人，

① 《太平广记》卷243《窦义》。

② 《国史补》卷中。

③ 《资治通鉴》卷228，建中四年。

而外国商人则主要来自中亚、西亚各国。这些商人将周边地区及各国的诸多特产贩运到长安，又把长安市场上的许多商品如茶叶、丝织品、瓷器等贩运到了外地。这些商人的经营活动，不仅说明长安是全国商业最为发达的城市之一，也标志着长安已经成为一个国际性的商业都市。

隋末丧乱，西域商路又遭堵塞。唐初统治者力图打通西域以开商路。打败西突厥后，唐太宗对安国使臣说“西突厥既降，商旅可行矣”，于是“诸胡大悦”[①]。西域商路的通畅为西域诸族商人和波斯（今伊朗）、大食（今阿拉伯）等外国商人来中国内地贸易提供了良好条件。史称：“凉州为河西都会，襟带西域、葱右诸国，商旅往来，无有停绝。”[②] 在“伊吾之右，波斯以东，职贡不绝，商旅相继”[③]。可见当时通过西域商路来内地的少数民族商人甚至中亚、西亚商人颇为不少。唐代，昭武九姓即康、安、石、曹、米、何、史等九国分布于今中亚地区锡尔河以南至阿姆河一带及我国新疆地区。史书盛称昭武九姓人颇善于经商，“男子年二十，即远至旁国，来适中夏。利之所在，无所不到”[④]。他们沿丝绸之路东进，前后相继，不绝于途，长安便是他们的重要聚集之地。近年来，昭武九姓诸族墓志在西安的大量出土即可说明这一点。

唐代北方诸少数民族商人也颇为活跃。他们包括突厥、薛延陀、回纥、契丹、党项等族商人，其中最具有实力的当属回纥商人。

① 《新唐书》卷221《西域传》。
② 《大慈恩寺三藏法师传》卷1。
③ 《唐大诏令集》卷130《讨高昌麹文泰诏》。
④ 《旧唐书》卷198《西戎传》。

唐太宗贞观初年，突厥人“入居长安者近且万家”[①]，每户若按5口计，那么入居长安的突厥人则多达近5万人。这些人有的就在长安经商。“安史之乱”后，“回纥留京师者常千人，商胡伪服而杂居者又倍之”。这些包括回纥族在内的诸少数民族商人在长安“殖赀产，开第舍，市肆美利皆归之，日纵贪横，吏不敢问。或衣华服，诱娶妻妾”[②]，足见回纥商人人数众多，颇具实力。贞元三年（787年），李泌奏请检括滞留长安的西域“胡客”，“凡得四千人”[③]。“安史之乱”后，昭武九姓商人“常冒回纥之名，杂居京师，殖货纵暴，与回纥共为公私之患”[④]，长安的昭武九姓商人之多不难想见。寓居长安的波斯、大食等外国商人也不少，如西市就有波斯商人开设的“波斯邸”“波斯店”等[⑤]。

由于外国商人在长安日趋增多，以至于景教、袄教、摩尼教等外来宗教在长安迅速传播开来，长安出现了不少外来宗教寺庙。在长安西市附近各坊，自唐高祖武德四年（621年）以来，陆续修建了若干中亚、西亚一带人民信奉的袄教和景教寺庙。玄宗时的著名史官韦述记载，长安布政坊、礼泉坊、普宁坊、靖恭坊即设有“袄祠”，即袄教寺庙[⑥]。另据在西安发现的天宝三年（744年）《唐故米国大首领米公（萨宝）墓志》载，在西市西南临崇化坊也有“袄寺”一所[⑦]。由此可知，长安西市及其附近各坊聚集了为数不少的中亚、西亚商人。此

① 《旧唐书》卷61《温彦博传》。

② 《资治通鉴》卷225，大历十四年。

③ 《资治通鉴》卷232，贞元三年。

④ 《资治通鉴》卷226，建中元年。

⑤ 《太平广记》卷16《杜子春》。

⑥ 韦述：《两京新记》卷3，《丛书集成》本。

⑦ 向达：《唐代长安与西域文明》，第92页，三联书店1979年版。

外，在长安义宁坊、礼泉坊还设有波斯寺，即景教寺庙。摩尼教为波斯人摩尼所创，回纥人信奉者尤多。长安即有摩尼教的寺庙“摩尼寺”，在长安的摩尼教徒也不少，其中有不少人就在长安经商，所以史书说：“摩尼至京师，岁往来西市，商贾颇与囊橐为奸。”①

少数民族商人和外国商人的经营活动涉及到许多方面，其中主要经营珠宝、绢帛、药材、茶叶、马牛羊、邸店、酒店、饮食业、高利贷等。少数民族商人在长安经营高利贷者不少。唐德宗时，权臣李晟的儿子就曾贷回纥钱一万余贯，到期不还，为回纥所讼②。《册府元龟》卷999《外臣部·互市》载，唐后期长安城内“衣冠子弟及诸使并商人、百姓等，多有举诸蕃客本钱”。这些放高利贷的“蕃客”，既包括回纥族等各少数民族商人，也可能包括中亚、西亚地区等外国商人。

波斯、大食等外国商人也有经营邸店者，如西市就有“波斯邸”和“波斯店”③。从记载看，这些波斯邸、店往往都存放有大量现金，它们大概是外国商人在唐贸易的据点。西域胡商在长安经营饮食业者也颇为不少，他们开设的饭馆、酒馆、饼肆等颇受长安各层人士的欢迎。据载，升平坊有胡商卖饼的摊点，坊门旁“有胡人鬻饼之舍，方张灯炽炉，郑憩其帘下，坐以候鼓”④。长兴坊则有胡人经营的毕罗店⑤。有位明经考生竟一次在此店吃毕罗达两斤之多。据向达先生考证，毕罗就是

① 《新唐书》卷217《回纥传》。
② 《旧唐书》卷133《李晟传》。
③ 《太平广记》卷16《杜子春》；卷17《卢李二生》。
④ 《太平广记》卷452《任氏传》。
⑤ 《太平广记》卷278《国子监明经》。

现在中亚、新疆等地伊斯兰教民族中所盛行的“抓饭”[①]。在东市也有胡人开设的毕罗店[②]。据载，“有举人在京城，邻居有鬻饼胡，无妻，数年，胡忽然病”[③]。胡商所经营的胡饼、烧饼、毕罗、塔纳、煎饼等各种胡食，深受长安人民喜爱，因此在当时颇为流行。开成六年（841 年）正月，武宗“命赐胡饼寺粥。时行胡饼，俗家皆然”[④]。说明长安城内不论僧俗皆盛行胡饼。胡商开设的酒馆、酒肆、酒店主要分布在东、西二市及长安东门到曲江池一带。他们经营的酒肆往往都有胡姬侍酒，具有浓厚的异域情调，深受长安士大夫及各层人士喜爱，留下了不少关于胡商酒店的诗篇。岑参《青门歌，送东台张判官》诗：“胡姬酒垆日未午，丝绳玉缸酒如乳。”[⑤] 岑参诗云：“送君系马青门口，胡姬垆头劝君酒。为问太原贤主人，春来更有新诗否。”[⑥] 王绩《过酒家》诗说：“有钱须教饮，无钱可别沽。来时常道贯，渐愧酒家胡。”[⑦] 李白《前有樽酒行》诗云：“琴奏龙门之绿桐，玉壶美酒清若空。催弦拂柱与君饮，看朱成碧颜始红。胡姬貌如花，当垆笑春风。笑春风，舞罗衣，君今不醉将安归！”[⑧] 长安城中以歌舞侍酒的胡姬颇为不少。李白《送裴十八图南归嵩山》之一云：“何处可为别，长

① 向达：《唐代长安与西域文明》第 50 页，三联书店 1979 年版。
② 《酉阳杂俎》续集卷 1。
③ 《太平广记》卷 402《鬻饼胡》。
④ 圆仁：《入唐求法巡礼行记》卷 3。
⑤ 《全唐诗》卷 199，岑参《青门歌，送东台张判官》。
⑥ 《全唐诗》卷 199，岑参《送宇文南金放后归太原寓居，因呈太原郝主簿》。
⑦ 《全唐诗》卷 37，王绩《过酒家》。
⑧ 《全唐诗》卷 162，李白《前有酒樽行》。

安青绮门。胡姬招素手，延客醉金樽。”[①] 李白《少年行》之二说：“五陵年少金市东，银鞍白马度春风。落花踏尽游何处，笑入胡姬酒肆中。”[②] 这里所说的“金市”即指长安西市[③]。从这些诗篇来看，文人士大夫是胡人酒店的常客。胡商卖酒也常采用贳账的办法，以便吸引更多的顾客。在唐一代，西域酒在长安颇为流行，唐初有高昌（今新疆吐鲁番）之葡萄酒，其后有波斯之三勒浆（其酒酿法出于波斯），此外还有龙膏酒，大约也出于波斯。这些西域酒皆为长安名酒，颇为时人所称赏。毫无疑问，西域酒在长安盛行与西域胡商大量经营酒馆业不无关系。来自波斯等国的西域胡商也有不少人经营金玉珠宝等贵重物品。史书盛称胡商善于辨别珠宝的质量，有如：“西市胡人贵蚌珠而贱池珠。蚌珠者蚌所吐也，唯胡人辨之。”[④] 据说长安大安国寺有一枚水珠，开元十年，该地僧人将其携至市中出售，结果不为市人所重，后来被西域胡人以重金购去，这个西域胡人即为大食商人。[⑤] 在这宗买卖中还曾使用翻译人员，可知长安市场中有专门为胡商服务的翻译人员。这类故事在唐人笔记小说中屡见不鲜，说明胡商经营珠宝者确实不少。此外北方地区和西域地区各少数民族商人经营茶叶、绢帛、马牛等商品者也不少。

总之，隋唐时期在长安的少数民族商人乃至外国商人都拥有相当的实力。他们人数众多，财力雄厚，颇善于经营，在社会上也相当活跃。玄宗时，“有胡商康谦者，天宝中为安南都

---

① 《全唐诗》卷 176，李白《送裴十八图南归嵩山》之一。

② 《全唐诗》卷 165，李白《少年行》二首之二。

③ 向达：《唐代长安与西域文明》，三联书店 1979 年。

④ 钱易：《南部新书》己。

⑤ 《太平广记》卷 402《水珠》。

护，附杨国忠，官将军。上元中，出家赀佐山南驿廪，肃宗喜其济，许之。累试鸿胪卿”[1]。胡商康谦乃是昭武九姓中的康国人，依附权臣杨国忠，以行贿获得将军之位，后又讨好肃宗，取得极高的政治地位。敬宗时，“波斯大商李苏沙，进沉香亭子材”[2]。作为波斯商人，能和唐朝皇帝拉上关系，足见其能量之大。宣宗大中二年（848 年），大食商人的后裔李彦升在长安考中进士。当时外国商人在长安参加科举者恐非仅此一人。由于波斯、大食等外商大多经营珠宝等贵重商品，所以他们与长安的达官贵人关系较为密切。

少数民族商人和外国商人在长安的经营活动，促进了各民族之间的经济交流。玄宗在给突厥的玺书中说：“国家旧与突厥和好之时……互市交通，国家买突厥马羊，突厥得国家彩帛，彼此丰足，皆有便宜。”[3] 商人的经营活动有力地促进了各族之间的经济交流，加强了内地与周边地区的经济联系。对于外国商人而言，他们将外国的各种商品贩运到长安，促进了长安市场的繁荣；同时他们又把中国的茶叶、丝绸、纸张、药材等商品运往国外，促进了中国与世界各国的商业往来。建国以来，在今西安及其附近地区陆续出土了不少波斯和东罗马钱币，这些钱币是唐朝时期长安与外国商业往来的有力见证。特别是 1970 年，在西安南郊何家村发现的唐代窖藏内，出土了波斯银币和东罗马金币及宝石、琥珀、水晶杯、玻璃碗、镶金玛瑙杯等[4]，充分说明长安与波斯有大量的商业往来。

---

① 《新唐书》卷 225《逆臣传》。

② 《旧唐书》卷 17《敬宗纪》。

③ 《册府元龟》卷 999《外臣部·互市》。

④ 陕西省博物馆、文管会革委会写作小组：《西安南郊何家村发现唐代窖藏文物》，《文物》1972 年 1 期。

各少数民族商人和外商到长安经商，同时也带来了他们本民族的宗教信仰及服饰、饮食、礼仪等方面的风俗习惯，这对汉族必然产生潜移默化之效。随着胡商的增多，这种影响日益加深，并逐步显示出来，景教、祆教、摩尼教寺庙在长安的日趋增加就充分说明了这一点。各种胡食、胡服、胡琴、胡戏等在长安的兴盛与长安胡商的空前壮大与活跃有着相当密切的关系。另一方面，胡商在长安长期经商，他们在衣食、礼仪、风俗等方面势必受到汉族的强烈影响，并将这些风俗习惯带回本民族。考之史籍，胡商着汉服、娶汉族女子为妻妾、崇尚汉人习俗者亦屡见不鲜。太宗贞观初，长安城中已是“胡着汉帽，汉着胡帽”，颇难辨识①。“安史之乱”后，回纥商人在长安“或衣华服，诱娶妻妾”成为一大时尚。有的胡商久居长安，安居不欲归，成为长安的永久居民。这些都说明，少数民族商人和外国商人的活动，促进了各民族的文化交流和民族融合，加强了各民族间的互相了解和友谊。

四、牙人（牙商）

在中国古代，“牙人”是一种沟通买卖双方的交易中介人，是一种特殊商人。交易中介人的出现相当早。在古代的市场上，当卖者希望自己的商品尽快脱手，买者也想及时买到所需商品，而双方难以接头的时候，交易中介人的出现就成为客观需要。交易中介人为商品找买主，又为买方找商品，有利于商业和商品交换的发展。大约在中唐以后，随着商业交换的发展，长安市场上的牙人也日益增多。在唐代文献中，牙人有时被称为“牙子”“市牙子”“牙侩”“牙郎”“商侩”，其中尤以“牙人”一词最为常见。称呼虽然不同，但其身份和职能却是相

① 刘肃：《大唐新语》卷10《从善》。

同的。

牙人作为买卖双方交易的中介人，为商品交换者提供中介服务。长安市场上的商人大致可分为两类：一类是坐商，一类是行商。坐商主要在东、西二市沿街开设店铺，称为肆或店；此外在坊间也有坐商经营的店肆。行商则是指那些没有固定店铺的商人，他们当中既包括长安周围地区进城经商的小商小贩，也包括来自外地和外国的客商。由于外来客商对长安市场不熟悉，货物不易找到买主，而他们常常希望自己的货物尽快脱手，在此情况下，牙人的斡旋对于客商的确十分必要，所以长安市场上牙人的服务对象主要是客商①。

不过，坐商的交易活动也并不是完全不需要牙人沟通，他们在交易时也需要牙人从中说合，以便顺利达成交易。一般说来，在低值小商品或者规模较小的交易中，例如蔬菜、水果、鸡蛋、纸笔、柴薪等类商品交易中，一般不需要牙人从中说合。然而在价值较高的商品或大宗交易中，坐商也同样需要牙人从中沟通，例如在粮食、马、牛、驴、骡、住宅等商品交易中，牙人的沟通往往是不可缺少的。武则天时，东都洛阳就出现了"马牙"，即牲口交易的中介人。据《广异记》载，东都洛阳北市"有阎庚者，马牙荀子之子也，好善自喜"②。玄宗时，洛阳市场上在房屋买卖租赁中，牙人也从中充当中介人③。上述二例都发生在东都洛阳，那么西京长安有这类牙人应该在情理之中。唐高宗曾在安善坊、大业坊一带设有中市

---

① 张弓：《唐五代时期的牙人》，《魏晋南北朝隋唐史论集》第一辑，中国社会科学出版社 1981 年版。

② 《太平广记》卷 328《阎庚》。

③ 《太平广记》卷 231《陈仲躬》。

署，专门负责“驼马牛驴之肆”，后来“货鬻者并移于东市”[①]，这是专门的牲畜交易市场，其交易规模应该不小。至于长安的住宅买卖更是屡见不鲜。在这些交易中，往往需要牙人从中牵线搭桥，促成买卖成交。买卖奴婢在唐代属于合法交易。长安为王公百官聚集之地，奴婢买卖相当兴盛。元和十二年（817年），孔戣为广州刺史并岭南节度使，“先是，帅南海者，京师权要多托买南人为奴婢，（孔）戣不受托。至郡，禁绝卖女口”[②]。天宝六年（747年），户部侍郎杨慎矜托史敬思将其奴婢春草卖掉，结果在市场上卖给了杨贵妃的姐姐，“得钱百二十千文，买牛以归”[③]。这些事例充分说明长安奴婢买卖的兴盛。在这种特殊买卖中，牙人常常参与其间。《新唐书·张又新传》记载，宪宗元和年间，张又新“尝买婢迁约，为牙侩搜索陵突，御史劾举，（李）逢吉庇之，事不穷治”[④]。这说明在买卖奴婢过程中常常要利用牙人。按唐朝法律规定：“买奴婢、马牛驼骡驴等，依令并立市券。两和市卖，已过价讫，若不立券，过三日，买者笞三十，卖者减一等。”[⑤] 张又新买婢不立市券，所以被牙人“搜索凌突”。

一般说来，牙人同商民有密切的关系，为广大商民所熟悉。有关商品的持有者要卖或者买主要买，往往是先找到有关牙人，由牙人沟通双方，叫做“引领”或“招致”。买卖双方接头之后，有时由买卖双方自议价格，有时则由牙人评量确定，叫做“著价”。特别是当买卖双方关于商品价格存在较大

---

① 《长安志》卷7。

② 《旧唐书》卷154《孔巢父传》附孔戣传。

③ 《资治通鉴》卷215，天宝六载。

④ 《新唐书》卷175《张又新传》。

⑤ 《唐律疏议》卷26。

分歧时，牙人常常可以从中予以协调和撮合，或者直接由他给商品估价。牙人所确定的商品价格，往往容易为买卖双方所接受。因为在买方和卖方看来，牙人是中介人，不偏不倚，他所提出的价格比较客观公平。而且由于牙人久居市场，对商品的行情颇为熟悉，对商品价格的估计也就比较准确。加之牙人往往善于揣度买卖双方的心理，善于言词，所以不论买方还是卖方都容易接受牙人所定的价格。当然，牙人并非随意为商品定价，而是必须根据官府颁布的估价标准酌定。按唐朝法律规定，诸市司每十天要核定一次物价，各种商品都要按其质量优劣分为三等，“精为上贾，次为中贾，粗为下贾”[①]，每等又分别规定为上、次、下三等价格标准，这就是所谓的“三贾均市”。牙人根据官府估价标准为商品“著价”之后，买卖双方即可“过价”成交。

牙人沟通买卖双方，促使买卖成交，当然要收取一定的费用，称之为“牙钱”。牙钱的收取是根据交易额按比例计算的。唐代牙人收取牙钱的比率，史籍无明文记载。据《册府元龟》记载，后周明宗天成四年（929 年）七月，兵部员外郎赵燕奏称：“切见京城人买卖庄宅，官中印契，每贯抽税契钱二十文，其市牙人每贯收钱一百文，甚苦贫民。”[②] 由此计算，牙人按交易额的 10％抽取牙钱，这个比率以后一直沿用至明清时期。据此推测，唐代牙钱大约也按照 10％的比率抽收[③]。

长安牙人与官府有着较为密切的关系。唐德宗、宪宗时，官府利用长安牙人的事实更引人注目。建中四年（783 年）六

① 《唐六典》卷 20《京都诸市令》。

② 《册府元龟》卷 504《邦计部·关市》。

③ 张弓：《唐五代时期的牙人》，《魏晋南北朝隋唐史论集》第一辑，第 257 页。

月，德宗为筹措军费而实行“除陌法”，规定：“天下公私给与贸易，率一贯旧算二十，益加算为五十，给与物或两换者，约钱为率算之。市主人、牙子各给印纸，人有买卖，随自署记，翌日合算之。”[①] 如果“有自贸易不用市牙者，验其私簿，无私簿者，投状自集。其有隐钱百者没入；二千，杖六十，告者赏十千，取其家资”[②]。此处所言“市主人”是指“行头主人”，“牙子”“市牙”则是指牙人。按照除陌法规定，所有贸易活动及公私给与均征收算钱，并由原来的每贯征收 20 文增至 50 文；如果给与实物或以实物交换者，也要折合为钱按比例征收。官府给市主人及牙人各颁发“印纸”，让他们在交易活动中随时记录交易金额，次日汇总计算应征收除陌钱的数额；少量不经过牙人而自行交易者，则以私人所记账簿为准，按其账簿征收除陌钱；若无账簿，则令其投状自报。如果发现隐匿钱数，则予以严惩。由此看来，当时市场交易中已大量使用牙人，少量的交易不经过牙人。而且唐政府对牙人相当重视，并委托他们与市主人共同“计署”除陌钱。这种委托可能是由长安诸市的市令或市丞出面。长安的牙人之所以能够承担此事，是由于牙人广泛参与了各种交易活动，从而使他们有可能掌握每宗交易的具体数额，及时算出除陌钱的多寡，并随时记录于官府颁给的印纸上。这种“印纸”大概盖有官府的印章。

贞元九年（793 年）三月，德宗下令在长安查禁欠陌钱，也由长安诸市的牙人和行头、居停主人配合执行。元和四年(809 年)，宪宗又重申贞元九年禁令，规定：“自今以后，有因交关用欠陌钱者，宜但令本行头及居停主人、牙人等检察送

① 《旧唐书》卷 135《卢杞传》。

② 《旧唐书》卷 49《食货志》。

官。如有容隐，兼许卖物领钱人纠告，其行头、主人、牙人，重加科罪。府县所由祗承人等，并不须干扰。"[①] 据此规定，进行买卖时不得使用欠陌钱，牙人、行头及居停主人对使用欠陌钱者应检举揭发，并送官府惩处；如果有隐匿不报者，则允许卖物者控告，一经查实，则要对牙人、行头及买主严加惩处。可见唐政府认为由牙人、行头和居停主人"检察"欠陌钱，比府县官吏亲自检查更为便利。为此唐政府下令赋予他们纠举、监督欠陌钱的职责和权力，说明唐政府在借助长安的牙人、行头执行其禁用欠陌钱的政令。牙人受到如此重视，充分反映了牙人在市场交易中的重要地位。如前所说，元和年间，张又新"尝买婢迁约，为牙侩搜索凌突"。张又新是权臣李逢吉的党羽，为"八关十六子"之一，权势显赫。他买婢不立券，而长安的牙人竟敢对其采取强硬手段，显然是由于牙人在执行官府委托的职责。唐文宗大和五年（831 年），宦官王守澄等人诬告宰相宋申锡与穆宗之子漳王谋反，于是捉拿十六宅宫市典晏敬则等人严加推问，"咸伏取受及得支证人，货卖银绢柜坊主人、卖物牙郎及晏敬则从十六宅西门至漳王院，取信累路"[②]。结果，漳王和宋申锡等被贬，晏敬则等人被杀，更有不少人被流放到外地。在这次政治事件中，长安市内的卖物牙人也被裹挟进去。由此可以反映出长安的牙人数量众多，并具有一定的社会地位[③]。

牙人作为交易中介人，与商人之间也存在着一定的矛盾。牙人职业的一个特点是带有较强的投机性。这是因为交易中介活动具有居间操纵性质，往往被交易双方所依赖。牙人常常利

① 《唐会要》卷 89《泉货》。

② 《册府元龟》卷 670《内臣部·诬构》。

③ 张泽咸：《唐代工商业》下编，第 343 页。

用这一点从中作弊，以牟取私利。建中四年（783年），唐政府利用牙人实行“除陌法”后，“主人、市牙得专其柄，率多隐盗，公家所入，百不得半，怨讟之声，嚣然满于天下”[1]。此年十月，泾原兵在路过长安时发生哗变，“乱兵呼于市曰：‘不夺汝商户僦质矣，不税汝间架、除陌矣！’”[2]。长安牙人利用除陌钱法，上瞒官府，大肆隐匿截留除陌钱的收入；同时又对商人多加勒索，引起商人极大的不满，可谓怨声载道。所以唐政府后来一再警告牙人，对其严加约束。然而牙人的投机和舞弊行为在古代是难以根除的。

严格说来，牙人并不是商人，因为他们既不买又不卖，不直接从事商品交换。然而在唐代，牙人与商人之间往往不存在截然的界限。从牙人的来源和身份来看，他们当中有些人就是从商人转化而来的。所以在当时的市场上，既有商人兼牙人者，也有牙人兼商人者。到唐末五代时期，“商人兼牙”或“牙人兼商”的现象更为明显。

牙人虽不是正规商人，但它与商人的关系相当密切。他们久居市廛，为各种交易充当中介人，而且由于存在着“商人兼牙”或“牙人兼商”的情形，因而他们与商人有许多共同之处，其社会地位也与商人相差无几，因此可以把牙人看作是商贾阶层的一部分。马牙阎荀子之子阎庚极力结交儒士张仁亶，阎荀子斥责其子说：“汝商贩之流，彼才学之士，于汝何有，而破产以奉？”[3] 可见牙人也把自己视为商贩之流。在唐代，商人往往被视为“贱类”，社会地位较低，牙人的社会地位也大体如此。唐末，左仆射柳仲郢将他的奴婢卖于成都市，不料奴婢佯装中风，结果被买家退回。问其原因，该奴婢回答说：

① ② 《旧唐书》卷135《卢杞传》。
③ 《太平广记》卷328《阎庚》。

"某虽贱人，曾为仆射婢，死则死矣，安能事卖绢牙郎乎！"[1]唐代奴婢社会地位很低，被视为"贱隶"。《唐律》甚至规定："奴婢贱人，律比畜产。"[2] 连官宦人家的奴婢也以侍奉牙郎为耻，可见牙人社会地位的低贱。

五、商人的行会组织

隋唐以前，中国城市工商业者没有什么固定形式的组织。隋唐以来，随着商品经济的发展，城市工商业者人数大增。在此形势下，工商业者开始有了一定形式的组织，这种组织当时称为"行"。城市工商业者"行"的名称，最早见于隋朝。但是工商业者的行会组织则是唐代才出现的。唐长安商贾云集，手工业者和商人的"行"相当多，商人行会组织也比其他城市更显发达。工商业行会的出现，既是城市商业迅速发展的产物，也是长安商业空前繁荣的一个重要标志。

"行"的记载最早见于隋朝著作郎杜宝所撰的《大业杂记》。该书记载，隋东都洛阳有丰都市，"周八里，通门十二，其内有一百二十行，三千余肆"，市内"行"的确不少。就现存文献记载来看，很难说这些"行"就是商人的行会。可以说，具有严格组织的行会制度在隋朝时尚未出现。唐代以后，各种工商业者的"行"才在全国各地大量出现。长安作为唐王朝的首都，商业日趋繁荣，因而工商业者行会也得到了蓬勃的发展。作为工商业者组织的行会，既有商人行会，也有手工业者行会。但是在中国古代的城市中，手工业者往往同时也是商人，所以这里就把手工业行会与商人行会一并论述。

商人行会的出现，无疑是商业空前发展的产物。唐朝以

① 《太平广记》卷261《柳氏婢》。
② 《唐律疏仪》卷6《名例律》。

来，长安商业日益活跃，东、西二市店铺林立，商贾辐辏，繁荣程度远胜隋朝东都洛阳。隋洛阳丰都市有120行，而唐长安东市“市内货财二百二十行。四面立邸，四方珍奇，皆所积集”。西市店肆更多，“浮寄流寓，不可胜记”①。长安市场内人烟稠密，商旅众多，繁盛之状前所未有。工商业者的“行”多达220行，比隋代洛阳的行大约增加一倍。中唐以后，坊市制渐告废弛，各种商业性摊点散布于许多坊间街巷，商业活动不再受地区限制；工商交易的时间限制亦日渐松弛，甚至在唐文宗开成五年（840年）以前长安就已出现了“夜市”等。长安商业的繁荣也促进了工商业者经济力量的壮大，城市中的富商大贾与日俱增。中唐以后，唐政府财政支出剧增，“率贷”“借商”等搜括商人钱财的举措便成为唐政府解决财政困难的重要手段之一。由于官府掠夺的加强，一方面需要把工商业者组织起来，以便征收赋税；另一方面，工商业者本身也需要团结一致与政府交涉，以便保护自己的利益。所以史书说：“市肆谓之行者，因官府科索而得出此名，不以其物大小，但充合用者，皆置为行。”② 这是行会出现的一个重要原因。

据《汉书·地理志》载，西汉长安在籍人口为246 200人，而唐长安人口则大为增加。如韩愈说：“今京师之人，不啻百万。”③ 尽管这一数字可能有所夸大，但唐长安人口比以前大为增加则是无可否认的事实。更重要的是，城市中以工商为固定职业的居民人数大为增加。武宗会昌三年（843年）六月二十七日夜，长安“东市失火，烧东市曹门已西十二行四千余

① 《长安志》卷8，卷10。

② 《都城纪胜》诸行条。

③ 《韩昌黎全集》卷37《论今年权停选举状》。

家，官私钱物、金银绢药等总烧尽”[①]。可见市内店铺之稠密、工商业人口之多。这次火灾殃及东市曹门以西12行，竟达4 000余家，如以每家5口人计算，则有20 000余人。东市有220行之多，工商人口之众由此可以想见。杨德泉先生认为唐长安工商业人口至少在20万人以上[②]。严耕望先生则认为：长安东、西“两市店舍合计必逾十万之数，人口当逾四十万或至五十万以上”[③]。这一看法恐怕有所夸大。根据长安东、西两市的具体面积（总面积不超过200万平方米）以及当时店铺的面积（一般店铺的面积约为20平方米）来推算，最多只能容纳9.4万家店铺，但如果扣除两市中的众多街道、小巷、水渠以及两市的放生池所占的面积外，那么东、西两市所能容纳的店铺最多只能达到7～8万家。所以，我认为唐代长安东、西两市工商业者的人口数为30万人可能较为接近实际，最多为35万人，而不可能达到40万或50万人以上。如果这一看法符合实际的话，那么唐代长安城的工商业人口将比汉代长安城的工商业人口增加一倍左右。城市工商业人口的骤增，一方面引起了职业竞争，从而促进了工商业行会组织的出现；另一方面，密集的人口也为他们建立共同的组织创造了有利条件。

行会的形成是以同类工商业者的共同活动为基础的，所以各种工商业者之间同类聚居，促进了行会制度的建立和各种共同惯例的形成。在中国历史上，同类工商业者集中经营的情况

① 圆仁：《入唐求法巡礼行记》卷4。

② 杨德泉：《唐宋行会制度之研究》，《宋史研究论文集》第214页，上海古籍出版社1982年版。

③ 严耕望：《唐代长安人口数量之估测》，（台湾）中国唐代学会编《第二届唐代文化研讨会论文集》，1995年9月。

自春秋战国以后就已存在，至唐以后则更为普遍。如长安“通化门长店，多是车工之所居也”[①]。工商业者之聚居，自然有其共同的利害关系，也就容易形成一些约定俗成的共同惯例与规章制度，这无疑是行会形成的一个重要条件。

隋唐时期，随着商业的迅速发展，工商业者的“行”在长安大量涌现。如前所说，唐长安东市有 220 行，而西市“市内店肆如东市之制”。西市大约也有 220 行，甚至更多。这些“行”都是什么行？史无明文。从唐代有关文献及笔记小说来看，长安的行名见于记载者主要有：绢行、布行、肉行、磨行、药行、笔行、烧炭行、铁行、油靛行、秤行、马行、鞦辔行、麸行、大衣行、帽行、面行、米行等[②]，这些行名与 220 行之说相差甚远。这里不妨看看长安以外的行名。据记载，苏州有金银行[③]，扬州有鱼行[④]，襄阳有席帽行[⑤]。《房山石经》提供了唐代天宝至贞元年间北方地区的大量行会资料。据该经题记记载，属于范阳郡（今北京市）的有白米行、大米行、粳米行、屠行、丝帛行、炭行、生铁行、绢行；属于涿郡（今河北涿县）的有肉行、果子行、椒笋行、染行、靴行、杂货行、新货行。此外还有未记州属的杂行、布行、大绢行、新绢行、

① 《太平广记》卷 84《奚落山》。

② 《太平广记》卷 363《王塑》；康骈《剧谈录》卷上；《太平广记》卷 23《张李二公》；《法苑珠林》卷 74；《太平广记》卷 261《郑群玉》；《太平广记》卷 243《窦乂》；《太平广记》卷 193《虬髯客》；《太平广记》卷 157《李君》；《太平广记》卷 436《张高》；韦述《两京新记》西市条；《全唐文》卷 315，李华《与外孙崔氏二孩书》。

③ 《太平广记》卷 280《刘景复》。

④ 段成式：《酉阳杂俎》续集卷 3。

⑤ 《酉阳杂俎》前集卷 15。

丝帛行、幞头行等等[①]。远在边陲的沙州（今甘肃敦煌）和高昌（今新疆吐鲁番）也有画行、金银行、果子行、彩帛行、铛斧行、米面行、菜子行等工商业行的存在[②]。长安作为国都，全国各地的货物或特产都被贩卖到这里，即《长安志》所谓"四方珍奇，皆所积集"。因而各地的行在长安市场上一般都会有的。

以上这些"行"和隋代一样，也可以作同业商店集中的街区理解。有些"行"也可以称为"市"，如长安西市的"药行"可称为"药市"。有些市肆街区还明确标出"行名"。唐《关市令》规定："诸市每肆立标，题行名。"[③]尽管"行"与"市"在某些场合可以互用，但是在这些众多的行中，确有相当部分是作为工商业者同业组织的形式而存在的，而且通过行业组织——"行"开展了一系列活动。

关于行会的组织，各行业之内一般都设有"行首"或"行头"[④]。至于"行头"是如何产生的，唐代文献无明确记载。不过这些"行头"或"行首"既非官吏，自然不会由政府委派，必然是由同行人共同推举，大都是由同行中有地位、有财力的人来充任。关于"行头"的职责，唐人贾公彦在《周礼注释》中说："肆长，谓行头，每肆则一人，亦是市中给徭役者也。"[⑤]"此肆长，谓一肆立一长，使之检校一肆之事，若今行

① 曾毅公：《北京石刻中所保存的重要史料》，《文物》1959年第9期。

② 姜伯勤：《敦煌文书中的唐五代"行人"》，《中国史研究》1979年第2期第78页，第81页。

③ （日）仁井田升辑：《唐令拾遗》关市令第七条。

④ 《旧唐书》卷48《食货志》。

⑤ 《周礼注释》卷9。

头者也。”[①] 可知唐代的“行头”犹如周代的肆长，其职务主要是差派徭役及检校市场各行业之不法行为，但这绝不是行头的全部职责，他还代表本行与官府交涉，处理本行业务及组织其他迷信、娱乐活动[②]。在唐代，工商业者的行会职能及其活动主要有以下几个方面：

第一，为官府服务。为政府交纳赋税、差派徭役。唐政府对城市诸行之苛敛，往往都是通过行业组织来进行的。

第二，协助政府平定物价，管理市场。例如德宗建中元年（780 年）七月下诏规定：“自今已后，忽米价贵时，宜令官出米十万石、麦十万石，每日量付西市行人下价粜货。”[③] 所谓“下价粜货”就是低于市场价格出售粮食，以便平抑粮价。可见行会有协助政府平抑物价、稳定市场的职责。另外，行会还协助政府管理市场。中唐以后，由于通货严重不足等原因，在长安市场交易中出现了“短陌钱”现象，即在支付货款时每贯扣除若干文，所以亦称“欠陌钱”。这一现象日益普遍，而且在各种交易中所扣的比例又颇不一致。唐政府虽一再下令整顿，但收效甚微，而且往往对市场交易造成烦扰。为此，德宗于贞元九年（793 年）三月规定：“自今已后，有因交关用欠陌钱者，宜但令本行头及居停主人、牙人等检察送官。如有容隐，兼许卖物领钱人纠告，其行头、主人、牙人重加科罪。府县所由祗承人等，并不须干扰。”[④] 唐政府令行会的行头和牙人等负责检举纠告使用欠陌钱的人。如果行头、牙人等不认真

---

① 贾公彦：《周礼注释》卷 15 肆长条。

② 杨德泉：《唐宋行会制度之研究》，《宋史研究论文集》第 218 页，上海古籍出版社。

③ 《旧唐书》卷 49《食货志》。

④ 《旧唐书》卷 48《食货志》。

负责，隐匿不报，一经发现，则要对行头和牙人严加惩处，这说明行头有维护市场交易秩序的责任。

第三，对本行业在技术上有统一规定。据唐人《卢氏杂说》载，卢氏子在京城考试失利后东归，在旅途中遇见一人吟诗说："学织缭绫功未多，乱投机杼错抛梭，莫教宫锦行家见，把此文章笑杀他。"卢氏问其姓名，此人回答说："姓李，世织绫锦，离乱前，属东都官锦坊织宫锦巧儿，以薄艺投本行，皆云：如今花样与前不同，不谓伎俩儿以文采求售者，不重于世，且东归去。"[①] 这里所谓"本行""行家"都是指行会。此事反映出姓李的织匠因技术不符合本行要求，所以在投行时遭到这一行业组织的拒绝，说明这一行会对本行业在技术上有明确的规定。

第四，组织同行进行共同的祭祀活动和娱乐活动。如苏州金银行就有共同的祭祀活动。据载，"吴泰伯庙在东阊门之西，每春秋季，市肆皆率其党，合牢醴，祈福于三让王。……乙丑春，有金银行首纠合其徒，以绡画美人，捧胡琴以从，其貌出于旧绘者，名美人为胜儿"[②]。从"金银行首纠合其徒"的字句看，这是一次由行会行首出面、有组织的集体祭祀活动。唐长安有专门租赁凶器、出卖寿衣等丧葬用品的"凶肆"[③]。据《李娃传》记载，长安有东、西两个"凶肆"。起初"二肆之傭凶器者，互争胜负。其东肆车舆皆奇丽，殆不敌，唯哀挽劣焉。其东肆长知（李）生妙绝，乃醵钱二万索顾焉"。后来，"其二肆长相谓曰：我欲各阅所傭之器于天门街，以较优劣，不胜者，罚直五万，以备酒馔之用，可乎？二肆许诺。乃邀立

① 《太平广记》卷257《织锦官人》。

② 《太平广记》卷280《刘景复》。

③ 《太平广记》卷260《娃房人》。

符契，署以保证，然后阅之"。东、西两个凶肆比赛时，"四方之士，尽赴趋焉。巷无居人，自旦阅之及亭午，历举辇舆威仪之具。西肆皆不胜……西肆长为众所诮，益惭耻，密置所输之直于前，乃潜遁焉"[①]。此事说明东、西两个"凶肆"的肆长，都代表本肆与外界交涉有关事宜；肆长有权决定一些事情，其地位也不同于本肆其他成员。可见长安商人的某些活动的确是有组织的共同活动。这里的"凶肆"肆长很可能就是"行首"。

第五，形成了共同的习惯和语言。唐代工商业行会中师徒关系也是比较严格的。如韩愈《师说》指出："巫医乐师百工之人，不耻相师。士大夫之族曰师曰弟子者，则群聚而笑之。"行会内部保持着尊卑长幼的师徒关系，例如唐、五代敦煌工商业行会中已经存在着行东、行会师傅（如"都料"中的上层）、帮工以至学徒之类的等级阶梯[②]。此外，由于长期共同工作贸易之需要，工商业者各个行业内部逐渐形成一些不为外人所知的特有"行话"。唐人韦述在《两京新记》中指出，长安西市大衣行"记言反说，不可解识"[③]。这是行业内部特有的"行话"，外行人自然难以通晓。行话的盛行乃是在竞争中保护自己行业的排他性的表现。

关于唐代城市工商业者"行"的性质，学术界仍存在着较大分歧。一种意见认为，唐宋时代的"行"不存在中世纪西欧行会所具有的"机会均等"、学徒制度等，因而唐宋时期的

① 《太平广记》卷484《李娃传》。

② 姜伯勤：《敦煌文书中的唐五代"行人"》，《中国史研究》1979年第2期，第82页。

③ 韦述：《两京新记》卷3。

“行”不能视为行会[①]。但大多数学者认为，唐代的“行”具有行会的性质[②]。笔者认为，唐代长安工商业者的“行”具有行会的性质。不过这一时期的行会显然与中世纪西欧的行会有许多不同之处，而且与明清时期的行会也不尽相同。唐代的行会具有自己鲜明的特点，主要表现在：

第一，封建政府的严密控制。自秦汉以来，中国的城市始终作为各级政府所在地，城市一直处在封建政权的严密控制之下，这就使得中国古代的城市与西欧中世纪那种独立于封建主直接控制之外的自由城市完全不同。因而中国城市工商业者的行会组织也就不能不受到封建官府的严密控制与直接干涉。长安作为唐王朝的国都，这一点也就表现得尤为突出。长安各行的行首即有为官府服务的职责。至于商品的生产和交换以及度量衡的标准、价格的高低等具体规定，有相当部分都是由政府做出的。另外，市场交易中一切不法行为及言论，行头也有监督的义务，可见行会的一切活动无不受到政府的干涉。政府还通过行会对工商业者进行各种摊派（如赋役征派），利用行会推行其某项政令等。这说明，当时行会的主要职能是应付官府的需索，其次才是保护本行的利益。这不仅是唐代行会的特点，而且也可以说是整个中国封建社会行会不同于西欧行会的最大特点。

---

① 傅筑夫：《中国工商业者的“行”及其特点》，《中国经济史论丛》下，三联书店 1980 年版；戴静华：《两宋的行》，《学术研究》1963 年第 9 期。

② 范文澜：《中国通史》；翦伯赞：《中国史纲要》；韩国磐：《隋唐五代史纲》；胡如雷：《中国封建社会形态研究》第 265 页；杨德泉：《唐宋行会制度之研究》，《杨德泉文集》；张泽咸：《唐代工商业》，第 345~351 页。姜伯勤：《敦煌文书中的唐五代“行人”》，《中国史研究》1979 年第 2 期。

第二，富商大贾的垄断剥削。西欧行会是商品经济发展相对不足的产物，那时“以交换为目的生产，即商品生产，还只是在形成中。因此，交换是有限的，市场是狭小的，生产方式是稳定的，地方和外界是隔绝的，地方内部是统一的，农村中有马尔克，城市中有行会。”① 所以行会会员之间的经济地位相差无几。而中国行会形成于商品经济比较活跃的唐宋时代，社会上早已形成一大批资金雄厚的富商大贾。这些富商大贾不仅财力雄厚，而且往往有较大的政治势力，而城市中的行会常常控制在这些人手中。他们往往利用其雄厚的财力，垄断市场，囤积居奇，从中渔利，甚至利用特权将各种负担转嫁到中小商人身上。这一点也是西欧行会所没有的。

第三，唐代行会对内部的营业限制还不是十分严密，对外的排他性也还不够十分强烈。这可以说是唐代行会不同于西欧乃至明清行会的一个重要特点。②

唐代长安工商业行会虽然具有封建性较强的种种特点，但它对当时商业的发展以及城市经济的繁荣也曾起到一定的积极作用。当然，由于行会受到封建政府的严密控制，从而使其具有不可避免的历史局限性。

① 恩格斯：《反杜林论》。

② 杨德泉：《唐宋行会制度之研究》，《宋史研究论文集》第233～336页，上海古籍出版社1982年版。

第四章

五代以后长安商业的曲折发展

五代以后迄于明清，饱经风雨的千年古都长安不再作为封建王朝的国都，政治、经济地位显著下降。从五代直至1911年清朝灭亡，历史的车轮整整跨越了一千年。在这漫长的历史长河中，古都长安的商业与我国许多北方城市一样，前进的脚步艰难而又曲折。五代以后，长安虽不再成为全国政治中心，但军阀混战、王朝更替时的厮杀决斗仍屡次波及长安及关中地区，致使社会经济经历了多次动荡。随着社会经济的剧烈波动，长安的商业也时兴时衰，起伏不定，在艰难曲折中缓慢地向前发展。总之，从五代到辛亥革命前，长安的商业既有萧条与低迷，也有兴盛与繁荣，其间的兴衰耐人寻味，令人深思。

第一节　五代、宋、元时期长安商业的剧变

五代以后，长安不再为都，政治、经济地位显著下降。在五代、宋、元近五个世纪的漫长岁月里，这里多次经历酷烈的军阀混战，也有王朝更替时的厮杀决斗，从而使长安及关中地区屡遭破坏。此后，长安由全国性的中心城市降落为地区性的中心城市。在此情况下，长安的商业也发生了巨大变化。不过，这一时期长安商业并非总是萧条和低迷，其间也有值得称

道的繁盛景象。

一、从封闭的坊市制到开放的市场

市场的变化可以最直接、最清楚地反映商业的盛衰变化。五代以后，长安商业经历了相当剧烈的变化。这个变化首先就是从市场的变化开始的。不仅市场的规模、位置与过去大不相同，而且市场制度也与昔日有很大差别。这种差别集中地表现在：五代以前，长安的商业市场实行封闭的坊市制；而在五代以后，坊市界限完全被冲破，商业区（市）已经逐渐伸入居民区（坊）里，所以使这一时期长安的市场变为开放性的市场。另一变化则是五代以后长安市场的规模大为缩小。

谈到长安市场的变化，就不能不谈长安城本身的兴衰变化。唐末、五代时期，长安城屡遭战火摧残。唐僖宗光启元年（885 年）十二月，王重荣联合李克用讨伐田令孜，田令孜大败，“乃焚坊市”，长安城中“宫阙萧条，鞠为茂草”①。昭宗乾宁三年（896 年），李茂贞率兵攻入长安，“宫室廛闾，鞠为灰烬，自中和以来葺构之功，扫地尽矣”②。最严重的破坏是在昭宗天祐元年（904 年），此年朱温胁迫唐昭宗迁都洛阳，并野蛮地“毁长安宫室百司及民间庐舍，取其材，浮渭沿河而下，长安自此遂丘墟矣”③。就这样，隋唐两代苦心经营三百多年的长安城从此变成焦土残垣，昔日繁华似锦的千年古都变成了残破荒凉的空城。

唐室东迁后，于同年在长安设佑国军，由韩建任佑国军节度使。战乱后的长安城，满目疮痍，百姓流散，一片萧瑟景

① 《旧唐书》卷 19 下《僖宗纪》。
② 《旧唐书》卷 20《昭宗纪》。
③ 《资治通鉴》卷 264，昭宗天祐元年。

象，隋唐盛世的长安城已显得过于空廓寥落。为此，韩建干脆废弃原来的外廓城和宫城，而对皇城加以改造。韩建改造皇城时，南面封闭了朱雀门，保留了安上门、含光门；东面封闭了延禧门，保留了景风门；西面封闭了安福门，保留了顺义门；北面新开玄武门。改建后的长安城，当时称为“新城”①。新城共有五座城门，其中东、西两座城门是相对称的，南面的两座城门却都不和北面的玄武门相对。据考古实测，唐长安城总面积达 84 平方公里，而皇城的面积只有 5 平方公里，可见韩建改筑后的长安城（新城）还不及唐长安城的 1/16。韩建这样做显然和当时的战乱形势有关。

从唐末到元末，长安城的建制名称有过多次变更。唐末为佑国军城，后梁开平元年（907 年），改京兆府为大安府，第二年又改称永平军。后唐同光元年（923 年）又称为西京，设立京兆府。后晋天福三年（938 年），改称晋昌军。后汉乾祐元年（948 年），改称永兴军，后周、北宋皆沿用此名。金朝在长安设立京兆府，并一直沿用到元朝初年。元朝至元十四年（1277 年），改京兆府为安西路总管府②。

韩建改筑后的新城，一直沿用到元朝中期。宋哲宗元祐元年（1086 年），张礼游览长安古迹时，曾出安上门，入含光门③，说明到北宋末年，新城的南垣仍有两座城门，而且保持着唐代的名称。在元成宗元贞二年（1296 年）至元顺帝至正二年（1342 年）这段时间内，南垣西侧的含光门也被封死。这样，长安城东西南北四面就各剩下一座城门了。总之，韩建改筑后的新城，其大小规模在五代、宋、元时期始终未有任何

① 《长安志图》卷上《城市制度》。

② 骆天骧：《类编长安志》卷 1《总叙》，中华书局 1990 年版。

③ 张礼：《游城南记》。

变化，当然城内的建置则有不少变化。

既然新城是在唐长安皇城基础上改建的，则其规模应和皇城大小相等。据考古实测，唐长安皇城东西长 2820.3 米，南北宽 1843.6 米①。也就是说，五代、宋、元时期长安城的总面积约为 5.2 平方公里。由于长安城区总面积大为缩小，因此城中商业市场的面积也随之大为缩小。

长安的市场制度在五代以后也有很大变化，这种变化实际上始于唐朝中后期。中唐以前的城市均实行坊市制，坊（居民区）和市（商业区）严格区分开来，在坊内不得经商。不仅从事商品交易的地点固定，交易时间也有严格限制，市门必须按时启闭，这显然是一种封闭性很强的市场体制。这种以坊市分离为主要特征的坊市制是中国古代城市不同于西方城市的一个显著特征。早在中唐以后，这种坊市制就已开始废弛，长安城中夜市的出现就是证明；另外，商业活动也已伸入居民区，甚至中央政府所在地——皇城也出现了零星的商业活动。到五代、宋朝以后，封闭的坊市制彻底崩溃。北宋时，不仅坊门夜里不关闭，而且坊垣也已经被打破，可以临街开门，坊中开设商店更趋普遍。这样一来，商业活动已不再限于固定的市场之内。五代、宋朝以后，长安城中虽然始终都设有固定的市场，但这种市场已经与隋唐以前那种封闭性十足的坊市制下的市场存在着很大差别。

关于坊市制的崩溃，以北宋首都汴梁（今河南开封）和南宋首都杭州最为典型。北宋时，汴梁城中不再按过去的旧制设置东、西市，大街上到处都有商店，从宫城正门宣德楼起，以横跨汴梁河的州桥为中心，东到旧宋门，西到浚仪桥西开封府，南到旧城朱雀门一带，不仅有官衙、寺院、馆驿、达官贵

---

① 《唐代长安城考古纪略》，《考古》1963 年第 11 期。

人的住宅，而且有各种各样的商店散布其间。很显然，以前那种森严的坊市界线已荡然无存，商业机构已经完全深入居民区，从而成为城市经济生活的一个重要组成部分。从交易时间上看，交易可以从早到晚，直至三更，甚至“通宵不绝”，有所谓“夜市”“早市”之称，商业交易也不再受时间限制。大约在北宋中期以后，城市之中已经“不闻街鼓之声，金吾之职废矣”[①]。北宋时，长安商业虽然不及开封那样繁盛，但在市场制度方面却是一致的。总之，在宋代以后，过去长安那种以坊市严格分离为主要特征的坊市制已经彻底崩溃，而代之以新的开放性的市场格局。从此以后，长安的城市面貌也发生了很大变化。

五代、宋、元时，长安的市场设置与过去颇不相同。五代时，新城（长安）大约有三个重要的市场。其一是北市。据《类编长安志》卷 11《石刻》载，“天祐甲子，许公韩建始迁石经于府城北市”。可知唐末韩建改筑长安城时，新城中就已经有了北市。这个市场始建于何时，史无明文记载，也许是韩建改建新城时出现的。它的位置大约在长安北门（玄武门）内西侧不远处。第二个市场是“菜市”。后周广顺三年（953年），《广慈禅院残牒》中提到长安城中有菜市[②]，大约位于城内东南隅，其具体位置是：“北至室街，东至草场，南至通城巷，西至太庙院。”新城中既然有北市，那么也应有南市。至于上述市场的具体规模、管理、交易等详细情况，由于史籍缺漏，尚难详述。不过可以肯定，这时商业活动已广泛深入居民区。

北宋以后，长安市场的变化更加显著。北宋时，长安（当

① 宋敏求：《春明退朝录》卷上。

② 《金石萃编》卷 121《广慈禅院残牒》。

时称永兴军或京兆府城）的城市建置和布局，由于有关资料较少，详细情况尚不清楚。大体说来，连接几座城门的大街（如景风街、安上街、含光街）等一直是城中最主要的街道。此外还有草场街、九曜街、水池街、衙后街等，也都是市内交通干道。城内以安上门为界，把市区划分为东西各几个“厢”，每厢又分为若干坊。和隋唐长安城相比较，北宋长安城中的官署、市廛、居民区呈现出交错分布的格局，坊市已经没有严格的区分了。地方最高行政衙署处于东西大街与安上街相交的地方。各种名目的寺观、祠、庙遍布于城中各个角落。到元朝时，长安城初称安西府城，后改为奉元路城。它既是奉元路的治所，又是陕西行省、陕西行御史台衙署所在地，所以城内分布着省、路各级行政官署。其次，城内还散布着各种宗教寺观和庙宇，府学、贡院等文化教育机构也散布其间。从事交易的商业市场和居民区更加混杂难分，而且在元代已形成几个有名的专业市场。这些商业市场往往按照交易商品的名称来命名，如专门出售牛羊的牛市和羊市，专门卖药的药市。牛市和羊市在玄武门（北门）内西侧，两个市场相距不远。药市则位于银巷街西的药市街附近。药市街的得名就是因为这里有许多经营药材生意的药市。其他专业市场如骡马市、菜市、粮市、油市、鸡鸭市等还有不少。

总之，五代、宋、元时期，隋唐以前那种严格的坊市制已彻底崩溃。坊市制的破坏，既是长期以来城市商业冲击的必然结果，也是城市经济繁荣的重要标志。从此以后，城市面貌发生了很大变化，长安商业也增添了许多新内容，出现了许多新变化。因此坊市制的破坏，不仅在中国商业史上具有里程碑式的意义，而且在中国城市发展史上也具有重要的意义。

二、长安商业的兴衰演变

唐末到元末历时近五个世纪，在此期间，长安有时饱经战火摧残，人口流散，商业萧条；有时则相对安定，商业渐次恢复，甚至呈现出繁荣之势。大致说来，这一时期长安商业的盛衰演变可分为以下几个阶段：

(一) 唐末到北宋初，是长安商业的严重萧条期

唐末的几次战乱使繁华似锦的隋唐帝都长安变成了一片废墟。遭到浩劫的长安城，野草丛生，饿殍遍地，残垣断壁随处可见。昔日熙熙攘攘的商业市场也是一片狼藉，凋零不堪。至此，千年帝都遭到了毁灭性的破坏。这种破坏主要表现在三个方面：其一是城市、市场设施本身的破坏；其二，人口大量死亡或流散，导致居民锐减；其三是长安及关中经济遭到严重破坏。这几个方面恰好是长安商业赖以生存和发展的物质基础。唐末诗人韦庄《秦妇吟》说："长安寂寂今何有，废市荒街麦苗秀。采樵斫尽杏园花，修寨诛残御沟柳，华轩绣毂皆销散，甲第朱门无一半，含元殿上狐兔行，花萼楼前荆棘满。昔时繁盛皆埋没，举目凄凉无故物，内库烧为锦绣灰，天街踏尽公卿骨。……百万人家无一户，破落田园但有蒿。"这首诗虽有夸张不实之处，但大体反映了唐末长安的萧条破败景象。当时长安居民或死于锋镝之下，或四处流散。由于农业遭到严重破坏，加之道路不通，粮食难以运入，长安及关中物价飞涨，正常的商品流通已不复存在。

五代时期，军阀混战，关中地区多次沦为战场，古都长安屡遭浩劫，社会经济长期处于一蹶不振的境地。当然在相对安定的时候，社会经济能够有所恢复，商业也稍见复苏。但这种复苏总是被频繁的战乱所打断，从而使商业陷入徘徊不前的状态。后汉时发生在长安的叛乱最能说明这一点。

后汉乾祐元年（948 年）三月，原京兆尹赵赞的部将赵思绾在京兆府城（今西安市）发动叛乱，并联络河中镇节度使李守贞。不久，镇守关中西部的凤翔节度使王景崇也起兵响应。后汉政府调兵遣将，久无战功，久经围困的长安城粮食极为短缺，以至出现人食人的现象。赵思绾残暴至极，“杀人而食，每犒宴，杀人数百，庖宰一如羊豕。思绾取其胆以酒吞之，语其下曰：‘食胆至千，则勇无敌矣！’”[①]。乾祐二年（949 年）五月，他被迫开城投降，不久又叛，被斩于长安市。赵思绾临刑时，“市人争投瓦石，军吏不能禁”，长安市民恨透了这个吃人恶魔。这次战乱历时一年有余，长安深受破坏，人口急剧减少。据记载，长安城内原有十余万人，经赵思绾之乱，人口锐减为一万人，“其饿毙之数可知矣”[②]。据此可知，此前长安人口仍有一定规模，经此战乱后，长安又陷入极为萧条的状态，商业也再次跌入历史的低谷。

五代时期，商税苛重，货币制度混乱不堪，专卖制度相当严酷，也是阻碍长安商业发展的重要因素。如后唐天成元年(926 年)，“诏省司及诸府，置税茶坊，自湖南至京六七处纳税，以至商旅不通”[③]。后晋高祖石敬瑭时，对于食盐实行计户征税的办法，户分五等，每户纳税从 200 文到 1000 文不等，同时允许商人贩盐。至晋出帝时，又加收盐税。天福七年(942 年)，晋出帝规定：“往来盐货悉税之，过税每斤七文，住税每斤十文。”[④] 政府在关津要道向盐商征收过税（每斤 7 文），而城市里的盐商（坐贾）又要交纳住税（每斤 10 文），

① 《新五代史》卷 53《赵思绾传》。

② 《旧五代史》卷 109《赵思绾传》。

③ 《续通典》卷 16《食货典》。

④ 《旧五代史》卷 146《食货志》。

而且以前按户等所交盐税依旧照征。这样一来，百姓所吃的盐至少已经交纳了三道盐税，故“民甚苦之”。后周初年，“青盐一石，抽税八百文，盐一斗；白盐一石，抽税五百文，盐五升”，“其后，青盐一石，抽钱一千，盐一斗”。商税提高后，“不便商贩，蕃汉人户，求利艰难”。为了增加财政收入，五代时各个王朝往往实行极为严酷的专卖制度，获利最丰厚、市场最广阔的盐、茶、酒、铁等商品皆实行专卖。当然有些商品有时也会放松管制，允许商人自由经营，其间变化颇为复杂，难以尽述。五代时的专卖制度相当严酷，如后汉时规定，商人私自贩盐“不计斤两多少，并处极刑”。后周时则改为凡私自贩盐“五斤已上者处死，煎咸盐犯一斤已上者处死”①。酒、曲的专卖也是如此，甚至连醋也实行专卖。苛重的商税，严酷的专卖制，对于商人正常经营及商品经济的发展都是一种不利因素。专卖制将私营商业活动限制在极小的范围内，民间商业资本很难活跃起来，所以一般的私营商业很不发达。另外，官僚、贵族经商者很多，普通商人特别是中小商人的经营活动受到排挤，这也是限制商业发展的一个重要因素。

北宋初期三十余年间，长安和关中地区仍一片萧条。宋太宗时，张鉴指出：由于讨伐西夏，“关辅之民，数年以来，并有科役，畜产荡尽，庐舍顿空”②。宋仁宗时，余靖又上书说，“今自西陲用兵，国帑虚竭”，陕西一带，“民亡储蓄，十室九空”③。在当时人眼中，长安仍然显得十分荒凉。例如宋人尚友康诗云：“长安宫阙半蓬蒿，尘暗红梁羯鼓滔。”惠崇《游长

① 《旧五代史》卷146《食货志》。

② 《宋史》卷277《张鉴传》。

③ 《宋史》卷320《余靖传》。

安》诗云："人游曲江少，草入未央深。"[①] 若从农业经济的衰落来看似乎更为清楚。水利是农业的命脉，古代尤其如此。昔日关中重要的灌溉渠道郑白渠在秦汉时共灌田45 000顷，到唐代宗大历年间仍可达6 000余顷，然而到宋初仅灌2 000顷[②]，为秦汉时的1/22，可见其衰败程度之深。水利设施的衰败必然导致农业凋敝。从人口数量也可看出宋初长安的衰落。唐代长安人口至少有七八十万，进入宋朝后"仅数万家"[③]。若每户按5口计，那么宋初长安当有10余万人，这显然不能和盛唐时相比。总之，在宋初三十年左右的时间里，关中社会经济基本上仍处于凋敝状态[④]。城市衰败，人口锐减，关中经济衰落，这些情况说明长安商业在宋初仍然处于萧条状态，还远没有走出历史的低谷。

（二）宋真宗以后至北宋末年，是长安商业显著恢复和发展期

大约在宋真宗以后，随着关中社会经济的恢复，长安商业也有了显著的恢复和发展。

北宋初年，京兆府所领13县人口仅有52 720户[⑤]，平均每县仅有4 055户，按每户5口计，每县仅有2万人左右。以后随着社会的安定，户口逐渐增加。据记载，宋初京兆府有60 726户，宋神宗元丰初年猛增至223 312户，宋徽宗崇宁元年（1102年）又增加到234 699户[⑥]。元丰年间比宋初人口增

① 江休复：《江邻几杂志》。
② 《宋会要辑稿》食货七之二。
③ 宋熙宁七年刻《善感禅院新井记碑》，现藏西安碑林博物馆。
④ 杨德泉：《试谈宋代的长安》，《陕西师大学报》1983年第4期。
⑤ 宋敏求：《长安志》卷1《管县》。
⑥ 《太平寰宇记》；《元丰九域志》；《宋史·地理志》。

加了2.68倍。可见从北宋初年至北宋中期，关中地区人口显著增长，这无疑是关中和长安社会经济恢复发展的重要标志之一，也为长安商业的发展提供了有利条件。

北宋时，关中地区农业经济也有了显著恢复和发展。以关中最大的水利灌溉工程郑白渠为例，宋仁宗景祐三年（1036年）时，已可灌田“三千余顷”[①]，到庆历年间（1041—1048）则“逾六千顷”[②]，已恢复到唐代宗时的规模，和北宋初年相比则已增加了近2倍。到宋徽宗大观四年（1110年），郑白渠（三白渠）的灌溉面积一跃达到了“三万五千九十余顷”[③]。这一数字比庆历年间的6000余顷增加了4.85倍，也是唐代最高额（1万余顷）的3倍多，以至于达到唐宋五六百年间的最高额。其功效不仅使原来六个县的广大农田得以灌溉，同时还向西扩展到礼泉县一带，宋徽宗特赐名为“丰利渠”。这种发展是飞跃性的。除此之外，关中其他地区也出现了不少水利工程。关中农田水利事业的复兴，为农业经济的恢复和发展提供了基本保证。宋真宗以后，关中时常出现大面积的丰收，如真宗大中祥符（1008—1016）时，陕西诸州“连岁大稔”[④]。仁宗皇祐三年（1051年），陕西转运使包拯上奏说：“陕西累岁丰熟，今秋又大稔。”[⑤]关中农业连年丰收，粮食积储也大量增加。宋真宗咸平六年（1003年），咸阳粮仓里积储多年的粮食发生霉变而“不堪兵食”[⑥]。大中祥符元年（1008年），关中

① 《玉海》卷22《地理》。

② 《宋史》卷295《叶清臣传》。

③ 李好文:《长安志图》卷下。

④ 《续资治通鉴长编》卷68，大中祥符元年二月己未。

⑤ 《续资治通鉴长编》卷171，皇祐三年十二月戊戌。

⑥ 《续资治通鉴长编》卷54，咸平六年三月辛亥。

各州储存的粮食可供三年食用，竟使宋政府一度停止了市籴，而且关中开始向外地大量输出粮食。宋真宗时，北方一些地方的缺粮问题仍靠关中接济。关中还承担了大量的军粮供给。宋仁宗宝元元年（1038 年），驻陕宋军所用钱帛粮草为 2100 多万，其中关陕支付了 1600 多万，关中之所以成为驻守陕西地区宋军粮饷的主要供给地，正是建立在关中农业经济恢复发展的基础之上。

在此形势下，长安的商业也逐渐复苏。长安在北宋时虽不再是国都所在，但由于它在政治、军事方面具有独特的重要意义，它仍然是我国北方最重要的城市之一。北宋初期以后，这里成为宋对夏作战的前沿地区，需要大批物资转运过来，于是促进了这一地区的物资交流和商品交换。陶谷《清异录》卷下说："长安人物繁，习俗侈，丧葬陈拽寓像，其表以绫绡金银者曰大脱空，褚外而设色者曰小脱空，制造列肆茅行，俗谓之茅行家事。"江休复《江邻几杂志》称："长安有宝货行，搜奇物者必萃焉。"

商税收入的丰厚，更能说明当时长安商业的发展程度。宋代商税分为过税和住税两大类："行者赍货谓之过税，每千钱算二十；居者市鬻谓之住税，每千钱算三十，大约如此。"[①] 过税为行商之税，税率为 2%；住税则是开设店铺的坐贾所纳之税，税率为 3%。据《宋会要辑稿》载，宋政府在京兆府设置了 12 个征收商税的机构。宋神宗熙宁十年（1077 年）以前，每年商税收入56 904贯；至熙宁十年则增加到82 475贯，其中长安城区所征商税达38 445贯 842 文，占整个京兆府的 47%。以熙宁十年征收的商税而论，长安虽远远赶不上每年商税 40 万贯的首都开封，但在全国各大城市中仍位居第十六位，

① 《宋史》卷 186《食货志》下八。

在整个北方城市中位居第五。而且长安的商税额与南方发达的商业城市南京市（45 059贯）、扬州市（41 489贯）差距并不大。南方的一些大城市如福州市（38 400贯）、广州市（37 308贯）、长沙市（33 934贯）、南昌市（28 904贯）等城市则低于长安的商税额。[①] 与长安几乎同样著名的古都洛阳（37 943贯）也落在长安之后。凡此均说明，北宋时期的长安商业在全国各大城市中仍处于先进行列，即使是南方一些商业较发达的大城市仍落后于长安。另外从发展速度来看，熙宁十年前，京兆府商税额为56 904贯，熙宁十年则增至82 475贯，增长幅度为45%。这一增长速度在全国也是名列前茅的，说明京兆府所辖地区商品经济日渐活跃，商业发展的速度也比较快。

从长安商人势力之大也可窥见当时商业之兴盛。北宋时期，长安的商人（包括手工业者）先后举行过两次罢市。宋仁宗至和年间，文彦博知永兴军（长安），起居舍人毋湜向宋政府建议说："陕西铁钱不便于民，乞一切废之。"朝廷虽未采纳其议，于是百姓"争以铁钱买物，卖者不肯受，长安为之乱，民多闭肆。僚属请禁之，（文）彦博曰：'如此是愈使民间扰惑也。'乃召丝绢行人，出其家缣帛数百匹，使卖之，曰：'纳其值者，尽以铁钱，勿以铜钱也。'于是众知铁钱不废，市肆复安"[②]。这次货币改制虽未实行，却引起长安市场的大混乱。商人们为保护其利益而举行罢市斗争，迫使当局采取措施稳定市场秩序，此事足以说明长安商人势力的强大。长安商人另一次罢市斗争发生在北宋末期。宋徽宗时，权臣童贯

① 杨德泉：《关于北宋商税的统计》，《杨德泉文集》，三秦出版社 1996 年版。

② 雍正《陕西通志》卷 41。

宣抚陕西，当时“长安百物踊贵，钱币益轻，（童）贯欲力平之，计司承望风旨，取市价率减什四，违者重置于法，民至罢市。……又行均籴法，贱入民粟，而高金帛估以赏，下至蕃兵、射士之授田者，咸被抑配，关内骚然，几于生变”[①]。童贯欲平抑长安的物价，有关部门便企图以行政手段强行压低物价，结果引起长安商人罢市。上述事例说明，长安商人已经形成一股不小的力量，这也标志着长安商业已发展到相当的程度。

北宋时，长安城郊还出现了“草市”。据元朝人骆天骧记载，草场坡“在朱雀门外，乃旧之草市，有坡，故号曰草场坡”[②]。可知长安城南门外有一处草市。这个草市大概属于集市性质的市场，不一定就是卖草之市。这个草市的规模也颇为不小。据宋人张礼记载，唐代长安兴道坊、务本坊“二坊之地，今为京兆东西门外之草市，余为民田”[③]。说明宋朝元祐年间（1086—1094）以前，长安南门外已出现了草市，而且占地面积不小。这个草市的位置就在今西安市南门外草场坡一带。现在“草场坡”这一地名，就来自于这个草市。草市原本是农村集市，属于临时性的交易市场，最早出现于南北朝时期。唐代以来，草市在各地大量出现，并且在草市中有了固定的店铺和居住人口。北宋时，城镇附近草市也大量涌现，而且宋政府也规定将城外草市人口也纳入城镇户口编制。如宋神宗熙宁七年（1074年）四月下诏规定：“诸城外草市及镇市内保

① 《宋史》卷317《钱惟演传》附《钱即传》。
② 《类编长安志》卷7《坡坂》。
③ （宋）张礼《游城南记》，台湾商务印书馆《四库全书》影印本，1983年版。

甲毋得附入乡村都保，如不及一保者，令厢虞侯、镇将兼管。”[1] 宋朝政府把城外草市、镇市的户口不编制在乡村中，而编制在城镇中，说明由于工商业的发展而使得草市中的人口已不同于乡村中的农业生产者。长安城外出现草市，从一个侧面反映了宋代长安商业发展的程度。

宋朝时，长安市场上的商品也是品种繁多，丰富多彩，既有官僚地主享用的高档奢侈品，也有供给普通百姓使用的日常生活用品。市场上流通的商品大致可分为两大类：一类是生产资料性质的商品，另一类是生活资料性质的商品。属于生产资料类的商品，主要有各种铁制或木制农具、生产工具、交通工具等。这类商品在构成上简单得多，种类也不如生活资料类商品丰富多彩。在生活资料类商品中，品种繁多，价值差别也相当大。如官僚地主享用的金银珠宝饰品，与普通百姓日常使用的米、面、茶、盐、醋、油等商品之间的价格差别就很大。这类商品几乎包括了城市居民衣食住行的各个方面。属于衣服类的有丝、绢、布、帛织品；属于食品类的有米、面、谷、粟、豆、麦、酒及各种蔬菜、水果等；还有文化教育类商品，如各种纸、笔、墨、书籍等。值得注意的是，宋朝时，长安已不再是国都，因而不存在王公贵族、高官显贵这一庞大的奢侈品消费群体，所以奇珍异货、金银珠宝之类的高档奢侈品的市场需求量显然要比隋唐时期少得多。这样，普通商品所占的比重也会相应提高。这也是五代、宋、元以后长安商业不同于隋唐时期的一个重要变化，这一点也应是宋代长安商业有所进步的一个方面。

以上各方面皆说明，大约在宋真宗以后，长安商业确实有了显著恢复和发展，当然这种发展也有一定的局限性。主要表

① 《续资治通鉴长编》卷 252。

现在：从商品流通量来看，这一时期还达不到隋唐盛世的规模；从发展速度来看，这一时期我国南方一些城市的商业有了突飞猛进的发展。相比之下，长安商业虽有显著进步，但前进的脚步却明显放缓了。

（三）金朝至元初，长安商业陷入徘徊不前的状态

北宋灭亡后，长安处于女真族建立的金朝统治之下。此后，长安和关中地区的经济屡遭破坏，商业又一次走下坡路了。连绵不断的战乱是造成这种状况最重要的因素之一。

北宋末至元初，长安始终处于各方争夺的核心地带，从而使长安的商业长期处于停滞不前的境地。建炎元年（1127 年）年底，金军分三路南侵，西路军娄室部从河南进攻陕西，相继攻陷同州（今陕西大荔）、华州（今陕西华县），乘胜围攻永兴军城（今西安市）。经过激战，金军于建炎二年（1128 年）正月攻克长安[①]。遂后娄室鼓行而西，相继攻占关中不少州县。同年三月，金军在关中大肆抢掠后东归。九月，金军再次进攻长安，宋将弃城而逃。建炎四年（1130 年）四月，娄室率金军又一次攻入潼关，占领三原、乾州（今陕西乾县）等地，并驻军长安，不久又退归河东。在此前后，宋军和金军在长安、凤翔等地进行过多次拉锯式的争夺战。后来爆发的富平之战及和尚原之战更是规模空前，异常激烈。经过激战，宋军大败，金军乘胜猛追，张浚帅宋军残部退到陕南。此后，宋、金先后在和尚原（今陕西宝鸡西南）、饶风关（今陕西石泉西北）、仙人关（今甘肃徽县南）等地多次大战，金军数度攻入陕南，宋军也曾北攻关中凤翔等地。

金军占领长安和关中后，曾一度把它交给傀儡皇帝刘豫的伪齐政权管辖。宋高宗绍兴七年（1137 年），金朝废掉刘豫，

---

① 《宋史》卷 25《高宗纪》。

答应将陕西、河南还给宋朝。不久金又撕毁和约，对南宋发动全面进攻。绍兴十年（1140 年），金将撒离喝从同州（今陕西大荔）渡河，不几天便攻占长安，其后撒离喝与宋将吴 等在凤翔、武功、扶风等地多次展开激战，金军伤亡甚众。

金、宋连年交战，使关中和长安地区社会经济屡遭摧残，城市破坏，农田被毁，人口离散。《金史·食货志》说：金人"初入中夏，兵威所加，民多流亡，土多旷闲，遗黎惴惴"①。由于连年战乱，"延安、鄜州皆残破，人民存者无几"②。金军的残暴和野蛮掠夺激起陕西人民的顽强反抗，故史称："陕西城邑已降定者，辄复叛，于是睿宗以右副元帅，总陕西征伐。"③在此情况下，长安和关中许多城镇迅速萧条下去，呈现出一片残破景象。

在金朝统治长安的一百余年间，宋、金之间的"国界线"大体以秦岭山脉为界，秦岭以南属南宋，关中及陕北南部属金，陕北北部属西夏。金与夏对峙，宋与金对峙，关中处于宋、金、夏三方争夺的核心地区，而长安则是这个核心地区的核心。因此各方在长安的争夺也更加频繁剧烈，长安所受的破坏也就更为深重。长安和关中地区社会经济凋敝的程度，还可以从人口数量的变化清楚地显示出来。据记载，唐玄宗天宝元年（742 年）京兆府所属 23 县，共有362 921户，1 967 188口，平均每个县有15 779户④。北宋崇宁元年（1102 年），京兆府所属 13 县，有234 699户⑤，平均每个县有18 054户。但是由于连年战乱，直到金章宗泰和七年（1207 年）时，京兆

① 《金史》卷 46《食货志》。

② ③ 《金史》卷 72《娄室传》。

④ 《旧唐书》卷 38《地理志》。

⑤ 《宋史》卷 87《地理志》。

府所属 12 县仅有98 177户[1]。当然，金朝京兆府的辖境比唐朝京兆府少了 11 个县（主要是将乾州和耀州所属的 7 个县及渭南、蒲城等县划了出去)，但是金朝京兆府所属 12 县平均每县仅有8 181户。而且，金章宗在位时还是金朝统治较为稳定的时期，其人口比金朝初期有较大增加。即使如此，这时京兆府的人口还不及一百多年前宋徽宗时的一半。可见金朝前期长安及其附近地区（即京兆府辖境）社会经济的衰落是何等的严重。

金世宗、章宗统治时，战争较少，社会相对安定，长安和关中的经济较前有所恢复。但在卫绍王时（1208—1213)，“军旅不息，宣宗立而南迁，死徙之余，所在为虚矣。户口日耗，军费日急，赋敛繁重，皆仰给于河南，民不堪命，率弃庐田，相继亡去”[2]。不久，崛起于漠北的蒙古铁骑又不断闯入金朝统治下的关中。饱经战火的关中和长安又一次陷入蒙古（元朝）与金军争夺的漩涡之中。1216—1231 年间，蒙古军多次攻入陕北和关中，遭到金军顽强抵抗。1222 年 11 月，木华黎率元军渡河攻入关中，直扑长安。金将完颜合达拥兵二十万固守长安。元军无计可施，遂兵分两路，一路东截潼关，一路西击凤翔府（今陕西凤翔)。蒙古军以数十万步骑围攻凤翔，数百里之间营栅相连，不久西夏又派兵十万帮助蒙古合攻凤翔。由于凤翔军民顽强抵抗，蒙、夏联军只好撤军。1227 年 6 月，蒙古军在灭西夏后，乘胜进攻凤翔和长安，不久蒙古军败退。1231 年正月，蒙古军再度南下围攻凤翔。4 月，凤翔被攻陷，金军慌忙放弃长安，并且“迁居民于河南，留庆山奴守

① 《金史》卷 26《地理志》下。
② 《金史》卷 46《食货志》。

之"[1]。9月，庆山奴也弃长安东逃[2]。金军东撤时，将长安居民迁于河南，蒙古军所得到的长安几乎是一座空城。在蒙古灭金的近二十年间，蒙古军多次攻入关中，使长安和关中社会经济遭到严重破坏。直到元初，关中仍是一派残破景象。《元史·河渠志》说："京兆旧有三白渠，自元伐金以来，渠堰缺坏，土地荒芜，陕西之人虽欲种莳，不获水利，赋税不足，军兴乏用。"[3] 关中地区水利设施被毁，土地荒芜，经济残破，正是连年战争的直接结果，人口的急剧下降也证明了这一点。1252年，奉元路人口仅有33 935户，271 399口[4]。奉元路直辖咸宁、长安、咸阳、兴平、临潼、泾阳、蓝田、高陵、户县、周至、眉县共11县，却仅有3万余户，平均每县仅有3 085户。这比前述金章宗时的户口还要少，当然更无法与唐宋时期相比。有的文献甚至说：当时关中"兵火之余，八州十二县，户不满万，皆惊忧无聊"[5]，可见关中地区人口减损之甚。总之，直到元朝初期，长安和关中的经济仍残破不堪，处于严重衰落状态。在此形势下，长安的商业始终难以得到恢复和发展，因此长期陷于徘徊不前的状态。

除战争破坏外，政权分裂，交通不畅，币制混乱，也都是制约长安商业发展的重要因素。金朝统治长安时，长安南边的秦岭成为金与宋的"国界线"，通往陕南、四川的各个交通要道均有军队把守，禁止商人随便通行。关中以北的陕北则又是金与西夏的分界线，商人往来同样受到限制。因此，长安与南方、北方、西北地区的商品交流严重受阻，商品流通的地域范

---

①② 《金史》卷17《哀宗纪》。

③ 《元史》卷65《河渠志》。

④ 《元史》卷60《地理志》。

⑤ 《元史》卷159《商挺传》。

围比秦汉、隋唐时期大大缩小。可以说，政治分裂是导致交通不畅、商品交流受阻最重要的因素之一。金、宋政权为了维持政治上的南北分裂局面，以及垄断南北的商业贸易，曾多次颁布命令，严禁民间贸易。例如南宋规定："盱眙榷场，将南客贩到草末茶，止许与本场官折博，不得令南北客相见博易茶货。"[①] 南宋孝宗淳熙五年（1178 年）时规定："湖北、京西路沿边州县，自今客人辄以耕牛并战马负茶过界者，并依军法。"[②] 金朝也有类似的禁令："随路榷场若以见钱入外界，与外人交易者，徒五年，三斤以上死。"[③] 宋、金政府也曾在边境地区设置若干"榷场"，进行双边贸易。但是，由于宋、金时战时和，从事贸易的榷场也时有兴废。商人即使通过官方设置的榷场从事贸易，仍受到很大限制。南宋规定："商人赀百千以下者十人为保，留其货之半在场，以其半赴泗州榷场博易，俟得北物，复易其半以往。大商悉拘之，以待北价之来，两边商人，各处一廊，以货呈主管官牙人，往来评议，毋得相见。每交易千钱，各收利息钱入官。"[④] 如此之多的限制必然阻碍南北之间的商品交流。

币制的混乱则是制约商业发展的直接原因。金朝币制的混乱表现在以下几个方面：其一，品种繁多，铜币、纸币（交钞）、银币、宋辽旧币与金朝铸币同时流通。金世宗时还曾命令陕西参用宋代铁钱，几年后因"公私不便"而废止铁钱[⑤]。其二，金朝本身铸钱数量不多，且时铸时罢，甚至有时限制或

① 《宋会要辑稿·食货》三八。

② 《宋会要辑稿·刑法》二。

③ 《金史》卷 50《食货志》。

④ 《建炎以来系年要录》卷 145，绍兴十二年五月乙巳。

⑤ 《金史》卷 48《食货志》。

禁用现钱，流通中的铜币严重不足。其三，币制变易频繁，极不稳定。商人和百姓“以货币屡变，往往怨嗟，聚语于市”①，金政府竟下令严禁人们议论货币制度。其四，纸币的恶性通货膨胀。金朝发行的纸币称为“交钞”，到金世宗时，交钞逐渐成为流通中最重要的货币。起初，金政府对纸币发行量还能加以控制，币值大体还可以保持稳定。后来由于战事屡起，军费剧增，金朝遂大量发行交钞，致使纸币“填委市肆”，币值骤降，交钞的流通日益困难。到金章宗泰和六年（1206 年），“陕西交钞不行”②，交钞至此已无法在陕西流通。以后，金政府仍大量印制交钞，最后纸币以至于贬值到“以万贯唯易一饼”的地步③，货币流通已完全崩溃。由于百姓拒绝使用纸币，金政府于元光二年（1223 年）规定：在商品交易时，凡商品价值在白银 3 两以下者，不得使用白银支付；价值超过 3 两以上者，1/3 使用白银，2/3 使用纸币。命令下达后，“市肆昼闭，商人不行，朝廷患之”④，商人以罢市表示抗议，正常的商业活动已难以进行。值得一提的是，金朝在正隆三年（1158 年）开始发行铜币时，仅在两个地方设置铸钱监（铜币铸造机构），一是中都（今北京市），另一个则设在京兆府（今西安市），铸钱所用的铜材则来自陕西和河南。

（四）元初到元末，长安商业有一定的恢复和发展

元世祖以后，随着中国再次大统一，长安商业也再次走上恢复和发展的道路，并且显示出一定程度的繁荣。长安商业之所以能够恢复和发展，主要是由于社会经济环境比以前有了显著改善。以前，战乱频仍，交通受阻，长安又处于宋、金、夏几个政权的夹缝地带，商品流通的地域范围十分狭小。元朝初

①②④　《金史》卷 48《食货志》。

③　《元史》卷 146《耶律楚材传》。

期以后，长安商业发展的大环境则大为改观。

首先，元朝统一后，为长安商业的恢复和发展提供了前提条件。元朝的统一，结束了唐末五代以来长达几个世纪的分裂割据局面，各地的经济联系不再受政权分裂的阻碍，从而使商品流通更加方便，商人做生意比以前更容易。随着国家的统一，以前分裂状态下的南征北伐不再存在，社会秩序较为安定，显然有利于农业、手工业的恢复发展，从而推动商业的进步。

其次，交通状况的改善对于发展商业至关重要。元朝的水陆交通相当发达，沟通南北的大运河使南北地区的商品交流更加便利。运河上下，商人舟船之多以至于阻滞了官船的航运[①]。在陆路交通方面，元朝建立了以京师大都（今北京市）和各大城市为中心的交通网，这个网络是通过四通八达的驿站来联系的。在元代驿站系统中，奉元路城（今西安市）是西北地区最重要的交通枢纽。由长安向西行可达西藏；向西南则可通过川陕驿路到达四川；向西北行则可达甘肃，并通过丝绸之路与中亚、西亚、东欧地区相通；向东则可达东南经济发达地区，与首都（即大都）的交通更是畅通无阻。交通的发达为各地的商品交流提供了良好条件，久已阻滞的西域丝绸之路在元代畅通无阻，它对长安商业的促进作用更为显著。

其三，元代币制的统一，则扫除了制约商业发展的一大障碍。金朝统治长安时，长安和关中以及陕北大部分地区使用金朝货币，而陕南则使用南宋货币，陕北北部则使用西夏发行的货币。西夏钱币中有的用西夏文字（如夏毅宗的福圣钱、夏惠宗的大安钱、崇宗的卢观钱、桓宗的天庆钱），有的钱则使用汉字（如崇宗的元德通宝、仁宗的天盛元宝、桓宗的天庆元

① 《元史纪事本末》卷12。

宝、神宗的光定元宝等)。西夏钱不仅文字不同，还分为铜钱和铁钱两种。货币的不统一，严重地制约了商品交换的发展。而且，金末至元初，货币流通十分混乱。元世祖中统元年(1260年)，元政府开始印行“中统元宝交钞”，同年十月又印行“中统元宝钞”[①]。中统元宝交钞以丝为本钱，以两为单位，丝钞二两值白银一两；中统元宝钞则以银为本位，以贯、文为单位，面额有2贯文、1贯文、500文、200文、100文、50文、30文、20文、10文，共9种。中统钞每两贯可兑换白银一两。这种货币不受区域和时间限制，国家收税、俸饷、商品交易、借贷等均使用宝钞，并允许用旧钞换新钞，这样中统钞就成为通行于全国各地的统一货币。总之，元代的纸币制度已相当完善，纸币在市场上具有很高的购买力。意大利商人马可波罗在元世祖时来到中国，他在华十七年，游历甚广，他在谈到元代纸币时说：“大汗国中商人所至之处，用此纸币以给赏用，以购商物，以取其货物之价，竟与纯金无别。”[②] 而且纸币的流通区域绝不限于中国境内，就是在今越南和南洋的一些地区也都通行。统一的、比较稳定的货币制度，促进了全国各地商品交换的进一步发展。这种状况对于长安商业的恢复和发展显然是一个重要的积极因素。

总之，元初以后，社会经济大环境显著改善，为长安商业发展提供了良好条件。不仅如此，长安商业发展的小环境——关中地区的社会经济环境也明显改善。元宪宗三年（1253年)，蒙哥汗把已经征服的地区分封给诸王，后来成为元世祖的忽必烈被分封到京兆府（今西安市)。同年，忽必烈建立京兆宣抚司，以杨惟中为宣抚使。元宪宗四年（1254年）夏，

---

① 《元史》卷93《食货志一·钞法》。

② 冯承钧译《马可波罗行记》第95章，中华书局1954年版。

他又任命廉希宪为关西宣抚使、名儒姚枢为劝农使、商挺为宣抚副使。在忽必烈支持下，廉希宪等人在关中大兴儒学，建立学校，安抚百姓，劝课农桑，确立田赋制度，并减关中常赋之半，募民屯田于凤翔，使残破久已的关中经济逐渐恢复。元代关中特别是长安附近的水利活动颇为频繁，成效显著。北宋大观年间在关中所开丰利渠，元初只能灌溉官民田“大约不下七八千顷”[①]。元世祖至元十六年（1279 年），王志谨在涝水上开渠引水 200 余里，此渠所过之地“岁时丰登，了无干旱之患”[②]。元仁宗延祐元年（1314 年），在宋朝丰利渠基础上又开石渠，历时五年渠成。到元顺帝至正二十年（1360 年）时，此渠“凡溉农田四万五千余顷”[③]，灌溉面积比以前大为增加。水利设施的不断修建，有力地促进了关中农业的发展。为了发展粮食生产，元政府还在关中大力推行屯田。据统计，元政府在长安附近地区所设立民屯的屯田面积将近 5000 顷[④]，规模颇为不小，这对关中农业的恢复无疑具有积极意义。关中社会经济的发展有利于长安商业的恢复和发展。

在元代，长安的政治、军事地位显著提高，也为长安商业的振兴提供了良好条件。元朝统一后，改京兆府为安西路。安西王忙哥剌深受忽必烈器重，其地位仅次于太子。在忽必烈全力支持下，安西王位高权重，所辖军队达 15 万人，成为元朝控制西北和西南最显赫的势力。当时长安不仅是陕西行省的治所，还是安西王府所在地。元代陕西行省的辖境远远大于今陕西省，而安西王统治的地方包括了陕西、四川两省及其以西地

① 《长安志图》卷下《用水则例》。

② 《陕西金石志》卷 27，薛友谅《开涝水记》。

③ 《元史》卷 65《河渠志·泾渠》。

④ 《元史》卷 100《兵志》。

区，所以这时的安西路城（今西安市）实际上已变成元朝在中国西部的统治中心。加之，元朝实现大统一后，由长安通往西域的商路空前活跃，这一切都促进了长安商业的复兴。后来，安西王府虽被废除，安西路也改为奉元路，但奉元路城（今西安市）的地位并未降低，它仍是元朝统治西北、西南的大本营。总之，奉元路城在元代的地位相当重要，这就使得长安成为西北乃至全国重要的物资集散中心，这无疑有利于长安商业的发展。

正是在上述诸多有利条件下，长安的商业在元代中后期有了显著发展。当时商业的发展主要体现在以下几个方面：市场活跃，商贾云集，特别是西域商人很多，商品丰富多样，商税也很可观。

先说当时的市场。元朝时期，传统的坊市制已彻底崩溃，商人可以在居民区里开设店铺，所以当时沿街商店星罗棋布，比比皆是。尽管坊市制已经消亡，但是规模庞大的固定市场在长安仍然存在。这种市场规模大，商品种类丰富多样，商人和来此购物的顾客也是熙熙攘攘，络绎不绝。由于这种市场是最为繁华热闹的地方，所以便成为官府行刑的地方。例如元世祖时，廉希宪将两个叛乱首领“枭之京兆市”[①]。值得注意的是，当时长安还出现了许多专业市场，如马市、羊市、药市、菜市、米市、竹笆市等。这些市场分散在城内各个繁华热闹处，各个市场经营的商品也形成了各自的特色。马市和羊市大致位于北门（玄武门）里侧不远处。药市则位于城中心地带，在银巷街以西。这里的药市十分有名，经营者甚众，药品全，以至于形成了一条药市街。

随着商业的逐渐发展，长安又成为商贾云集之地。除了散

① 《元史》卷126《廉希宪传》。

布于各大市场和大街小巷的众多坐贾外，来自长安附近各县的商人也占相当比重。这些商人将关中各地的商品贩运到省城长安，在此批发给长安的坐贾，或者由他们直接在城里经营零售。另外，陕南和陕北的一些商人也将当地的商品贩运到长安。外地商人在向长安贩运商品的同时，也把大量的商品从长安贩运到了各地。这些商品主要是盐、茶、丝织品、绵制品、铁制或木制农具、陶瓷制品等。元代对某些商品实行专卖制，如盐、茶、酒等。凡实行专卖的商品，政府禁止商人私自经营。为此陕西地区特别是关中地区的商人便需要到长安来领取专卖的商品，再贩运到各地去卖。例如元世祖至元五年（1268年）规定："榷成都茶，于京兆（今西安市）、巩昌置局发卖，私自采卖者，其罪与私盐同。"[①] 这样一来，长安便成为陕西专卖商品的批发销售中心。在元代，商人贩盐必须先领取盐引或盐由才能从事食盐生意。"每盐一引重四百斤，其价银一十两。世祖中统二年（1261年），减银为七两"，后又增加为65贯[②]。元政府在长安设有京兆转运司，专门负责食盐的专卖。另外，元政府还在长安设有司竹监，对竹类产品实行专卖。元世祖规定，由司竹监颁发贩运竹产品的许可证——竹引，"凡发卖皆给引"[③]。元政府在长安设置的专卖机构还有不少。在此情况下，各地的商人均需到长安来领取盐、茶、竹等专门商品，然后再贩运到各地出售，于是长安成了陕西省乃至西北地区的商品集散中心，各地的商人纷纷来此经营各种商品。在元代，丝绸之路再度繁荣起来，外国商人通过丝绸之路来中国者颇为不少。长安是他们来到中原后首先进入的大城市，所以在

① 《元史》卷94《食货志二·茶法》。

② 《元史》卷94《食货志二·盐法》。

③ 《元史》卷94《食货志之二》。

长安聚集的西域商人相当多。可以说，元代长安商业的兴旺与丝绸之路的重新通畅是分不开的。西藏地区在元代正式纳入元朝中央的直接管辖。西藏的喇嘛定期赴大都（今北京）朝贡时，都要利用驿站携带大批土特产品沿途贩卖。由于川陕驿路通接西藏驿路，所以西藏喇嘛去大都时大多经由长安，长安便成为出售西藏土特产品的一个重要市场。

随着商业的发展，元政府的商税收入也相当可观。据《元史·食货志》载，陕西行省的年商税收入是45 579锭 39 两。这个数字大大超过了四川行省（16 676锭）和甘肃行省（17 361锭），更远远超过了岭北行省和辽阳行省。陕西行省的商税比经济发达的江西行省（62 512锭）、湖广行省（68 844锭）略少一些。由此可以看出，当时陕西的商业仍居于全国中游水平，这与长安商业的恢复是分不开的。

元世祖时，意大利商人马可波罗来到中国，在中国游历了许多地方。他对奉元路城（今西安市）商业的发达大加称赞说：奉元路城“城甚壮丽，为京兆府国之都会。……此城工商繁盛，产丝多，居民以制种种金锦丝绢。……凡人生必须之物，城中皆有，价值甚贱”[①]。在马可波罗眼里，长安城里商业繁盛，商品应有尽有，商贾众多，且物价稳定。长安商业能够得到意大利威尼斯商人的大力称赞，其繁荣程度想必是相当可观了。

三、商人的行会和牙人

五代、宋、金、元时期，长安商业的巨大变化还体现在商人方面。这一时期商人的变化主要表现在两个方面，一个是商

① 《马可波罗行记》卷 2，第 110 章《京兆府城》，冯承钧译，中华书局 1954 年版。

人“行”的种类比以前明显增多。作为商人组织的行会比前代更加发达，组织更加严密；另一变化则是，不仅牙人（牙商）日益普遍，还出现了官牙人和牙行。

“行”与行会是两个不完全相同的概念。在中国古代城市中，经营同类商品的商人按照规定要集中在一起，依次排列成行，市内划分成若干“列”“肆”“行”。当时的“行”往往标志着行业上的不同，比如卖米的商人在米行，卖布的商人在布行，所以这种“行”（商人之行）仅仅意味着职业上的差异，与商人的组织形式——行会完全不同。如前所述，早在唐代时，长安和其他一些城市中就已经出现了商人和手工业者的行会。北宋以后，商人的行会则有了很大发展。应该特别指出，宋、元时期的“行”与唐宋以前的“行”“列”在某些场合可以互用，有时也有“行列”的含义，并不一定每一个“行”都是商人的行会。

北宋以后，由于城市商业的空前发展，商人的行业组织（行会）达到空前鼎盛的阶段。从“行”的数目看，已由隋唐时期的220行发展到440行；从“行”的名称上看，有“行”“团”“市”“作”等等，五花八门，不一而足；从入行的行业来看，大至金银交引，绸缎彩帛，小至一般商品均有行；从入行者的身份来看，上至富商大贾，下至中小商贩，莫不在行。从行所分布的地区看，由京师到州县，大小城市，莫不有行[①]。这是就全国一般情况而言。长安在宋元时虽已不再是国都，但它仍是一座颇具规模的重要城市，商业之发达也颇为可观。与全国各大城市一样，长安商人的行会不仅在种类上有所增加，行会的组织也更为严密，活动更加频繁。不过由于有关

① 杨德泉：《唐宋行会制度之研究》，《宋史研究论文集》，上海古籍出版社1982年版。

资料缺乏，这里的论述还需借助其他城市的资料加以说明。

和唐代的商人行会一样，宋元时期各行之内都设有“行首”或“行头”。行头是如何产生的呢？据元人赵素辑之《居家必用事类全集》所收《为政九要》中“司县到任……各立行老”的说法可知，行头应是本行中熟悉业务、资力高强且经过政府批准的人方能担任。据《都城纪胜·诸行》记载：“市肆谓之行者，因官府科索而得此名，不以其物大小，但合充用者，皆置为行。”[①]《梦粱录》说：“市肆谓之团行者，盖因官府回买而立此名，不以物之大小，皆置为团行。”[②] 可见行会的出现与官府科索即征收赋税和差科有密切关系。宋代以后，行会组织更为严密，活动也更为频繁。在行会组织方面不仅有行头，而且有集中交易的“上行”之所和会聚行老的办公场所。宋代，行会的首领称为行首、行头或行老，入行的工商业者则称为“行商”或“行人”，入行的工商业户则称为“行户”[③]。行首的职责与唐代基本相同，既协助政府办理对行人的收税、科买、和雇以及平抑物价、监察不法行为等事务，又代表本行与政府及外行交涉有关事宜。对内则作为一行之长，联系贸易，平定价格及处理有关本行业务问题，同时还组织共同的祭祀和娱乐活动。

在宋代，商业行会也往往有自己特殊的衣着作为本行的标志，“其士农工商、诸行百户衣装各有本色，不敢越外。谓如香铺裹香人，即顶帽披背；质库掌事，即着皂衫角带不顶貌之类。街市行人，便认得是何色目”[④]。例如“杭城风俗……且

① 耐得翁：《都城纪胜·诸行》。

② 吴自牧：《梦粱录》卷13《团行》。

③ 《续资治通鉴长编》卷246，熙宁六年八月乙未。

④ 《东京梦华录》卷5《风俗》。

如士农工商、诸行百户，衣巾装著，皆有等差：香铺人顶帽披背子，质库掌事，裹巾着皂衫角带，街市买卖人各有服色头巾，各可辨认是何色目人”[1]。各行也都有宗师以及自己的社日。至于商人行会的职能则大体有如下几个方面：

其一，商人行会首先要对封建官府负责。宋代各大城市中都有坊郭户，他们不仅要向官府交纳赋税，而且要负担沉重的差科。如前所说，“市肆谓之团行者，因官府科索而得此名，不以其物大小，皆置为行”，说明官府的科索是通过团行来实现的，这是商业行会的一个重要职能。

其二，官府通过行头向各行业商人传达和推行政府的各项政策或要求。例如黄池镇监官史文林，“于官课之外，又多造白酒、十酒，勒令行老，挑担抑俵，立定额数，不容少亏”[2]。正因为如此，“行”这种同业组织也就成为官府对商人实行管制的一种重要渠道。

其三，为限制竞争，不许他人进入市场贸易。宋徽宗宣和四年（1122年）讲议司奏请：“其四方商旅村户时暂将物色入市货卖，许与买人从便交易，行户不得障固；如违，依强市法科罪。”[3] 由此可以看出，不经过“行”的许可而“入市货卖”是非常困难的。可见城市中的交易是由“行”控制的。这种做法显然有利于“行”对市场的独占，由此减少外来商人与本行竞争。

其四，统一商品价格。同业会员都要遵守它。宋神宗时，王安石曾谈到，在茶行当中，兼并之家“自来有十余户，若客

---

① 《梦粱录》卷18《民俗》。

② 真德秀：《真文忠公文集》卷7《申御史台并户部照会黄池镇行铺状》。

③ 《宋会要辑稿·职官》二七之二四至二五。

人将茶到京，即先馈献设宴，乞为定价，比十余户所买茶更不取利，但得定为高价，即以下户倍取其利以偿其费”[①]。《梦粱录》则说：“且言城内外诸铺户，每户专凭行头于米市作价，径发米到各铺出粜。”[②] 所谓统一市场价格实际上是一种价格垄断，获取厚利的只能是那些“行头”们，这样一来，行头往往变成行会中的封建把头。这说明当时商人行会带有浓厚的封建性。

其五，代表本行向政府交涉有关事务，以维护同行利益。宋神宗熙宁六年（1073 年），宋政府接受汴梁（今河南开封）肉行代表徐中正等人建议就是一个典型事例。据载，“初，京师供百物有行，虽与外州军等，而官司上下需索，无虑十倍以上。凡诸行陪纳猥多，而赍操输送之费，复不在是。下逮稗贩贫民，亦多以故失职。肉行徐中正等以为言，因乞出免行钱，更不以肉供诸处”[③]。当时徐中正建议：“屠户中下户二十六户，每年共出免行钱六百贯文赴官，更不供诸处肉。”[④] 宋政府经研究同意了这个建议，规定各行业按资力缴纳“免行钱”。这个办法具有一定的进步意义。“免行钱”类似于纳资代役，有利于减轻商人的赋役负担。实行此法后，减少了官府公吏对中下行户的勒索和敲诈。

其六，行会还举行一些宗教活动和娱乐活动。据《梦粱录》载，“每遇神圣诞日，诸行市户俱有社会，迎献不一。如府第内官以马为社，七宝行献七宝玩具为社……青果行献时果

① 《续资治通鉴长编》卷 236，熙宁五年闰七月丙辰。

② 《梦粱录》卷 16《米铺》。

③ 《续资治通鉴长编》卷 244，熙宁六年四月庚辰。

④ 《续资治通鉴长编》卷 245，熙宁六年五月。

社……鱼儿活行以异样龟鱼呈献”[1]。大体上遇到某个神道的诞辰或节日，行会都有贡献，各行的贡献不尽相同，各自贡献他们的货物或生产品等，也有用同样物品贡献的。遇到节日，行会又举行共同的娱乐活动以联络感情。此外，各行内部都有自己的行话，称为“市语”，互不通用。陶宗仪说：“乃今三百六十行，各有市语，不相通用。仓猝聆之，竟不知为何等语。”[2] 商人在长期交往中形成了独特的语言习惯，应是很自然的，行会内部通用的市语（行话），行外之人当然是难以知晓的。

宋元时代仍然是手工业者兼商人的时代，所以城市手工业者往往以商人的身份参加行会，所以商行是行会的主要组织形式。其次，行会受封建政府的直接干预和严密控制，行头带有封建职役性质，行会的封建色彩比以前更为浓厚。其三，如果与欧洲中世纪商人行会相比的话，就可以发现宋元时期的行会对内营业限制尚不十分严格，对外的排他性也不够强烈。上述这些现象说明，当时商人的行会与欧洲中世纪的行会具有重要的差别，甚至与明清时期的行会也有所不同。

尽管宋元时行的种类空前增多，但史籍中记载的具体行名却很有限，而且相当零散。见于记载的长安商行名称仅有如下几种：丝绢行、宝货行、茅行、银行、菜行等。关于行会内部的具体活动等方面的记载则更少。

牙人（牙商）是商品交易时买卖双方的中介人。五代、宋、元时期的牙人日益活跃，其势力也日益强大。在长安的商业活动中，牙人牙行的活动也是如此。五代时，市场中的牙人已经很普遍。开成元年（926 年），后唐明宗下诏说：“在京市

---

① 《梦梁录》卷 19《社会》。

② 陶宗仪：《辍耕录》。

肆，凡是丝绢斛斗柴炭，一物已上，皆有牙人。”[①] 可见牙人已经是无所不在了。随着牙人的普遍，牙行也在五代时出现了。后周广顺二年（952年），开封府在奏文中谈到：“应有诸色牙人、店主人引致买卖，并须钱物交相分付。或还钱未足，只仰牙行人、店主明立期限，勒定文字，递相委保。……如诸色牙行人内，有贫穷无信行者，恐已后误累，即却众状集出，如是客旅人自与人商量交易，其店主人、牙行人，并不得邀难遮占。”[②]可见，这时已经出现牙行了。随着牙人的大量增加，封建政府需要加强对牙人的控制，而一些牙人也积极与官府勾结，于是便出现了“官牙人”。五代时规定：“印税之时，于税务内纳契白一本，务司点校，须有官牙人、邻人押署处，及委不是重叠倚当，方得与印。”[③]这种“官牙人”得到官方认可，领有官帖，可以承担官府指定的居间贸易。很显然，官牙人会得到官府的优待，从而成为具有封建特权的居间商。可以说，官牙人的出现，对正常商业活动是一种消极因素。到了宋、元时期，牙人更加活跃，牙行的作用也大为加强。元世祖时，卢世荣曾奏请：“随朝官吏增俸，州郡未及。可于各郡立市易司，领诸牙侩人，计商货物四十分取一，以十为率，四给牙侩，六为官吏俸。”[④] 这就使牙人正式成为官府所控制的中介人，并且把牙佣作为牙人和官吏的共同收入，于是牙人与官吏有了共同的利益。在此情况下，牙人自然依仗封建官府的势力操纵市场，欺挟买卖双方（特别是中小商人）。总之，到元代时，牙人与官府的勾结更为紧密。

从宋、元时期商人行会和牙商的活动可以看出，长安商业确已发展到一定的程度。由于商人在商业经济中的地位日益重

---

①②③ 《五代会要》卷26《市》。

④ 《元史》卷205《卢世荣传》。

要，其经济实力空前提高，封建政府便加强对商人的控制，封建势力日益向商业渗透，从而显示出这一时期商业发展的特点。

第二节　明清时期西安的商业

明清时期，千年古都长安有了一个新的名称——西安，并一直沿用至今。从明初至清朝灭亡，历时近五个半世纪。在这漫长的五个多世纪里，古都西安及关中地区的社会经济发生了深刻的变化，在此背景下，古都西安的商业也发生了许多重要变化。和以前的宋元时期相比，明清时期长安（西安）的商业有了明显的进步；但如果和同时代南方的一些城市相比，长安商业前进的脚步却明显地放慢了，和南方商业发达城市的差距也比以前更大了。这一切都值得我们深思和认真总结。

一、明清西安市场的变化

明清时期西安的商业比宋元时期有了显著进步，也有不少变化，这些进步和变化在商品生产和流通领域表现得相当突出。明清时期关中地区农村商品经济有了显著发展，商品生产空前活跃，从而为西安的市场提供了大量商品；西安手工业的进步也为市场提供了各种各样的商品。从商品流通领域看，西安市场上相当部分商品来自于关中农村小商品生产者之手，有的来自于陕南、陕北，甚至来自于外省。西安提供的商品除了满足城内居民的需要外，也行销于关中地区，乃至贩运到陕南、陕北和外省，如甘肃、山西、河南等地。由此而论，明清时，西安不仅成为陕西省最大的商业中心，也是我国西北地区重要的商品集散中心。

（一）西安市场与商业的大体趋势

明清时期西安市场的盈缩和商业兴衰，与关中地区的经济有相当密切的关系。元末，各地农民起义风起云涌。1356 年秋，刘福通领导的红巾军分三路大举北伐，其西路军直指陕西。此后五年间，红巾军曾三次攻入关中，关中大批城市先后被攻占。在镇压农民军过程中兴起的察罕帖木儿、李思齐等人在关中等地据地自雄，互相攻伐，陕西已陷于军伐割据状态。连年战乱导致人口锐减，农田荒芜，道路榛塞，有的地区甚至出现人烟断绝的惨景。在此情况下，商贾不通便成为必然现象。与关中农业衰敝的同时，城市也出现了萧条荒凉的景象，作为西北最大城市的西安自然也难以幸免。明太祖洪武三年（1370 年）正月，西安地区发生饥荒，明太祖遂命赈济每户 1 石粟，共赈济 36 899 石[①]。也就是说，西安府饥民至少有 36 899户，约达 20 万人。类似的赈济还有不少。在此情况下，西安的商业也就难得兴盛。

明初，恢复和发展农业生产不仅是广大农民的强烈愿望，也成为统治者所面临的一项迫切任务。为此，明朝统治者采取了一系列恢复和发展经济的措施，如招抚逃亡、奖励垦荒、大力屯田、兴修水利、减轻赋税等。洪武初年规定，凡农民开垦的荒田可以“永为己业”，免征徭役三年。朱元璋曾给陕西等省下令，鼓励农民“尽力开垦，有司毋得起科”[②]，即对农民新开垦的土地不征赋税。洪武八年（1375 年），明太祖命耿炳文浚泾阳县洪渠堰，结果可灌溉泾阳、三原、礼泉、高陵、临潼田 200 余里[③]。关中地区的水利设施相继得到修复，从而为

① 乾隆《西安府志》卷 12《食货志·蠲赈》。
② 《续文献通考》卷 2《田赋》。
③ 《明史》卷 88《河渠志》。

农业发展提供了有力保障。关中地区的农田垦殖在明初乃至明末卓有成效。从明代撰修的方志中可以清楚地看出，明代关中地区土地垦殖面积一直在不断扩大。现存明代关中地区的有关方志，其中十五种县志所载该县的田亩数都反映出了土地不断垦辟、田亩不断增加这一基本事实。如蓝田县于洪武十四年（1381 年）有官民田 1558 顷 43 亩，嘉靖四十一年（1562 年）增至 1988 顷 29 亩，181 年间共增加耕地 429 顷 86 亩[①]。从洪武二十四年到弘治五年（1391—1492）的 101 年间，三原县累计增加田地 160 顷 67 亩[②]。合阳县在洪武年间总田数为 4 405顷 24 亩，到明后期隆庆、万历年间增至12 185顷 74 亩[③]，增加耕地面积达7 780顷，其总田数是洪武年间的 2.75 倍，关中其他各州县耕田数均有不同程度的增加。据嘉靖《陕西通志》载，当时西安府所属关中各州县共有夏秋地 139 360顷 79 亩，凤翔府所属各县共有夏秋地3 759顷 25 亩，二府合计，关中地区总田数为176 956顷 29 亩，到明后期，关中地区入籍田数增加到322 828顷。由此可见，关中地区明后期的田亩数比明中期嘉靖年间增加了 14 万顷，充分显示了关中地区耕地不断增加的成效[④]。耕地面积的扩大，则意味着农业生产规模的扩大。这说明，关中地区农业经济在明代仍有显著的进步。据明代一些方志记载，关中地区的人口也显著增加。

明末清初，关中经济的发展又一次遇到挫折。明末，土地

① 隆庆《蓝田县志》卷上《田赋》。
② 嘉靖《重修三原县志》。
③ 天启《同州志》卷 5《食货志》。
④ 吕卓民：《明代西北地区土地垦殖研究》，《中国历史地理论丛》1998 年第 2 期。

高度集中，农民负担日益沉重，社会矛盾极其尖锐，分封在西安的秦王及各级官僚广占良田，却无徭役负担。史称“秦府宗室及缙绅占业者居十之四，名为寄庄，无他徭役，独累小民”[①]。明王朝的腐朽统治终于激发了以李自成、张献忠为首的农民起义，陕西人民参加起义者甚多。明清鼎革之际，关中及陕西遭受战乱破坏尤为严重。战乱之后的陕西，“民化青磷，田鞠茂草，盖无处不有荒田，无户不有绝丁”[②]，关中受到的破坏相当严重。史称:“西安等府州县，遭寇焚掠独惨。”[③] 清顺治十一年（1654 年），西安五卫的荒地达217 900亩；直至顺治十五年（1658 年），西安府所属州县仍有荒地18 671亩。由于连年战乱和各种灾荒，关中人口大减。西安在“顺治初，逆闯初殓，大难甫平，战骨蔽野，丰升额（驻防西安的旗人）日以掩埋为事，数年之久，无复暴露者”[④]。有学者估计，明末清初关中地区死亡人口大大超过 27 万人[⑤]。总之，明清之际的关中，田地荒芜，百姓或死或逃，农业凋敝，邑里萧条。随着关中地区农村经济的衰退，商品生产和商品流通也陷入停滞状态。据华县出土的《感时伤悲记》碑（此碑现存西安碑林博物馆）记载，明末华州（今陕西华县）稻米、粟米每斗价格高达二两三钱（白银），小麦一斗直二两一钱，大麦每斗直一两四钱[⑥]。粮价的高涨充分反映了关中经济的衰敝程度。在此形势下，西安的商业又一次受到沉重打击，处于严重萧条

---

① 嘉庆《长安县志》卷 25《循吏传·关从义传》。

② 故宫档案《孟乔芳揭帖》，顺治七年。

③ 雍正《陕西通志》卷 83《德音》一。

④ 民国《续修陕西通志稿》卷 86《人物十三》。

⑤ 田培栋：《明清时代关中地区人口的消长》，《平准学刊》第四辑，光明日报出版社 1989 年版。

⑥ 《考古》1960 年第 10 期。

状态。

清初，清政府采取了一系列恢复经济的政策，如招抚流亡、鼓励垦荒、蠲免赋税、兴修水利等。康熙以后，社会稳定，经济日渐恢复。经过一百多年的休养生息，关中地区经济又呈现出一派繁荣景象。民国《续修陕西通志稿》卷31《户口志》说：西安府、同州府、凤翔府“百余年来，休养生息，鸡犬相闻。至道（光）、咸（丰）时，户口称极盛焉”。民国《户县志·风俗》载：“康熙盛时，兵革之息，农桑渐复。至乾隆时，又为有清全盛之期，遗老谓：夫花门构乱之前，人烟辐辏，庐舍鱼鳞，各村充塞，俱不能容，村外环集，殆无隙地，家给人足，盛知礼义。”据《嘉庆重修一统志》载，嘉庆二十五年（1820年），关中地区人口已达670多万人。道光、咸丰年间，人口又有所增加，因而估计咸丰末年关中地区的人口当在800万人以上。当时关中地区20万人以上的县就有十多个，10万人以上的县也有十几个。户县大约有居民13万人，比明代增加了一倍。以商业繁荣著称于世的西安府三原县和泾阳县更是令人称羡。泾阳县“地当秦陇商货孔道，富商大贾皆屯集于泾阳一带”。至道光时，该县人口增至193 200人，其中商人为32 500人，县城大约有10万人。三原县“民物丰盛，甲于一省”，成为渭北各地贸易交汇之地。咸丰时，三原县人口已达163 000余人，县城人口不下七八万人。人口的迅速增加从一个侧面反映了经济的发展。关中社会经济的日趋繁荣，为西安商业的发展提供了坚实的物质基础，从而有力地促进了西安商业的繁荣。

（二）西安市场与关中地区商品生产

明清时期，西安作为陕西省最大的商业城市，又是陕西行省的省会所在，其商业的盛衰与关中社会经济的变迁有着更为密切的关系，而不像以前那样与政治中心的变迁息息相关。明清两代历时近五个半世纪（1368—1911），除了明清之际的大战乱和同治年间的战乱影响外，关中地区的社会经济一直在向前发展。明清时期尽管关中经济发展的步伐已显得有些沉重和迟缓，并且明显落后于江南发达地区，但社会经济仍有所进步，尤其是关中农村商品性生产比以前更加活跃，从而为西安市场提供了大量商品。

从明到清，除了几个大的战乱年代外，社会经济发展的一个大趋势是，人口不断增加，其中非农业人口也在增长。明代以后，西安城区面积扩大，居住在城里的工商业人口也为之大量增加。非农业人口不仅包括商人和手工业者，还包括衙役、书吏、卜者等，他们在城市居民中所占比重不可忽视。绝大部分非农业人口都要从市场购买粮食，所以，非农业人口的增加，则意味着市场对粮食需求量的扩大。在西安城中，除了不计其数的粮店遍布于各个街巷外，还形成了若干集中的粮食市场——粮市。例如西安东郊就有粮市①，另外还有糯米市②。西安粮食市场出售的粮食，自然不是城内生产的，而是来自关中广大农村，甚至更远的地区。明清时期，随着关中地区农业的发展以及农村商品经济的活跃，粮食的商品化程度也不断提高。在此形势下，广大农村向西安市场提供的商品粮也明显增多。明清几百年间虽有起伏，但这是总的发展趋势。关中农村向西安市场提供商品粮，一种方式是通过小商小贩向西安贩运，另一种方式则是大粮商到各地的粮食集市采购，再贩运到西安。乾隆《周至县志·风俗志》说：米粟等物“多土著之民自行贩卖”。乾隆《兴平县志》说：“秦人岁岁衣被冠履，皆取

① 嘉庆《咸宁县志》卷1《东郭图》。

② 乾隆《西安府志》卷62《古迹志》下。

给于外省，而卖谷以易之。”[1] 西安府所属其他县也大多如此。乾隆《泾阳县志·市镇志》载：“云阳、石桥等镇，仰资淳化粮炭，以给食用。”乾隆《韩城县志·市集》说：“大集之在县者，米粮杂货，每关一月，俱集城外。”光绪《华州志·市集志》载：同治八年（1869 年），“粮市移新城内，每日集”。从文献记载看，关中各州县在明清时期几乎都有粮市，说明当时粮食交易远比前代活跃。关中农村除了向本县粮食市场提供商品粮外，还向西安市场提供了大量的商品粮。光绪《平遥县志·杂录志》载有康熙四十四年（1750 年）山西省平遥县知县王绶上巡抚噶礼请《疏通籴粜文》，颇能反映关中粮食生产的商品化程度。该文指出：康熙三十一年（1682 年），因关中偶遇荒歉，陕西巡抚遂下令不许关中粮食“渡河而东”，运销山西，以致山西粮价高涨，“籴粜艰难，民食不给”。十三年来，“窃见关中米麦，每两（白银）则三四石有余；晋中价值，每两则四五斗不足”，“揆厥由来，皆由关中之地肥饶黄壤，宜麦宜谷，故收数丰盈。且陕地甚广，延（安）、凤（翔）、平（凉）、庆（阳），耕者所获，皆转粜于西安”。闭籴以后，“以致陈陈相因，粒米狼戾。贫民卖一石之粟，不足上供数亩之（税）粮。此秦民粟荒之叹，传之道路而共知者”。此事充分说明，关中、陕北地区甚至甘肃省的米麦等粮食大量销往西安，从而为西安提供了不少商品粮。这些商品粮除供给西安城内居民消费外，还贩运到其他缺粮地区，甚至被贩运到山西省。西安市场上的粮食除来自关中外，还有不少来自外地和外省。康熙三十一年（1692 年），关中歉收，致使西安市场米价上涨，康熙帝遂命转运湖广米 20 万石至西安以便平抑粮价。这些粮食从湖北襄阳通过水路运到商州，再从商州运到西安。米价按湖

① 乾隆《兴平县志》卷 1《地理志》。

广（今湖南、湖北）粮价加上运费出售，结果西安粮价迅速下降。

西安市场上不少纺织品或纺织品原料也来自关中农村，主要有棉花、棉布、丝布、细布、茧等。关中地区自元代以来开始种植棉花，至明代则广泛种植。明政府规定，按田地面积征收棉花和棉布等。明世宗嘉靖初，征收棉花15 431斤、棉布116 060匹 2 丈[①]。据嘉靖《陕西通志》卷 34《田赋》载，泾阳（23 445匹）、华州（12 556匹）、合阳（11 564匹）、朝邑（9 733匹）、渭南（9 376匹）、同州（7 426匹），三原（6 940匹）、蒲城（5 066匹）、宝鸡（4 672匹）、富平（3 969匹）、华阴（3 625匹）、临潼（3 562匹）等十二县每年向明政府交纳棉布101 974匹，占全省交纳棉布总额的 3/4 以上。从这个数字可以窥见当时关中地区棉花生产的兴盛。泾阳县为陕西省产棉大县，“自光绪二十三年（1897 年）始，县境出棉五十三万三千（斤）有奇，三十二年（1906 年）增至三倍。今（宣统三年）又增倍矣。宣统元年（1909 年），每百斤售银十七八两至二十两；二年，百斤售银十二三两至十五两”[②]。据此可知，清朝末年，泾阳县每年可以出售棉花 300 万斤之多。这些棉花除大部分运销湖北汉口外，销往西安者也不少。随着棉花生产的发展，作为家庭副业的棉纺织业也日趋发达，棉花和棉布的生产越来越卷入商品生产的大潮之中。乾隆《咸阳县志·风俗志》说：咸阳农民“农力耕稼穑，妇女多知织纴”，“商惟花、布、米、粟……土著之民自行贩卖”。乾隆《周至县志·风俗志》则称：“纺棉织麻，人人能之。”《物产志》引旧志说：“邑民多衣褐，细布则贸诸会城（西安）。”嘉靖《耀州

① 雍正《陕西通志》卷 26《贡赋志》。

② 宣统《重修泾阳县志》卷 8《实业志·棉》。

志·物产志》说："富平产木棉，织布转生息。"光绪八年修《华州志·风俗志》载："妇女不论贫富，均尚女红。贫妇值农忙时，亦能作苦田间，暇则勤纺织，以布易钱，名曰倒换。一年所出，不无小补。"关中其他州县也大都生产棉花和棉布。正是由于关中地区棉花和棉布生产商品化程度逐渐加深，从而为西安的市场提供了大量棉布和棉花。明清以来，由于棉花生产日趋兴盛，关中地区素称发达的丝织业日渐衰落。尽管如此，关中一些州县仍然产丝茧不少，并将其作为商品运销到西安。据光绪《户县乡土志》载：户县生产的"茧由陆运至省城（西安），每年约销四五千斤，本境销七八百斤。丝由陆运至省城（西安），每年约销四五百斤，本境约销二百斤"。由此看来，户县生产的茧、丝等绝大部分销往西安，在本地的销售量则较少。

19世纪中期以后，随着外国资本主义势力的逐步侵入，外国商人也将洋布贩运到西安。从商品流通的角度看，西安市场上的棉花和棉布及洋布等，一方面供给西安居民消费，另一部分则从西安销往关中地区缺少或不生产这些货物的州县，甚至运销到甘肃省等更远的地区。据乾隆《清水县志》记载，该县的棉花、土布、洋布等均由铺户从西安、兴平等处贩运而来。西安市场纺织品之所以能够行销到很远的地方，大概是由于西安的布帛价格较为便宜。顾炎武在《日知录》"纺织之利"中说："今边郡之民，既不知耕，又不知织。……华阴王宏撰著议，以为延安一府布帛之价，贵于西安数倍。"[①] 可见当时延安的布帛价格要比西安高数倍。

明清时期，西安市场上出售的瓜果类商品可谓品种繁多，丰富多彩，主要有桃、梨、苹果、樱桃、葡萄、枣、柿子、胡

---

① 顾炎武：《日知录》卷10《纺织之利》。

桃、李子、西瓜、沙果、石榴等，这些瓜果类商品大多来自西安附近各州县。明清时期，西安附近和关中地区的瓜果种植业日益显示出商品生产的性质，散布于各州县的各种瓜园、果园，已经成为典型的商品性生产。那些分散的果树种植业与市场的关系也日趋密切。西安市场上的瓜果类商品有相当部分就来自关中农村。宣统《泾阳县志·物产志》说："枣，沙土山坡皆宜，三四年即获利。有水枣，皮薄而脆，熟时贩运省城（西安）。"泾阳的其他果品也很有名，例如桃"傍河滩地多种，惟豁口为最佳"；杏，"鲁桥产者多且美"；柿，"多出鲁桥各村"。三原县出产的桃、柿等水果也不少。光绪《三原县新志》说：三原"果惟榅桲、樱桃、葡萄、木瓜、楂、梨，园林有之。《旧志》谓：张村之桃，豆村之柿为绝佳。"[①] 兴平县出产的果品以桃、柿获利最为丰厚。据载，兴平"果称樱桃、杏、李、石榴、枣、瓜，而桃园、柿园获利尤厚"。朝邑县商品性瓜果种植业更是兴旺发达。史称朝邑"邑里无它奇，五谷六畜所在相若，置不论。论其多且旨者，千树杏，万树桃，桑枣无虑以亿计。葱茄千畦，莱菔瓜田百亩，夏秋之交，肩任背负，襁属辐辏，达于四境，交易而退，得谷百钟，因之衣服滋殖"。这种果蔬生产属于典型的商品生产。"王谦饶于梨……北阳多桃、李。浜洛壖而上，桃花三十里不绝。此其人各任其能，毕其力，不待督责而竞劝。植果倍于树谷。任地之宜，因天之时，上输租税，下而富家。邑之地不足，而犹不至大徙者，恃此具也"[②]。该县广种果树以补农业收入之不足，属典型的商品生产。临潼、蓝田、长安、咸宁、户县、周至、华州（今陕西华县）等州县所属秦岭山区，果树种植业在明清时也具有相当规

① 光绪《三原县新志》卷3《田赋志·物产》。

② 万历《续朝邑县志·物产志》。

模。例如仅户县每年销往西安等地的胡桃就有五六万石之多①。据记载，华州（今陕西华县）“沿山一带地多石，种柿作饼鬻，为日用之资”②。清代后期，西安府所属蓝田县的果树种植业也颇具规模，其生产与西安市场的联系也日益密切。蓝田县“桃、杏、沙果，俱产邑北，春里花开，灿若列锦。……胡桃、栗子、梨、苹果、红果等类，俱产山内。每岁运销省城（西安），络绎如续（织）”③。嘉庆《长安县志·风俗志》载：“缘山柿、栗，岁供租赋。”山区附近农民依靠出售果品所得，向官府交纳赋税，这在当时具有一定的代表性。长安、咸宁、乾州（今陕西乾县）、合阳、朝邑、蒲城、同州（今陕西大荔）等州县都出产西瓜，其中以蒲城、同州等地的西瓜最为著名。蒲城的西瓜以味甜著称，农民种“瓜田百亩，夏秋之交，肩任背负，襁属辐辏，达于四方”④。同州“西瓜亦出沙苑，味甘美，甲于秦中。其尤美者，皮白、瓤白、子白，呼为三白瓜，远及数百里外，无不尊三白者”⑤。另外，三原、富平所产的香瓜也非常有名，以甜脆著称。史称华州（今陕西华县），“人稠地狭，一岁所入不敷一岁之用，赖多植果木，获利较厚，借以补收获之不足”⑥。可见华州的瓜果种植业很兴盛。上述瓜果生产显然属于商品生产，这些瓜果大部分被贩运到省城西安。

明清时期西安市场出售的蔬菜品种相当多，如秦椒、韭

① 光绪《户县乡土志》卷下《商务》。
② 雍正《陕西通志》卷43《物产志》引《华州志》。
③ 光绪《蓝田县乡土志》卷2《商务》。
④ 乾隆《蒲城县志》卷3《物产》。
⑤ 道光《大荔县志》卷6《物产》。
⑥ 《三续华州志》卷1《地理志·风俗》。

菜、葱、大蒜、茄子、白菜、芹菜、辣子、姜、芋、木耳、竹笋、百合、茭白等，这些蔬菜有相当部分来自西安附近地区。在西安郊区已经形成了一些专门经营菜园的蔬菜专业户，专门为城内居民提供蔬菜。当时韭菜的种植较为普遍，如栎阳农民家家种韭菜。礼泉县出产的水韭更是远近闻名。又如临潼县所产的韭黄，利用华清池温泉水浇灌，由于水温高，早春就可运到西安出售，获利甚厚。临潼出产的韭菜风味独特。雍正《陕西通志》称："今临潼县温泉旁，有田数十亩，皆种韭，味异他处，俗谓之嫩韭。"① 兴平县出产的的辣椒亦驰名关中，"桑家镇辣子性味极厚，行销亦广"。兴平所产辣子，除自用外，每年"俱销售于省城（西安)、富平、耀州各县地约二十万斤"②。西安南郊地区出产的葱、蒜、白菜、芹菜等也不少，其中以樊川出产的葱为最佳。清朝乾隆时期著名农学家杨屾指出："今西安一带所卖（白）菜子，俱非安肃真种，是浐河一带所出者，名'矬老汉'，颇类京白菜，但有丝且有草气，其重亦不过三五斤"③，可知西安郊区浐河一带大量生产白菜，西安市场上的白菜有不少来自这里。户县盛产姜、芋、木耳、竹笋等，仅每年向外地输出的姜就达四五十万斤。据记载，户县生产的芋有红、白两种，"红即红薯，白者俗名芋头，由陆路运至省城（西安)、咸阳、泾阳、（三）原、眉（县)、武(功)，每年约销六百万斤，本境约销二百万斤。百合、木耳出南山，由陆路运至省城，每年约销三四千斤，本境各销千余斤。竹笋、茭白由陆路运至省城，每年各约销二万余斤，本境

① 雍正《陕西通志》卷 43《物产志》。

② 光绪《兴平县乡土志》卷 5《商务》。

③ 光绪《兴平县乡土志》卷 4《园制·白菜》。

各销五六千斤”[①]。据此可知，西安附近户县生产的红薯、芋头、木耳、百合、竹笋、茭白等商品销往西安的数量相当大。这种现象在关中地区尤其是西安周围地区表现得日益突出，说明西安市场的商品流通与关中农村商品生产的关系越来越密切。正是由于关中农村商品经济的发展，从而为西安市场的活跃提供了强有力的支持，促进了西安市场的繁荣。

明清时期，西安城区还设有大牲畜市场、家禽市场，以及肉制品市场。据嘉庆《咸宁县志》载，西安城内有骡马市，位于钟楼之南、南大街以东；牛市，位于粉巷正西的牛市巷；鸡市则位于东郭，羊市位于麻家十字以东。关中农村一般农家都饲养家畜家禽，或供耕作和运输，或取肥料，或自家食用，或大部分出售，或经营商品性生产，成为畜牧业专业户，各地差别不小。但从总的情况来看，向市场投放的骡马、牛羊、鸡鸭、猪等都有相当数量。明朝人张翰说：黄河“以西为古雍地，今为陕西，山河四塞，昔称天府，西安为会城，地多驴、马、牛、羊、旃、裘、筋、骨”[②]。关中有的州县出产骡、马不少，例如兴平县“牛、马、驴、骡、犬、豕、鸡为常畜。……邑俗，马多产骡，岁售晋、豫、鲁，为数亦巨”[③]。兴平的马、骡等牲畜既然大量销往山西、河南等省，那么销往西安市场肯定也不少。此外，礼泉、乾县、华州（今华县）、长安、咸宁、户县、周至等州县也出产不少的马、牛、羊等畜牧业产品。例如仅户县出产的牛羊皮，“由陆运至省城（西安），每年约销千余张，本境约销二三百张；羊毛，由陆运至省城，

① 光绪《户县乡土志》。

② 张翰：《松窗梦语》卷4《商贾纪》。

③ 光绪《兴平县志·物产志》。

每年约销六七百斤，本境约销二三百斤”[①]。牛、马、驴、骡既可用于耕作，又是农村重要的交通工具，因而具有广阔的市场。明清时期西安骡马市的交易相当活跃。按规定，骡马等牲畜交易要向官府交纳畜税。据雍正《陕西通志》卷26《贡赋志·畜税》记载，西安府属收报畜税银1558两，其中西安骡马市收畜税银390两，长安县38两，咸宁县47两，咸阳县57两，兴平县65两，临潼县92两，户县129两，蓝田县66两，周至县57两。另外，延安府属收报畜税银264两。据此，西安骡马市征收的畜税相当于几个县的畜税之和，甚至远远超过了整个延安府的畜税收入，充分说明西安骡马市的交易很活跃。自元代以来，由于西安城中回民甚多，牛肉、羊肉的需求量遂为之大增，以致形成了牛市、羊市等专业市场。这些市场主要是为城内居民提供牛羊肉，其交易也很兴盛。这些市场的牛羊相当部分来自关中和陕北地区，以及西安附近的山区农村。

关中农村养猪之俗在明清时期颇为普遍。很多农民以养猪为副业，即使其主要目的是为了积肥，也有相当部分卷入商品交换的大潮。农家为了养猪，一般都需要从市场购买小猪。一些农户则专门喂养母猪，使之生产小猪，然后到市场上出售。如果用豆饼和酒糟、醋糟、油渣等饲养猪，又须从市场购买饲料。猪喂养大以后，一般都要在市场出售，才能抵偿饲料等项费用，并用出售生猪（或猪肉）所得的钱来交纳赋税、补贴家用等。农民每家喂养一二头猪的情形较为普遍，尽管也存在着只供食用的情况，但所占比例很小。随着城市的发展和非农业人口的增加，商品猪的需求量不断增加，从而刺激了西安附近农村养猪业的兴盛，猪肉的供应量也就不断扩大。在西安城中

① 光绪《户县乡土志》卷下《商务》。

有不少人专门从事屠宰业，西安附近的农民常常将自己喂肥的猪送进城里，直接卖给屠户，或由贩运家畜的商人直接运到西安出售。

明清时期，西安城内还设有专门的木材市场和竹器市场，其中著名的有东木头市，位于钟楼之南、南大街以东；西木头市，位于钟楼之南、南大街以西；竹笆市，位于城内鼓楼正南不远处。西安市场上的木材主要来自周至、户县、长安、咸宁、临潼、蓝田等县所属秦岭山区。史称："南山（秦岭山）夙称陆海，材木之利，取之无穷。然必有力之家，捐重赀，聚徒众，入山数百里砍伐，积之深溪绝涧之中，待大水之年，而后得随流泛出，则其利十倍。然非旦夕权子母者。"[①] 这些经营木材的商人都是些财力雄厚的大商人，资本投入的规模相当大，但利润也很丰厚。乾隆《周至县志·物产志》载："黑水谷其源最长。每岁所出木植，近至西（安）、同（州），远及晋、豫皆赖之。每年木植出山之日，黄巢峪地方木商、山客互相交易者不下数万人，其为利亦不下数万两。其余枋板、椽、栈、柴炭等物，又不止独出自黑水，而骆谷、田谷等处亦皆有之。其利亦远及外郡他省。"在关中各州县中，周至、户县、华州等地出产竹子较多，竹器品种也丰富多样，如竹簾、竹篮、雨笠、竹筛、扫帚、簸箕、竹笼、竹箱等。清末时，仅户县每年销往西安等地的扫帚约达六七百万把之多，而其生产的竹筛、竹笼"由陆运至省城（西安）、咸阳等处，每年约销七八万个，本境约销一二万个"[②]，销往西安市场的数量颇为可观。由其他州县销往西安市场的竹器类商品更是多种多样，数量甚巨。总之，西安竹笆市的竹器类商品绝大部分来自关中地区。

① 康熙《周至县志·物产志》。

② 光绪《户县乡土志》卷下《商务》。

明清西安市场上出售的其他商品还有许多来自关中农村地区，比如杂货类有木耳、蜜、薪炭、石灰、漆、毡、鞭炮、纸、烟草、皮货等；染料类有蓝靛、红花等；农具类有犁、锄、铣等；还有各种铁器、瓷器、木器等；药材类有甘草、黄芪、天麻、丹参、柴胡、地黄、半夏、五味子、枸杞等。乾隆《户县志·风俗志》称："近山食山，如薪炭、木枋、柏、泥纸、竹，可以负鬻。"据光绪《户县乡土志》记载："蜜出南山者最多，由人力运至省城（西安）、咸阳、兴平等处，每年约销二三百桶，本境约销二三十桶。石灰，涝峪、栗峪皆有窑灰，色甲于各县，由陆运至省城（西安）、周至、咸（阳）、渭（南）等处，每年约销六七十万斤，本境约销十万斤。漆，南山漆树最多，土人割取其汁，盛以木桶，每桶七八十斤不等。由陆运至省城（西安），由省城运至乾（州）、凤（翔）、同官、朝邑等处，每年约销七八千桶，本境约销五六百桶。"此外，户县每年向西安供应柏泥达二三十万块，销往西安等地的木炭达四五百万斤①。周至也出产大量的木炭、漆、蜜、纸等，并销往西安市场。另外，咸阳生产的苇席、毡，礼泉县出产的席、羊毛、麻纸、油，高陵县出产的纸，泾阳的皮货等也都数量很大。

明清时期，随着棉纺织业的发展，关中地区也大量种植染料作物。蓝是一种草本植物，用蓝制成的蓝靛可以将衣服布料染成蓝色。不仅在西安开设有许多染坊，就是在关中农村市镇也有染坊，所以染料需求量很大。蓝主要出产于西安附近的蓝田、户县、咸宁、咸阳、兴平、华州（今华县）等地。仅户县一地出产的靛，每年向西安、咸阳等地的销售量就达八九十万斤之多②。清朝末年，蓝田县靛的生产日见发达，其产品行销

①② 光绪《户县乡土志》卷下《商务》。

于西安、渭南等地“为数甚巨”[①]。关中其他县蓝靛的产量也不少。红花是一种能将衣料染成大红色的植物染料，并且可以用作制造胭脂的原料。明代关中各地皆产红花，其中以周至县、泾阳县所产红花最为著名。泾阳县石桥镇甚至设有红花市。史称“泾阳旧有红花市，每五六月间，贾客辐辏，往来如织”[②]，红花交易相当兴盛。周至出产的红花也很有名，其“邑之产以红花为第一，贾人有鳌花之号”。华州“丰原乡也产红花，四方商人多来采购”[③]。这里的红花甚至被商人贩运到了四川。关中生产的蓝靛、红花等染料，除了满足本地需求外，相当部分被贩运到了省城西安，以满足西安市场的需要。事实上，有些染料又从西安经商人之手销往其他地区。

关中出产药材的地方很多，尤其以沿秦岭山地区出产量更大，品种也更多。清《华州乡土志·商务》载：华州输出商品除竹器外，还有药材，“若麻黄、防风、苍术。蔬：若笋、藕、山药，东输至华阴，西输至西安、三原”。西安府所属的蓝田、临潼、长安、咸宁、周至、户县等也都盛产药材。上述地区出产的药材被商人大量贩运到了西安，如蓝田县出产的药材“每岁由南山内肩挑负载，运销省城（西安），络绎不绝，为出境大宗，药名亦甚众”。除此而外，蓝田还向西安市场提供了大量的商品，如木材、漆、木炭、扁粉、火纸、铁，以及各种玉器等[④]。

综上所述，明清时期西安市场上的商品丰富多彩、品种多样，而且这些商品有相当部分来自关中农村地区，有些则出自西安附近的秦岭北麓，这一现象正是关中地区农村商品性生产

① ④ 光绪《蓝田县乡土志》卷2《商务》。

② 康熙《泾阳县志》卷2《建置志》。

③ 民国四川《富顺县志》卷16《杂异》。

发展的结果。它说明，西安的市场与关中地区商品生产的联系空前紧密，西安的商品流通与关中地区乃至于陕西省的商品生产更加紧密地结合在一起。这一现象标志着西安的商业在明清时期有了新的进步，说明西安已经成为关中乃至陕西省商品交换的中心。

（三）明清西安商业的兴旺

明清时期，西安城区的商品生产也有所发展，商品交流的品种和规模比以前明显扩大。在此基础上，西安同全国各地之间的物资交流也更加密切。除明朝初年、明清之际及清朝晚期等几个较为低落的时期外，这一时期西安的商业基本上处于较为兴旺的状态。

明清西安的商业之所以比前代有所进步，主要由于关中地区农村商品经济的发展为西安商业的发展提供了坚实的基础，此外还有一些其他方面的积极因素也促进了西安商业的发展。其一，明代以后，西安城区面积扩大，有利于西安商业的发展。宋、金、元时期，西安城区一直局限于唐末韩建所改建的“新城”范围之内，这个城的规模显然过于狭小，它仅有5.2平方公里。洪武二年（1369年），明太祖朱元璋下令改奉元路为西安府，从此古都长安才有了西安这一沿用至今的名称。洪武三年（1370年），朱元璋决定封其次子朱樉为秦王，驻守西安。1374年，明政府令西安府长兴侯耿炳文、都指挥使濮英监修西安城墙。经过明初改建后的西安城，东墙长2 590米，西墙长2 631.2米，南墙长3 441.6米，北墙长3 241米，周长11.9公里，平面呈长方形。这次改建西安城是在元朝奉元城的基础上进行的，特别是西城墙和南城墙大部分利用了奉元城的旧城墙，而将东、北两面城墙各向外扩展约四分之一，从而使西安城的长宽均比以前增加了近30%，城区面积则扩大了80%。城区扩大后，商业市场的面积自然大为增加，城内从事工商业的居民人口也会相应增加，因此明初扩建西安城有利于商业的发展。其次，明清时期，不仅西安城区内工商业居民显著增加，郊区的居民也大幅度增加。据记载，乾隆四十三年（1778年），西安府的人口已猛增至2 423 368口，“是古称极盛时，尚不逮十分之一”[①]。乾隆时期，共治于西安府城的长安、咸宁二县已近60万人口。康熙五十五年（1716年），咸宁县所辖西安东郊人口达71 834口，北郊为66 770口，南郊则多达126 194口[②]。需要指出的是，此处所谓北郊、南郊只是当时西安城郊区的东半部分，而西半部分则归长安县管辖。可见明清两代西安郊区的居民人数也大幅度增加。在这些郊区居民中，相当部分属于工商业人口或半农半商人口。他们大都以工商为业，或者在务农的同时兼营商业。据记载，在清末人口有所减少的情况下，西安城区内的工商业人口仍达11万多人（111 628口），其中咸宁县所属城关户为63 461口，长安县城关户48 167口[③]。总之，明清时期西安城区和郊区工商业人口比以前显著增加。这一趋势有利于商业的发展，也说明这一时期西安的商业的确比金、元时期要活跃得多。其三，大致说来，除明清之际的大动乱等少数几次战乱外，这一时期比宋、金、元时期的社会经济秩序也相对安定一些。明清时期的交通状况较之于前代也有所改善，西安通往全国各地的商路也大都畅通无阻，为各地之间的商品交流提供了方便。明朝人罗洪先说：“关中虽称四塞，然南山东西通接商洛、汝、邓……今则道路通达，商旅骈填，傥骆悬车，褒斜绾毂，缔道远通于楚、豫，蚀中直达于商、洋，兼以户设编条，民安耕凿，百数十载

① 乾隆《西安府志》卷13《食货志·户口》。

② 嘉庆《咸宁县志》卷10《地理志》。

③ 民国《咸宁长安两县续志》卷4、卷5《地理志》。

以来，有山栖谷饮之安，无犬吠鸡鸣之警。”① 可见当时社会安定，西安与陕南以及湖北、河南等地的商路畅通无阻。嘉庆《长安县志》称：西安以南“则山川环带……子午、石鳖诸谷，道通兴（安）、汉（中），商旅络绎，市多榷酤，此其大较然也”②。可见西安与陕南兴安府（今安康市）、汉中府（今汉中市）之间的商路畅通无阻，往来商人络绎不绝。这就必然促进各地间的商品交流。其四，手工业者社会地位的改善，提高了他们的生产积极性，从而促进了商品生产的进一步发展。元朝时，大量的手工业者处于奴隶或半奴隶状态，他们或隶于官府，或隶于贵族，人身很不自由，即就是较为自由的“民匠户”也常常受到官府控制。他们主要为官府和贵族生产兵器或奢侈品。这种手工业制度必然阻碍民间手工业的发展。明朝建立后，逐步放松了对工匠的限制。明初实行轮班匠和住坐匠制度，手工业者的人身依附关系已比元代大为减弱，匠人有了较多自由，至成化末年则允许工人以银代役。成化二十一年(1485 年）规定：“轮班工匠有愿出银价者，每名每月南匠出银九钱，免赴京，所司类赍勘合，赴部批工；北匠出银六钱，到部随即批放。不愿者，仍旧当班。”③ 匠户纳银代役是一个重大的进步，此后手工业者的身份更加自由，从而提高了他们劳动生产的积极性，有利于商品生产的发展。明朝初期还曾实行过一系列保护工商业的政策，《明史》称：“关市之征，宋元繁琐，明初务简约。”④ 明太祖朱元璋规定，“凡商税，三十而

---

① 乾隆《西安府志》卷 2《名山志·终南山》。

② 嘉庆《长安县志》卷 19《风俗志》。

③ 万历《明会典》卷 189。

④ 《明史》卷 81《食货志》。

取一，过者以违令论”[1]。洪武元年（1368 年）规定，“田器等物不得征税”[2]。由于明朝实行轻税政策，征税手续简约，这就刺激了商人的积极性，有利于商业的发展。

明清时期西安的商业市场也有一些变化，其中最明显的一点就是形成了若干专业性的市场，如牛市、羊市、马市、鸡鸭市、骡马市、猪市、鸡儿市、果市、粮食市、糯米市、大菜市、小菜市、瓷器市、竹笆市、东木头市、西木头市、槐市等。这些市场有的早在元朝就已出现，但在明清时显著增多。随着商品生产的发展，西安不仅为本地提供了大量商品，以满足城乡人民的生产和生活需要，而且还为关中、陕南、陕北输送了不少商品。明清两代，西安城内有不少手工业作坊生产铁器，其中既有生产工具，也有生活用具。光绪《户县乡土志》载，“镰刀由省城（西安）运至户（县），每年约销七八万张”[3]。西安仅每年销往户县一地的镰刀就达七八万张，可见其商品生产规模之大。纸在明清时早已成为一种重要商品。西安不仅生产纸，也有来自外地生产的纸。据载，兴平县所用的纸就是从西安丁址坊贩运而来的。西安销往兴平的商品还有青器、铜、铅、绸缎、盐等等[4]。盐、茶为生活必需品，有着广阔的市场。明清时期，西安成为陕西省盐、茶销售的中心。食盐绝大部分从山西省潞州（今山西长治）等地运至西安，然后再从西安销往关中等地。光绪年间，西安每年仅销往户县的食盐即达三十万斤之多。茶叶则来自陕南和南方地区，然后再从西安销往关中、陕北各县。明清时期陕西省丝织品生产已大为

① 《明史》卷 81《食货志》。

② 《明太祖实录》卷 30。

③ 光绪《户县乡土志》卷下《商务》。

④ 光绪《兴平县乡土志》卷 5《商务》。

落后，而南方江浙一带则成为丝织业的中心。西安商人便不远千里从江浙等地购进各种丝织品和棉布，然后再销往关中各县。所以明人张瀚说："虽秦、晋、燕、周大贾，不远千里而求罗、绮、缯、布者，必走浙之东也。"① 远近闻名的嘉定布也大量被贩运到了西安。嘉定生产的布"商贾贩鬻，近自杭、歙、清、济，远至蓟、辽、山、陕"②。商人还将山西蒲州（今山西永济）生产的碱运至西安，再从西安销往关中各县。甘肃兰州生产的水烟也由西安大量销往户县等地。19 世纪中期以后，随着外国资本主义势力的入侵，外国生产的商品纷纷涌入中国。清末，来自天津、汉口、上海等地的外国商品源源不断地进入西安，再由西安销往陕西各地，有的还销售至甘肃等省，其中以洋布等商品最为突出。光绪年间，西安仅每年销往户县的洋布就达二三千匹③。由此可以说，西安是当时外国商品在西北地区的一个重要的集散中心。

明清时期，商品生产的地域性特征日趋明显，在此基础上便形成了一些区域性市场，西安就是陕西乃至西北区域市场的贸易中心。就关中而论，各州县生产的具有地方特色的商品往往运至西安，然后再由西安销往其他州县。例如周至、户县、蓝田等县均生产大量的漆，这些漆就是通过西安销往各地的。户县"南山漆树最多，土人割取其汁，盛以木桶，每桶七八十斤不等。由陆运至省城（西安），由省城运至乾（州）、凤（翔）、同官、朝邑等处，每年约销七八千桶"④，即每年销售六十万斤左右。实际上其他商品也大都如此。大致说来，西安销往各州县的商品主要有：粮食、棉花、棉布、洋布、丝织

① 张翰：《松窗梦语》卷 4。

② 嘉靖《嘉定县志》卷 6《器赋考》。

③ ④ 光绪《户县乡土志》卷下《商务》。

品、盐、茶、各种水果、烟草、各种铁制农具、玉器、瓷器、竹器、木器、药材、木材、纸张、书籍、漆、蜜、木耳、炭、碱、毡、水烟、皮革、调料、染料、酒、菜油、服装等等。在这些商品中，有些还从西安远销到了山西、甘肃、河南以及南方等省。可见西安在明清时期不仅是关中地区商品交换的中心，而且逐步发展成为西北区域性市场的中心。

二、金融业与金融机构

明清时期，城市工商业日趋繁荣，国内外市场逐渐扩大，长途大宗贩运相当活跃，货币流通也与宋元以前显著不同。资本主义因素在封建经济内部已经萌生，并且日渐增长。在此形势下，信用关系与金融业比前代更加发达，以至于出现了钱庄、票号等金融组织。当铺虽在明清以前就已出现，但明清时期的当铺更加普遍，也更为活跃。从明到清，西安的货币流通和金融业也有不少发展和变化。

(一) 钱庄

钱庄是我国封建社会信用机构之一。在新式银行还没有设立前，钱庄和银号、典当等就早已存在。和其他商业发达城市一样，西安的钱庄也有悠久的历史。

钱庄亦称钱铺或钱店，或称钱肆，各地称呼不尽相同。钱庄究竟何时出现，最早出现于何地，目前尚无法断定。钱庄的出现与白银广泛流通有密切的关系。

明初大力推行纸币制度，严禁民间交易使用金银，然而这些禁令实际上并未得到有效执行。明英宗正统元年（1436年)，明政府又弛用银之禁，并开始用银征收田赋，从而使白银取得了价值尺度和流通、支付等手段的职能，成为主要的流通货币。此后“朝野率用银，其小者乃用钱”[1]。随着商品经济的日趋发展及纸币的迅速贬值，白银、铜钱在货币流通领域的作用日渐扩大，而纸币流通则日渐缩小。及至嘉靖元年(1522年)，“钞久不行，钱已大壅，益专用银矣”[2]。此后，流通中的支付便都是大数目用银、小数目用钱，从而形成了我国封建社会后期流通界以白银为主、以铜钱为辅的钱、银并行的货币流通制度。清代的币制也是银、钱并行，以白银为主，以钱为辅，在流通中大数用银、小数用钱。清政府的财政收支，自开始就是以银为准。乾隆九年（1744年）谕旨也称：“用银为主，用钱为末。”[3] 明朝中叶以后的货币制度虽然以银为主，银、钱并用，但民间使用的主要还都是铜钱。如明朝嘉靖年间(1522—1566)，“民间止用制钱，不用古钱”。万历以后，“古钱止许行民间，输赋、赎罪俱用制钱”[4]。由于白银尚未发展成为铸币形式，人们手中虽然有时会持有一些小块银锭或者碎银，但当实际使用时，则常常需要将其兑换成铜钱，以便于购买日用品或用于零星开支。另一方面，商业零售收入为铜钱，批发进货付出则为白银，这就需要以钱换白银。明朝钱与历代钱的价值不同，即使使用明钱，前期也与后期价值不同，钱与钱也需要兑换。在此形势下，便产生了银两和铜钱兑换的机构——钱庄。大约明神宗万历以后，钱庄、钱铺迅速增加，日益普遍。后来，钱庄除了经营银、钱兑换外，还经营放款、吸收存款业务，并允许顾客签发“帖子”取款[5]，从而使钱庄发展成为较为完整的金融机构。

清初以后，由于城市商品经济的发展，钱庄的设立更加普

---

①②④　《明史》卷81《食货志·钱钞》。

③　《皇朝经世文编》卷53。

⑤　范濂：《云间据目钞》卷2《记风俗》；《明熹宗实录》卷71。

遍。乾隆年间，陕西省在上奏中称："钱铺皆系小本经营，就地贸易，声息相通，不能抬价。设立经纪，反开垄断。"① 说明乾隆时西安的钱铺（钱庄）数量并非个别，但其经营规模似乎不大，小本经营者较多。这些钱铺的业务范围也很有限，就其性质而言，不过是货币经营业的最原始形式。它们不仅经营兑换业务，还可能进行一些商业活动。

大约在乾隆以后，钱庄逐渐在银钱兑换业务基础上发展成为信贷机构。这时，钱庄的业务已经突破了单纯兑换银钱的范围，而体现信贷活动的存款和放款开始成为钱庄业务的一个重要组成部分。钱票的使用和流通，就是钱庄信贷职能进一步发展的重要标志之一。在兑换和保管货币过程中，为了给顾客提供方便，减少铜钱的清点、私钱恶钱的挑拣和搬运铜钱所费的人力、财力，我国北方地区的钱庄普遍采用"钱帖"来代替铜钱的收付。"钱帖"印制精美，形同纸币，被称为"钱票"。它与纸币的区别在于，没有印制定额的票面，而是临时在印票版上填写数额、年月日和票券编号，票版上印有"凭帖取"的字样。因为钱票在商品交换过程中为社会提供了便利，加之钱铺社会信用高，从而使钱票成为一种信用票据。它在一定范围内流通，起着代替货币职能的作用。当时使用钱票的地区主要在我国北方各省，如陕西、山西、山东、直隶等。陕西等省之所以普遍使用钱票，是由于"西北诸省陆路多而水路少，商民交易势不能尽用银桩；现钱至十千以上，即须马驮车载，自不若钱票有取携之便，无盘运之烦，甚便于民"②。

西安作为陕西省乃至西北地区重要的商业中心，也大量使

① 《清高宗实录》卷232，第11页，川陕总督庆复奏。

② 山东巡抚经额布奏：《查明山东钱票情况折》（道光十八年七月初七日），《军机处录副折》。

用钱票。道光年间据陕西巡抚富呢扬阿奏称：陕西一般州县“地瘠民贫，富商稀少，以使用现钱为多”；但是“汉中、兴安两府铺户较多，间有行用钱票者，亦因换钱数多，不便负载，付以票据，以凭取用，与现钱交易无异，尚无大弊”。至于省会西安使用钱票则更为广泛，他说：西安府“烟户既多，商贾亦众，其始使用钱票，只为便于携带。行之日久，弊即渐生。有不用本字号票据而以别字号之票交付者，及持票往取，仍无现钱付给。是虽无外兑字样，而实即外兑之狡计也”[①]。这个奏折清楚地说明了钱票产生的客观历程。为了便于携带，解决大量制钱的搬运、清点等困难，使商品交换和货币流通更加便捷，钱票随之应运而生。钱票日渐流行，是商品经济发展的必然产物。同时，钱庄信贷职能的发展则必然反过来刺激商品经济的进一步发展。当然，钱票在流通过程中也出现了一些弊端。由这道奏折可知，当时西安一些钱铺不用本字号票据，而以别的字号票据交付，等到持票者前往取钱时，就会发生兑付困难。

清代西安的钱庄（钱铺）大致可分为官钱铺和私钱铺两种，其信用程度也不尽相同。清朝在陕西设有铸钱机构——宝陕局。咸丰八年（1858 年），“宝陕局委员、知县李应诏，未入流李洵监铸，匿报七万余串，亏短本钱五万余串，官钱铺委员郭廷椿管理铺事，未入流王迎科挪移官项，伙开私铺，陕抚曾望颜奏请照监守自盗例治罪”[②]。可知西安有官钱铺和私钱铺两类钱铺。官钱铺自然由官府经营，私钱铺则是私人经营的钱铺。无论官钱铺还是私钱铺都可以发行钱票，后来在钱票发

① 陕西巡抚富呢扬阿奏：《陕西省钱票情弊折》（道光十八年七月二十六日），《军机处录副折》。

② 民国《续修陕西通志稿》卷 63《钱币》。

行和流通过程中也曾产生了不少弊端。即所谓“公家之票既日出日多，私家之票，亦渐推渐广。奸商乘时射利，公然买空卖空，名曰做乾盘，其间一败涂地者，不知凡几”①。钱票流通如此混乱，必然破坏正常的货币流通秩序，不利于商业发展。

据民国《续修陕西通志稿》卷 63《钱币》载，西安最早设立官钱铺，行使银钱票，始于咸丰三年（1853 年）。当时发放各级官员俸禄和士兵兵饷都搭放制钱，后因“各营携钱不便，以票换银，不无亏折”，于是又于咸丰十年（1860 年）秋裁撤了这个官钱铺。至同治元年（1862 年），因军饷不支，陕西巡抚又请恢复设立官钱铺，并请将省城西安“各营兵饷搭放钱票，库款借资周转”。后来由于“奸民私造钱票，商民时受大害”，陕西巡抚谭锺麟又于光绪二年（1876 年）请求“停搭钱票，收放实银”。当时陕西当局准备收回旧票，停止钱票，以便整顿官钱票的发行与流通。不料在光绪三年（1877 年）和四年（1878 年），陕西省发生大面积旱灾，钱粮停征，而财政开支又大为增加。于是陕抚又奏请“行用钱票，搭支月饷”。官钱铺发行的钱票，直至光绪十二年（1886 年）年底才清理完毕，随后官钱铺也被裁撤。

自从撤销官钱铺后，“买卖交易，悉用私钱票”。此后私钱票在西安市场上的地位更加重要，数量更多。尽管官钱铺存在不少问题，但官钱铺所发行的钱票仍有较高的信用，为商民交易提供了方便，在货币流通方面仍具有一定的积极作用。光绪二十年（1894 年），陕西巡抚鹿传霖上奏说：“同治、光绪年间，陕省地方多故，全赖官钱铺所出钱票，借资周转。今若照旧开设（官钱铺），多出钱票，则奸商之出票牟利者，不禁而自绝。当此时事多艰，库款支绌，借以架空周转，稍资接济，

① 民国《续修陕西通志稿》卷 63《钱币》。

一举而数善备焉。”[①] 官钱铺所出钱票既有利于资金周转，又能抑制不法奸商的投机活动，为此他准备在西安选择适中之地开设官营的“秦丰银钱铺”，并奏请清政府批准。据说在筹办秦丰银钱铺过程中，“商民踊跃信从，街市均极安帖”。光绪二十年（1894 年），经清政府批准的秦丰官银钱铺终于在西安设立了。这个官营银钱铺，系由藩库拨给白银一万两作为资本，发行钱票。陕西当局委派熟悉商情的官员担任钱铺经理，并发给钤记（印章）。按当时规定，钱铺中的出入账目，按月通报一次，年终由司委员造册稽查，每年还要编制收支细数清册，报上级部门审查。据民国《续修陕西通志稿》卷 63《钱币》引《财政说明书》载，当时西安发行纸票 819 316 串 500 文（一串即1000 文），汉中、兴安（今陕西安康）、延安等地区也发行纸票，但规模较小。据说，“设局之初，原为流通官票起见，而各属办法，或以官票折合现银长期生息，或以官票购易现银生息”。各地的利息率也不尽相同，省城西安是 8 厘，汉中、兴安（今陕西安康）则高达 1 分 3 厘。西安每年所获得的红利则作为“北山苦缺津贴专款”[②]。秦丰官银钱铺于宣统元年（1909 年）宣布停办。除此之外，1909 年又在西安设立了官营的银钱号——富秦钱局，后于 1937 年并入陕西省银行。

清后期，西安的官钱铺（钱庄）还有“咸长公局”和“恒通钱铺”。恒通官钱铺始设于同治元年（1862 年），光绪十二年（1886 年）被裁撤。咸丰、同治年间，省城西安“通行钱票为恒通字号，官钱局所发也。至军兴以后，各兵勇以银换钱，廛市骚然，乃有咸长公局之组织”。同治六年（1867 年），西安的钱行醵钱 6400 余缗，设立了“咸长公局”，发行钱票，

① ② 民国《续修陕西通志稿》卷 63《钱币》。

公推郭文寿主管局务。不过这两个钱庄在发行钱票过程中也存在着严重弊端。咸长公局和恒通“两局发行钱票，均无限制，各逾百万缗之多，公私予取予求，基本金毫无准备”[①]，可见这两个钱铺在发行钱票时都存在着严重的欺诈行为。它们滥发钱票，毫无限制，基本金准备严重不足。光绪八年（1882年），郭文寿因年老而请求出局，并推举渭南人姜恒泰接替他。光绪九年（1883年）秋，终于爆发了金融恐慌和信用危机。当时“商民麇集，持票取钱，公局不支，藩司恐酿巨变，出库钱维持”[②]。咸长公局依赖陕西当局的财政救助，勉强维持了一段时间。光绪十一年（1885年），咸长公局终于被撤销，而恒通字号也在不久被裁撤。

清代西安的私钱庄（钱铺）也不少，但其规模往往较小，当然也有一些私钱铺规模可观，资本雄厚。私钱铺签发的钱票在当时相当普遍。光绪十二年（1886年），裁撤官钱铺后，西安城内“买卖交易，悉用私钱票，于是铺商各自出票牟利”[③]。私钱铺签发的钱票能够如此广泛地在社会上流通，正说明私钱票具有较高的信用度。当然，私钱票在使用过程中也存在着明显漏洞和弊端。一些不法商人为了牟取暴利，“往往广开钱票，盈千累万”，一旦亏损折本，便关门歇业，逃之夭夭，致使“商民受害，控案累累”，严重破坏了正常的金融秩序。后来以至于“菜佣、酱媪、发匠、狗屠皆得发行钱票，换人实银，一旦齐集取钱，则东伙逃移，铺门封闭，贫穷孤寡，至有手持空票，奔号终日不名一钱者，而廛里骚然矣”[④]。这种混乱状况显然不利于金融业的发展，也严重破坏了商业市场的稳定。到清末，西安的钱铺更是时兴时废，动荡不已。光绪二十年

①②③④ 民国《续修陕西通志稿》卷63《钱币》。

(1894年）以后，“商民相戒，不用钱票交易，一以银为准”[1]，钱票的信用至此已经荡然无存了。

（二）票号

明清以来，随着商品经济的不断发展，商业资本也越来越活跃。大约在清朝道光初年，我国首次出现了以经营汇兑业务为主的金融机构——票号。票号是中国封建社会金融业的一个重要组成部分，是继钱庄之后由商业中分离出来的一种金融组织。

票号起源于货币汇兑。票号的汇兑业务主要是为了解决不同地区之间由于长途贩运而形成的债务清算和资本金平衡等一系列问题而产生的。过去，不同地区之间的商业往来，往往依靠运送现银的方式来解决资金流通。现银的运输，一般都是由镖局派员保送，即所谓“万金之贾，行于道途，必挟善射者为之卫”[2]。这种方式显然不利于商业的发展。为了便于资金流通，一些资本雄厚的商业机构（如布店、杂货店）便兼营汇兑业务，因为他们在许多城市设有分店，具有办理汇兑业务的条件，而钱庄、银号尚不具备这些条件。随着远距离贸易活动的蓬勃发展，客观上对汇兑业务的要求也更趋专业化。再加上货币不统一，在一些发达的商业城镇流通着各种不同的货币也需要汇兑，于是以汇兑为业务的票号便从商业中逐渐分离出来，成为一种独立的专业金融组织。票号用汇兑的结算方式代替运现的结算方式，比起钱庄和银号来显然是一个不小的进步。它把汇兑、存款、放款等金融活动统一在一个组织内，从而形成中国早期的银行业。至于票号产生的年代，学术界有不同的说法。近年来，学者们倾向于认为它产生于19世纪20年代初，

① 民国《续修陕西通志稿》卷63《钱币》。

② （清）唐甄：《潜书》下篇《受任》。

亦即清朝道光初年[①]。

专业的票号机构产生后，在组织和经营方式上都有自己的特点。它在组织上有独资经营，也有合伙经营，但均负无限责任。票号在创立时，由出资人（俗称东家）和经理出面邀请证人3至5人，订立合同，规定资本若干两，以若干两作为1股（一般以1万两或8000两作为1股），几年合算大账一次，盈亏按股均分，经理人可以顶人力股若干。另立“万金账”，用以笼络职员，由经理视职员劳动情况，酌定其顶人力股之多寡。票号内部的组织有正掌柜、副掌柜、外账房、跑街、招待、管银、小伙、司务等。正掌柜的权力很大。资本家平日并不过问票号的具体业务，一切由经理负责，他们只在每年年终决算期阅览账簿，合算大账期间对职员评定功过。票号资本都贮存于总号，设立分号时，不另发资本，只给办事人一定数目的路费和开办费。

在票号的初创阶段，经营票号者几乎全部是山西人，特别是以山西平遥、太谷和祈县三地的商人为主。西安出现票号机构的时间也比较早，不过西安早期的票号机构大都是山西票号的分号。就笔者目前所接触的史料可知，早在道光三十年（1850年）前，山西日升昌票号就已经在西安设立了它的分支机构——分号；咸丰九年（1859年）前，蔚丰厚票号在全国八个城市中设有分号，其中西安就有它的分号。同时，上述两家票号还在西安府所属三原县也设有分号[②]。据文献记载判断，西安的票号机构大约在道光初年就已出现。道光八年（1828年），江苏巡抚陶澍在反映苏州商业、金融业状况时指出：“苏城为百货聚集之区，银钱交易全借商贾流通。向来山

① 张国辉：《晚清钱庄和票号研究》第15页，中华书局1989年版。
② 张国辉：《晚清钱庄和票号研究》附录三。

东、山西、河南、陕、甘等处来苏办货，约可到银数百万两。……自上年秋冬至今，各省商贾俱系汇票往来，并无现钱运到。”① 这则材料说明，至道光六七年间，北方各省与苏州之间在商业领域的汇兑活动已非常活跃。这条史料提到了陕西省，可知西安地区与苏州之间已经存在着汇兑往来。这种汇兑业务必然是由西安的票号机构来承担。由此可见，清朝道光初年，西安就已出现了票号机构。

票号在初创时期的主要业务是经营异地之间的资金汇兑。汇款是一种信用行为，其工具当时称之为“会票”或“汇票”。票号兴起后，给不同地区之间的远距离资金调拨提供了极大便利，有力地促进了各地的商业往来。

西安的票号机构与全国各大城市的票号都保持着较为密切的关系。西安与各地票号之间的资金汇兑也较为频繁。从蔚泰厚苏州分号道光二十七年（1847 年）和日新中票号京都分号道光三十年（1850 年）所遗留的账目来看，西安的票号机构不仅接收来自上述票号的汇款，而且也向全国其他各地的票号汇寄银两。不过西安票号机构在上述票号汇兑业务中，所占的比重似乎还比较小，说明西安的票号业务还处在初期阶段。据专家统计，在 19 世纪 50 年代，山西五家票号的分支机构（分号），即日升昌清江浦分号、日新中京都分号、日升昌江西河口分号、日升昌苏州分号和蔚泰厚沈阳分号在一年中收汇总额达1 681 377两，汇往 19 个商业城市，其中汇往西安的资金大约在20 000两左右，所占比重在 5% 以下；同期中，5 家分号全年交汇金额为1 679 665两，汇来城市涉及 20 处，其中京都占 12%，天津占 7%，三原占 6%，苏州占 26%，汉口占 9%，

① 《江苏巡抚陶澍为请暂借铜本易换制钱以平市价折》（道光八年四月初八日），《硃批奏折》财政类，卷 54。

扬州占6%，而西安仅占3%左右[①]。这些数字说明，西安票号在这些票号的汇兑业务中所占比重并不大。大致说来，这一时期票号的业务仍以商业汇兑为主。随着工商业和国内外贸易的发展，票号逐渐把存款、放款和汇兑业务结合起来。后来，存款和放款便成为票号业务中不可忽视的组成部分。

票号的存款大致可分为定期和活期两种。定期自三个月到半年，利率为月息四五厘到8厘，活期由2厘到4厘。放款利率自5厘到1分[②]。不过这里所说的利息率只是大致情况。据《清稗类钞》载："以存款论，平遥帮之存款利息至高三厘，祈（县）、太（谷）两帮可由三厘至四厘，甚且有得四厘半者。以放款论，平遥帮放出之款，多仅六厘，至多亦仅七厘而止，甚且有仅取五厘者，若祈、太两帮则往往多至一分，平均之数七八厘，此其大较也。"[③] 票号的利润主要来自汇兑费以及利息收入。虽然票号的存款和放款利息都不是很高，但因为存款利息率远远低于放款利率，所以票号的利润仍很可观。清末，各票号的存款数额都相当大，多则可达七八百万两，少则达二三百万两。而且存入票号的公款往往根本不取利息；私人存款虽有利息，但是利率很低，所以票号的利息收入相当可观。

票号的存款来源可分为两类，其一是公款，其二是私人存款。当时各省公款存入票号机构的现象十分普遍，陕西省也是如此。在私人存款中，既有各级官僚士绅的存款，也有工商业者的存款。就贷款对象而论，票号不仅将大量现金放贷给各级官僚，也大量向中小商人投放贷款。票号从初创时期以经营汇

① 张国辉：《晚清钱庄和票号研究》，第35～36页。

② 彭信威：《中国货币史》第623页，群联出版社1954年版。

③ 徐珂：《清稗类钞》第17册，第71页。

兑业务为主，发展到兼营存款和放款业务，从而使其发展成为一个全面承担借贷和汇兑业务的金融机构。

票号拥有雄厚的资金，其信用程度相当高。道光年间的一位学者许楣曾说："今之会（汇）票，有累至千金者"，"千金之票，欲金而得金"，而且"今之汇票，则交银于此，取银于彼，从无空票"①。可见当时人们对票号信用的推崇。正因为如此，票号在产生不久便得到了较快的发展。到光绪后期，全国的票号除总号机构外，分号机构共有 414 家，分布于 21 个省及内蒙古、新疆等地，其中陕西省有 22 家②。陕西票号机构的数量在全国处于中上游水平。而陕西的票号机构则主要集中在西安和西安府所属的三原县两地。据山西平遥蔚丰厚票号西安分号司账赵永深所述："平遥蔚丰厚票号开设于清道光十九年，资本金为二十万两，介休县北贾村侯姓独资，创办人阎永安，平遥城区人。设分号于京、津、沪、汉、湘、鄂、赣、蜀、绥、宁、陕、甘、新等诸省，共二十庄，专营汇兑、存款、放款、贴现以及信托等事，无他附业。陕、甘、新疆等省为获利之地，京、沪、汉、湘、川、绥等处为转运之区。初创时，每年获利除开支外，余三五千两。光绪间，每年获利二十万左右。四年结算，每年分红红利万金之谱。"③ 从赵氏所述可以看出，当时票号专门经营汇兑、存款、放款、贴现以及信托等业务，而陕、甘等地为获利之区，票号获取的利润相当丰厚。

清朝末年，西安票号机构的汇兑业务量已相当可观。由于

---

① 许楣：《钱币论》。

② 彭信威：《中国货币史》，第 622 页、629 页注㉛。

③ 卫聚贤：《山西票号之最近调查二》，伪《中央银行月报》第 6 卷第 4 号，第 589 页。转引自杨端六：《清代货币金融史稿》第 129 页，三联出版社 1962 年版。

缺乏完整的统计资料，这里仅举一家票号的统计数字，以见其概。据《山西票号史料》所收录的史料，1906年，日升昌票号西安分号全年的汇兑业务量为1 201 019两，其中汇出资金为563 479两，汇入资金为637 540两，其汇入量超过汇出量7.4万两。营业收入为8 201两，营业支出为16 141两，亏损7 940两。从票号汇兑业务量的规模来看，西安超过了扬州（930 474两）、沙市（838 005两）等城市，但远不如上海（6 602 845两）、汉口（6 464 250两）、京师北京（2 494 360两）等城市①。这些数字大体可以说明西安票号机构在全国所处的地位。仅日升昌票号西安分号一年的汇兑业务量就达120多万两，那么西安所有票号机构的汇兑业务的总量一定相当可观。

西安票号的存款和放款业务也相当不少。据专家对日升昌等14家票号在全国各城镇存款、放款所做的统计，1913年9月，西安票号机构的存款额为1 410 213两，放款额为1 550 118两，放款比存款多139 905两，存、放款总额为2 960 331两。从全国情况来看，西安票号机构的存款额虽然远不如京师北京（7 136 197两）、平遥（4 649 066两）、成都（2 690 236两）、上海（2 485 954两）等商业发达城市，但却超过了济南（146 719两）、长沙（246 342两）、兰州（184 595两）、太原（96 313两）、昆明（9 554两）、天津（407 164两）、杭州（127 742两）、广州（256 831两）等商业重镇。从放款规模来看，贷款数额超过西安的仅有平遥（3 528 090两）、京师北京（2 412 836两）、成都（3 116 783两）、汉口（3 761 218两）等四个城市，而全国其他大中城市的贷款数额

① 黄鉴晖：《中国银行业史》第75页，《日升昌票号14个分号汇兑盈利统计》表，山西经济出版社1994年版。

均少于西安。就连商业素称发达的上海、杭州、重庆、广州等城市的贷款数额也都低于西安①。这些数字虽然是1913年的统计数字，但此时距清朝灭亡仅两年，故可以大致说明清朝末年票号存、放款的一般趋势。西安票号机构的放款规模超过了上海、天津、广州等金融业发达城市，这一事实并不意味着当时西安的金融业就比上海等城市发达。因为当时上海、广州等城市拥有为数众多的中外银行以及其他形式的金融机构，而这些金融机构也为工商业者提供了大量贷款，所以当地票号机构的贷款规模相对较小。然而，西安的金融机构则较为单纯，只有票号、钱铺、当铺等几种。所以西安的工商业者对票号的贷款需求就显得大一些。不过，上述事实也说明，西安的票号机构已经发展到相当规模，它在全国各城市中占有重要的地位。从此也可以看出，西安金融业在清代发展的大致水平。

1840年鸦片战争后，英、法等资本主义国家利用其坚船利炮打开了中国大门，他们通过一系列不平等条约将其势力逐渐伸向中国内陆。外国商人很快注意到中国钱庄和票号的独特作用，并积极加以利用。当时，许多外国商人在贸易活动中就得益于钱庄的协助。外国商人常常利用资本雄厚的钱庄作为结算工具和支付手段。在此形势下，钱庄和票号为外国势力推销洋货、搜罗土产提供了便利，自觉不自觉地走上为外国势力服务的道路。另一方面，钱庄和票号也为中国商人进行进出口贸易提供了便利条件。19世纪中叶以后，西安和关中地区的洋货主要来自天津和汉口等地。天津是华北地区重要的商业城市，也是票号的发祥地之一。西安早就设有天津票号的分号。天津成为通商口岸后，大批洋货源源不断地运到这里。运到天

① 黄鉴晖：《中国银行业史》第74页《日升昌等14家票号在各城镇存放款统计表》。

津的洋货除少部分销售于直隶本省外，绝大部分销往外省。当时西安等地就有不少来自天津的洋货。从天津转口的洋货之所以能够方便地销往西安等地，就是因为它们得到了票号在金融上的支持，因为天津票号和它在西安等地的分号之间经常保持着频繁的金融往来。西安和关中的洋货还有相当部分来自湖北汉口。第二次鸦片战争以后，汉口也成为通商口岸，外国商品随之蜂拥而至。这些外国商品从汉口溯汉江而上可直抵陕南，再通过秦岭销往西安。由于西安、三原均设有钱庄和票号，它们与汉口又有密切的金融往来，通过它们的帮助，外国商品从汉口进入西安十分便利。

票号机构与清政府的财政金融也有密切关系。清政府历来运用解款、协款制度支配各省的财政收支。各省在清政府命令下，征收各项赋税，存入公库，同时在中央政府批准下，开销支出各项费用，由公库动支。动支之外，所有剩余银两则需要运解临省或中央政府。运解中央政府的款项称为“京饷”；由中央户部指定款额，拨交其他收支不敷省份的称为“协饷”。此项制度开始于雍正三年（1725 年），一直延续到清末[①]。直到 19 世纪中叶，京饷和协饷均由官方装鞘运现，官解官交，商人不得参与其事。太平天国农民战争后，由于交通阻塞，各省无法按照旧例向北京解运京饷，于是各省纷纷利用票号组织向北京汇兑京饷。随后，协饷也交由票号汇解。同治四年（1865 年），四川奉拨甘饷 2 万两，交票号元丰玖等字号汇解陕西藩库[②]。同治七年（1868 年），闽海关四成洋税项下，按月各拨银 1 万两，作为陕西协饷，交由福州阜康银号（钱庄）汇解。自同治八年至同治十二年七月（1869—1873），浙江省

① 《光绪大清会典事例》卷 169，第 4 页。

② 《四川总督骆秉璋奏折附片》（同治四年九月）。

协济陕西、甘肃军饷共计428万两，均交由阜康银号汇解。到光绪六年和七年，又由阜康银号汇解192万两。据学者统计，到1893年，各省交由票号汇兑给陕西、甘肃、新疆的协饷达460万两[①]。由此可见，当时票号机构为清政府汇兑协饷的数额相当大。各省给陕西汇兑的协饷中，西安的票号和钱庄显然发挥了重要作用。

1867年，左宗棠率领大军用兵西北，军饷协济常感困难。在此形势下，他经常依赖票号的贷款以解决燃眉之急。1875年，左宗棠陆续划还"上冬今春沪、鄂、陕省先后筹借商款本利银一百二十七万两"[②]。左宗棠对票号的贷款总是尽量做到"有借有还"，极力保持信用。他之所以"不肯爽约失信于华商票号"，正是由于票号为其帮了大忙，与其合作良好，因而他也力求保持高度的信用。可见在左宗棠筹集军饷过程中，西安的票号机构也发挥了不小的作用。

洋务运动中，票号仍然发挥了重要的金融调度职能。19世纪90年代，修筑铁路成为洋务事业的重要内容之一。清政府决定于1891年修建关东铁路，所需经费除由户部筹拨一部分外，清政府命令陕西等16个省，每省每年拨银5万两。据记载，各省拟解关东铁路款项几乎均由票号机构汇解。陕西省应解5万两铁路款也由西安的票号汇解。洋务运动中，依靠票号沟通各省金融的事例大量存在，但因史料的湮没，许多汇兑活动不见于记载。

总之，票号作为一种金融组织，对国内商品流通和货币流通具有一定的积极作用，有力地促进了各地之间的商业往来。另一方面，票号也带有明显的封建性，主要表现在：票号的股

---

① 张国辉：《晚清钱庄和票号研究》第84页。

② 左宗棠：《军饷支绌请速筹解济折》，《左宗棠集·奏稿》卷47。

东除商人以外，不少人是大地主出身，所以票号的资本来源有商业资本转化而来的，也有地租和高利贷资本转化而来的。同时，股东当中也有不少人在清政府中有一定的政治地位，和清政府有着千丝万缕的联系，票号大量向清政府各级官员贷款就是典型的例证。

清朝末年，中国已经出现了新式银行，如大清银行、交通银行等。这种新式金融机构，使得票号机构的汇兑业务受到严重影响。另外，外国银行的势力也早已伸入中国。鸦片战争后至清朝灭亡，外资在中国各地设立的银行至少在二十家以上，如丽如银行、汇隆银行、阿加剌银行、有利银行、法兰西银行、汇丰银行、华俄道胜银行、花旗银行等，外资银行对票号的生存也构成巨大的压力。当时，火车、轮船已经通行，交通更加便利，不但银行承担汇兑业务，邮局和信局也从事汇兑，因此票号机构的汇兑业务深受影响。随着清王朝的灭亡，票号业也迅速走向衰败，纷纷倒闭歇业了。

值得一提的是，清末在西安还出现了作为现代金融机构的银行。光绪三十一年（1905 年），清政府成立了“户部银行”，总行设于北京。此后，户部银行在天津、上海、汉口、重庆、南昌等地设分行。1908 年，清政府的户部改为度支部，于是将户部银行改名为“大清银行”。1909 年，大清银行在西安、杭州、太原、广州、福州等地又增设了分行。但是二年后辛亥革命爆发，大清银行也宣告停业。

（三）典当业

明清时期，西安的典当业也相当兴盛。所谓典当，是指以财物为抵押品的有息借贷银钱的社会经济行为，作为一种商业形态，通称为典当业。典当，或称之为典，或称之为当，或称之为典铺、当铺等，它是高利贷资本中一种比较高级的借贷形式，与那种凭中立契的借贷形式不同。自从唐代以后，长安的典当（质库）业就已相当兴盛，明清西安的典当业则有了新的发展。

典当作为一种借贷方式，是古代金融业的一个重要方面。当贷款人生活急需或资金周转不开时，可以用实物去当铺中质钱。借款者能够从当铺借到的现金数量一般远远低于抵押品的价值。如果抵押品的价值为十两白银，那么最多只能从当铺借到七八两，甚至只能借二三两，但一般的比例是值十当五。例如，明朝崇祯年间江西抚州的当铺“首饰、衣服值一金（即一两白银）者，止当五钱”①。就抵押物品的种类来看，大则珠宝、古珍器玩，小至家具器皿、破旧衣物以及布帛、米麦等，由当铺估价给钱，并发给当票。当票上写明当铺字号、地址、所当物品名称、件数、所当钱数、赎取期限、利率以及当票编号等。当票是贷款人以后赎取典当物的凭证。如果丢失，贷款人要立即到原当铺去挂失，请求补发当票，称为“挂失票”，或称补票。赎期或三月或十月，或一年，或二年，长短不等。如果借款人到期不赎，当铺有权毁卖所当物品。如果想延长赎期，必须事先声明，经当铺同意后办理手续，叫做“留月份”。不论是“挂失票”或是“留月份”，典当人都要额外付钱。

经营当铺固然可以获取高额利润，然而并不是任何人都可以经营的，因为开设当铺不仅需要固定的店铺，而且需要存放所当物品的仓库。只要赎期未到，当铺还必须妥善保管所当物品。这样既要占用仓库、费力保管，而且影响资金的周转。有人曾估算过，开设一个当铺至少需要一万两资金②，可见开设当铺必须拥有雄厚的资本。另外，开设当铺还必须具有较高的

① 《天佣子集》卷 6《三上蔡太尊论战守事宜书》。

② 艾纳居士：《豆棚闲话》第三则。

专业知识和管理才能。典当人所当的物品种类纷杂不一，尤其是那些名贵物品如金银首饰、珠宝、名人字画等，如何鉴别真伪，如何估定当价，如何进行保管，以及如何防盗、防火、防潮、防腐、防虫等，而要做到这些，就必须具有较高的专业知识和管理才能。由此可见，一般中小商人没有能力开设当铺。事实上，当时经营当铺者，要么是富商大贾，要么就是权贵势要之家，至于一般官绅富民放债开当者也不在少数。

明朝时，西安就有不少当铺，经营当铺者自然都是资本雄厚的富商大贾。作为一种特殊的借贷机构，当铺照例要向典当人收取利息。明朝法律规定："凡私放钱债及典当财物，每月取利并不得过三分；年月虽多，不过一本一利。"[①] 可知明政府对典当业的利率有明文规定，禁止典当商肆意抬高利率，牟取暴利。另外，当铺也必须每年向政府交纳赋税，当时称之为当税。当铺的多寡与社会经济的许多方面都有关系。明清之际，关中战乱频仍，社会经济遭到严重破坏，典当业也受到打击，西安的当铺急剧减少。

清代，西安的典当业与全国的典当业一样，呈现出空前兴盛的态势。在清代，典当业归中央户部管理。清朝规定，当商开设当铺必须到官府领取"当帖"才能开张营业："凡开典当者，商家必须赴部请领凭帖始许开设。典当者，以物质钱也。"[②] 这种"凭帖"相当于现在的营业执照。清代西安的当铺数量相当多。据记载，雍正五年（1727 年），西安府所属各县共有当铺 459 家，每年征收当税银2 295两，其中西安城区所辖长安县有 27 座当铺，咸宁县更有 82 家。也就是说，西安城区有 109 家当铺。西安府所辖其他县也有不少当铺。如咸阳

① 《明律》卷 9《户律六·钱债》违禁取利。

② 《六部成语解补遗·户部》，浙江古籍出版社 1987 年版。

有30家，兴平9家，临潼34家，户县11家，蓝田2家，泾阳43家，三原64家[①]。随着城市商品经济的发展，西安的当铺也在不断增加。乾隆四十四年（1779年），西安的当铺数量已发展到相当大的规模。当时西安城区西部（长安县所辖）共有当铺38家，东部地区（咸宁县所辖）则有128家，亦即西安城区共有166家当铺。西安当铺的数量比雍正时显著增加。另外，西安府所属临潼县有71家，高陵县10家，户县29家，蓝田15家，泾阳39家，三原59家，兴平17家，周至29家，咸阳20家，富平113家，渭南58家，礼泉31家，同官2家[②]。可见西安典当业之兴盛，这种局面一直维持到咸丰年间。到同治、光绪年间（1862—1908），亦即清朝末期，西安的典当业急剧衰落。关中各州县的典当业也大体如此。同治以后，西安和关中屡遭战乱，光绪初年又值灾荒，当铺损失严重，纷纷倒闭，所剩寥寥无几。

经营当铺者必须向政府交纳"当税"。康熙三年（1664年），清政府户部规定，当铺税制按当铺的营业规模大小，每家每年纳银5两、4两，或2两5钱不等，税率的确并不算重。雍正六年（1728年），清政府认为当税比其他税轻，遂制定《典当行帖规则》，规定当商每户每年纳银5两。光绪十四年（1888年），清政府规定每家当铺预交20年当税，每家交纳100两。光绪二十三年（1897年），清政府又将当税提高10倍，亦即每家当铺每年交纳当税50两。这样的税率显然过高。

明清时期，西安典当业借贷所收的利息率也有变化。大约在清嘉庆以前，西安的当铺向典当人（借款人）收取的利息为月息3分，亦即月利率3%，而其他省份则不超过月息2分。

---

① 雍正《陕西通志》卷26《贡赋志》三。

② 乾隆《西安府志》卷15《食货志》课程。

当时关中各州县当铺大体都按月息3分向借款人收取利息。嘉庆年间，陕西当局认为关中当商取利过高，于是命令“有司劝谕众商，令减息，众商不可。徐公（即徐炘）申劝之，仅减冬三月息为二分，他月仍旧”。当时渭南县南原坳底村有个著名的大商人贺士英，开设当铺30家，散布于西安（长安及咸宁）、蓝田、渭南数百里间。仅他在西安开设的当铺就达8家之多。贺士英认为，要求当商降低利率，“此非官力所能及也”。如果自己能带头将利息降至2分，其他当商也都会跟着降息。于是他带头将利息降到2分。不到几个月时间，西安、同州（今陕西大荔）、凤翔、乾州（今乾县）、邠州（今陕西彬县）五郡四十余州县的800多家当铺“悉改为终年二分，岁省贫民息四十余万缗”①。西安等地的当商起初并不愿意降低利率，而后来却相继降息，其主要原因就在于市场竞争的压力所致。因为贺士英降息后，将其降息通知张榜公布于各交通要道，“于是远近质物者，争赴贺氏质库”。贺氏的当铺降息后，生意兴隆，顾客盈门，其他当铺当然大受影响。在市场竞争的压力下，其他当铺也只好相继降息。由此可以看出，典当业内部也存在着激烈的竞争。西安城区的当铺大多属于本地商人开设，当然也有西安以外的商人在此经营典当业。此外，西安的富商大贾也有人在其他州县开设当铺。

作为一种特殊的金融机构，当铺的一切经营活动都是以赚钱为目的，所以当商剥削典当人是必不可免的现象，违禁取利、巧取豪夺等现象也就难以避免。尤其是当租税紧迫、发生灾荒时就更是如此。明清时期，当商还经常通过各种手段来勒索借钱人：第一，以贵作贱，以高作低。典当商在书写当票时，经常把抵押品以贵作贱，以高作低，从中牟取暴利。第

① 民国《续修陕西通志稿》卷34《征榷一》编者按语。

二，以日作月。借款人支付利息的多少与其借期长短成正比。当商们为了获取更多利息，经常在借期上坑人。他们对过期还债者，巧立所谓“日利”“月利”等名目。更有甚者，有的典当商还以日作月计息。也就是说，贷款时，即使那天是月末，也要按整月计息；还款时，即使那天是月初，也要按全月索取利息。第三，轻出重入，好入坏出。在借款、还款过程中，典当商常常在银子的成色和重量上做文章。典当商放款时，常用成色不足的银子，其重量也往往不足；而当其收回借款时，则要求用好银子，并且在秤上做手脚，用高秤收银。就这样，通过一借一还，借款人则要蒙受双重损失。但是典当商终究不同于凭中立契借贷，其剥削是公开地进行，而且有当票等书面文字为证，所以典当商对政府的有关规定尚能有所顾忌。嘉庆以前，西安的当铺利息率一般为月息 3 分，此后则降为年息 2 分，这显然比那些肆无忌惮的高利贷者要好得多。

三、商人及其组织

商人群体的变化与商业盛衰有着极为密切的关系，明清西安商业的兴衰在商人群体活动中集中地体现出来。明朝以后，国内商业领域里形成了许多地方性商人集团，当时称为商帮，其主要代表就是徽商、晋商、江右商、吴越商、闽商、秦商。明清两代，秦商的地位及资本虽没有像秦汉时期关中大贾那样声势显赫，亦不及同时代的晋商、徽商那么重要，然而就整体实力而言，秦商也是一支实力雄厚、值得称道的地方商人群体。在明清商业领域中，秦商是一支异常活跃的群体。实际上，秦商主要是指西安府籍商人，其中不仅包括西安城区（长安、咸宁两县）商人，也包括明清时期西安府所属的泾阳、三原等县的商人。这里所说的西安商人也主要是指西安府籍商人。

（一）西安商人的兴起及其活动

西安商人之所以能够在明清两代兴起，与其所处的社会经济环境有关。关中地区自古被誉为“天府之国”，沃野千里，农业发达，物产丰富，从而为西安商人的经营活动提供了良好条件。西安乃至关中地区人口稠密，社会需求异常庞大，则为商人的经营活动提供了广阔的市场。明朝人张翰曾说：黄河“以西为古雍地，今为陕西，山河四塞，昔称天府。西安为会城，地多驴、马、牛、羊、旃、筋、骨，自昔多贾，西入陇蜀，东走齐鲁，往来交易，莫不得其所欲，至今西北贾多秦人。然皆聚于汧、雍以东至河、华，沃野千里间，而三原为最”①。从这段话可以看出西安商人之活跃程度以及它在全国商业中的地位。

明清时期西安商人不仅人数多，且财力雄厚，在全国商业中占有重要的地位。宋应星在《野议·敢论》中分析明中期商人势力时说：“商之有本者，大抵属秦、晋与徽郡三方之人。”秦商排在三大地方商人之首。明代后期虽然徽商急剧兴起，但秦商仍位居其次。万历《扬州府志·序》称：扬州“聚四方之民，新都（徽商）最，关以西（秦商）、山右次之”②，可见秦商在全国商人中颇具实力。而在这支秦商中，西安府籍商人是其中的主力。清朝道光初年，卢坤说：西安“城内五方杂处，商贾云集”。西安府所属长安县“道通兴汉，商贾络绎，市多榷酤”③。在如此众多的商人中，既有家产巨万的富商大贾，也有为数众多的中小商人。在西安商人队伍中，有相当数量的中小商人来自西安郊区以及附近农村地区，有些则来自更远的

---

① 张翰：《松窗梦语》卷四《商贾纪》。

② 万历：《扬州府志》序。

③ 卢坤：《秦疆治略》咸宁县条，长安县条。

城镇和乡村。这些商人尽管资本较小，但人数却相当多，属于传统的弃农经商者。例如长安人“李文秀家贫，以市楮为业。性至孝，罄日中所得子钱，悉以充养妻子，衣食才足，虽纤毫不私也，人称楮孝子”①。当时像李文秀这样的中小商人可谓不计其数。明清两代，在西安府所属各县乃至于关中诸县中，农民弃农经商现象十分突出。例如“泾阳为西安剧县，政繁而道冲，俗美而习敝，民逐末（商业）于外者八九”②。三原县“农勤力作，工不事淫巧，惟商贾远出，每数年不归，劝令买地耕种，多以为累，思欲转移，令务本轻末，其道良难”③。富平县“其地沃丰收，又兼木棉布丝之利，人十九为商贾”④。朝邑、韩城之民也“颇有挟资远贾者”⑤。史称“同州府境南北阻山，东滨河，西涉坂，中亘沙苑，树而不田，故各属之地，高者碍于耘锄，低者祸于冲崩，穷民苦衣食之不给，富者皆弃农逐末，各以服贾起其家，蜀卓宛孔之流，甲于通省”⑥。在华州（今陕西华县）“无巨富，亦鲜极贫，富者多以商起家”⑦。这说明，西安府各县乃至于关中各县弃农经商之风颇为兴盛。这些弃农经商者有些人到外省经商，也有相当部分涌入省城西安，从事各种经营活动，这是明清西安中小商人为数众多的一个重要原因。在西安商人中，来自关中以外乃至外省的商人也为数不少。清朝同治年间回民起义后，外省客民纷至沓来，落户于关中各地，其中有不少人便入居西安经商。所以

① 嘉庆《长安县志》卷27《孝友传》。
② 雍正《陕西通志》卷45《风俗志》引《康对山集》。
③ 雍正《陕西通志》卷45《风俗志》引《三原县志》。
④ 嘉靖《耀州志》卷4《田赋志·风俗》。
⑤ 天启《同州志》卷24《风俗》。
⑥ 《同州府志》卷21《风俗》。
⑦ 《三续华州志》卷1《地理志·风俗》。

民国《续修陕西通志稿》说：省城西安城内“五方杂处，土著则风俗淳朴，人尚礼让，商贾大半多属外省，货物舶来品最多”①。这些外省商人主要来自山西、河南、湖北、四川等省。大量外省商人入居西安，从而为西安商人队伍增添了新的力量。

西安商人经营活动的地域范围相当广阔。大体说来，他们以陕西为大本营，尤其是以关中地区为重点，西赴陇蜀，东走齐鲁，北上边塞，南下江淮、吴越之间，几可谓无所不至。不过他们活动的主要地区除了西安和关中外，主要集中于边塞、川蜀和江淮三个地区②。江淮和川蜀地区既是食盐的重要产地，也盛产茶叶；而吴越一带纺织业极为发达，丝织品和布闻名于天下，经营盐、茶、纺织品可以获取极为丰厚的利润，所以西安商人往来于上述地区者不可胜数。西安地处西北内陆，与西北边塞地区的经济联系较为密切，而且地当茶马贸易的要冲，所以西安商人到边塞地区从事茶马贸易者甚多。除上述地区外，西安商人前往山西经商者也不少。明清时期，西安商人到山西经商主要是为了贩运山西生产的食盐、煤炭、铁、铁器、枣、酒以及各种土产品。同时他们又把关中的粮食、木材、药材等商品贩运到了山西。另外，在京师北京、汉口、襄阳、杭州、兰州等地也有不少西安商人从事贸易活动。总之，西安商人的经营活动几乎遍及全国。

明清两代，陕西商人的势力相当大，他们控制着西北地区的商业以及四川和两淮地区的部分盐业。为了与南方的徽商相抗衡，在长期的商业活动中，陕西商人常常与山西商人相互合

① 民国《续修陕西通志稿》卷195《风俗志》咸宁县。

② 傅衣凌：《明清时代商人及商业资本》，《明代陕西商人》第170页，人民出版社1956年版。

作，所以当时习惯上把这个商人群体称为“西商”或“山陕商人”。明清两代，山陕商人在全国许多大中城市中都建立了“山陕会馆”，作为他们在外地经商的活动中心。当时陕西商人还在各地建立了不少的“陕西会馆”“西秦会馆”“关中会馆”等。这些活跃于明清商业界的陕西商人，他们的老家则绝大部分在西安府所属各县，其中以西安城区、长安、咸宁、三原、泾阳、富平等县最为集中。

西安商人的经营内容也很广泛，举凡粮食、布匹、盐、茶、酒、薪炭、菜油、蔬菜、水果、木材、烟草、农具、木器、瓷器、玉器、珠宝、纸张、家禽、畜牧业产品等，都在其经营活围内，其中以盐商、茶商、布商、木材商、粮商、畜牧商等最为活跃，也最具有经济实力。当然，许多商人并非仅仅经营某一种商品，而是以经营某一种商品为主，同时也兼营其他商品。盐商不仅人数众多，且资本非常雄厚，拥有资本数万两的大盐商不在少数。他们频繁往来于两淮、川蜀、山西等地，在当时的商业界是一个非常活跃的群体。明朝时，西安府的盐商在扬州者相当多，有的甚至在此世代居住。例如三原的梁氏、泾阳的张氏和郭氏、西安的申氏、临潼的张氏等，“皆籍故土，实皆居扬。往往父子兄弟分属两地”[①]。明代长安县盐商王鉴在扬州去世后，便安葬于扬州普哈丁墓园[②]。西安盐商在扬州具有雄厚的实力。明成化时，西安府咸宁县的张臻、张克让就是资力雄厚的大盐商。张臻“与兄弟泰凤西走河东，东至辽阳，北至于甘凉之墟，浮淮海而南，率以盐贾。成化

① 《淮鹾备要》卷9《明锺惺两淮盐法志纲要册序》。

② 《文物》1973年第4期报道：扬州普哈丁墓园中有一塔，上有文字记载：“陕西西安府长安县明故客商王鉴于弘治拾肆年（即1501年）闰七月初四故世。男王济、孙王栋立。”

中，乃挈其家卜于扬州居焉。独东川先生是时已举进士为令，后为御史，赫然京师。而公（张臻）与诸兄弟者，益以贾显，于是关中人贾扬（州）者，皆推戴公。盖数百人皆公纲纪之。……当是时，咸宁张克让亦贾于扬州，以财胜而居其东，人称东张。东张俭，士人好义者不归焉。而独尊尚公，称为西张"[①]。万历《扬州府志》卷 1 记载：淮扬"皆四方贾人，新安贾最盛，关陕、山西、江右次之"。这里所说的关陕商人其实主要就是西安府籍商人。陕西与四川是临省，两地商业往来很早，且十分频繁。明清两代，川、陕两省货物交换川流不息，许多关中商人便麇集于四川各地，其中以盐商人数最多，财力亦最为雄厚。另外茶商、典当商等也为数不少，如三原温纯之父温朝凤就曾在四川为盐商，"不数年息十倍"[②]。清朝时，贵州江口有"泾阳陕西商人四百名"，其中不少人就是盐商。在清朝，西安府及其所属各县均有不少商人前往四川经营盐业，其中以三原、泾阳在四川经商者人数最多，如三原县的李迁佐、马居正，泾阳县安吴堡的吴家，富平县庄里镇的张家，他们拥有雄厚的财力，有的家产超过百万两以上[③]。除扬州和四川两地外，西安商人前往山西经营盐业者也为数不少。

明清时期，关中棉花种植日趋普遍。例如泾阳县在明洪武年间共有耕地5 593顷，其中棉花地就有1 120顷，占总耕地面积的 20%。至清末，仅泾阳县每年出售的棉花就达 300 多万斤[④]。关中的韩城、周至、富平、大荔等县也都产棉。在棉花

① 王九思：《渼陂集》卷 15《明故七品散官张公墓表》。

② 《关中温氏碑传集》，李维桢《温氏太公家传》。

③ 田培栋：《明清时期秦商的几个问题》，《平准学刊》第五辑下册，光明日报出版社 1989 年版。

④ 宣统《重修泾阳县志》卷 8《实业志·棉》。

种植日渐增多的同时，尽管关中棉纺织业也在发展，但却明显落后于南方地区，有的县甚至不出产棉布。如泾阳县盛产棉花，但妇女并不纺织；三原县从事纺织者亦甚少；户县从明代至清康熙年间也不出产棉布。总之，关中地区的棉纺织业仍较为落后，不能满足本地人民生活的需要。另一方面，明朝以来，政府征税时又大量征收棉花和棉布。据万历《陕西通志》卷 8 载，西安府每年征收棉布116 060匹，棉花15 431斤。为了向政府交纳棉花和棉布，也为了自身穿衣的需要，那些不出产棉花和棉布或产棉而不织布的地区的农民，便需要从市场购买棉花和棉布（尤其是布）。在此形势下，关中的棉布市场十分兴旺，布商也日趋增多。乾隆《泾阳县志·市镇志》载："云阳旧易仓钞贩花布，其利甚巨。"三原县所需布匹有不少是从河南、湖北贩运而来。在西安商人中，中小商人一般在本地从事棉花和布匹的收购及贩运，而财力雄厚的富商则往往到湖北、江浙等地从事长距离贩运。于是，松江出产的标布以及著名的嘉定布等源源不断地被贩运到了西安，然后再从西安销往关中各县乃至更远的地方。

清咸丰年间以后，各地设立厘税局，对往来货物征收厘金。据载，西安东关厘税局"所收货物以布匹、绸缎、药材、京杂物为大宗"，说明由东边进入西安城的布匹、绸缎在各种货物中占有较大比重。同治以后，泾阳"之布商遂徙居于三原，由是地益繁盛，所收德安、应山、枣阳、孝感、云梦各处大布，居十之五，其次棉花、药材、回绒、毡布、帽各项，不过二、三成"[①]，据此可见西安地区棉布交易之盛，棉商之活跃。

总之，明清时代，随着社会经济的发展及商业的进步，西

---

① 民国《续修陕西通志稿》卷 35《征榷二·厘金》。

安府商人的活动及商业资本的积累都大大超过宋元时期的水平。西安商人的活跃程度以及它在全国商界中的重要地位，也是宋元时期商人所无法比拟的。明清西安商人的活跃，充分显示了西安商业在明清时期的发展水平。

（二）商人社会地位的提高

中国历代封建政府都曾实行“重农抑商”政策，明清两代也是如此。这种政策歧视商人，极力压低商人的社会地位，甚至对商人的经营活动严加管制。明太祖朱元璋曾规定“农家许着细纱、绢布，商贾之家，止许着绢布；如农民之家，但有一人为商贾者，亦不许着细纱”①。这种政策旨在压低商人的社会地位，也的确起了“抑商”作用。明政府对商人的控制和管理比较严，凡外出经商，必须经过官府批准，领取官府签发的“关券”才能进行商业活动。史称：“凡商贾赍货于四方者，必先赴部所司起关券。”② 这种“关券”又叫做“商引”“路引”或“物引”。“商引”当中详载货物的种类、数量以及道里远近。如果无商引（路引）者即属非法，“坊厢村店拿捉赴官，治以游食，重则杀身，轻则黥窜化外”③。对商人停宿的客店，规定必须置有官府签发的“店历”，由客店主人“逐日附写到店客商姓名、人数、起程月日，月终各赴司查照”④。如果商人发生事故或有违法行为，官府可以借此追查。清代也实行重农抑商政策，只不过程度有所不同而已。雍正帝曾下谕说：“四民以士为首，农次之，工商其下也。”但是这种抑商政策根本无法阻挡商人社会地位的上升。随着明清商品经济的发

---

① （明）田艺蘅：《留青日扎摘钞》卷 2《我朝服制》。

② （明）丘浚：《大学衍义补》卷 30《征榷之税》。

③ 《大诰续编·验商引物第五》。

④ 《明会典》卷 35《户部二二·课程四》钞关。

展以及商人资本的不断积累，商人阶层凭借其雄厚的经济实力逐渐冲破种种禁令的束缚，从而使商人特别是富商大贾的社会地位显著提高。从历史上看，明清时期的商人的确与前代商人有很大不同，他们对社会经济的影响力大大超过了前代商人。

明清时期商人社会地位的提高，首先表现在当时人们对商业和商人作用的评价。随着商业的迅速发展，社会各阶层对商人和商业的评价已和明清以前有很大不同。明代思想家李贽认为："商贾何鄙之有?"①。明嘉靖、万历年间，张居正更明确地否定了传统的重农抑商政策，主张"使商通有无，农力本穑，商不得通有无以利农，则农病；农不得力本穑以资商，则商病。故商农之势，常若权衡，然至于病，则无以济也"。因此他主张"省征发以厚农而资商，轻关市以厚商而利农"②。朱国桢则认为："农、商为国根本，民之命脉也。"③ 明代思想家黄宗羲更提出了"工商皆本"的思想。这些厚商、资商、工商皆本的思想，正是商人阶层社会地位提高在意识形态领域和政策上的反映。

大商人在社会上开始受到人们的尊重，也标志着商人社会地位的上升。商人资本的急剧增加，使得富商大贾在社会生活中拥有较大势力。为此一般文人学士对其大加恭维，为之撰写家传，书写墓志铭，尊称富商为"征君""舍人""处士"等。在为富商撰写家传、墓志铭时，对其经营活动大加称赞，溢美之辞时有所闻，充分显示了当时人们对富商的尊重。例如明代

① 李贽：《焚书》卷2。

② 《明张文忠公全集》，文集八《赠水部周汉辅榷峻还朝序》。

③ 《涌幢小品》卷9。

著名学者王九思就曾对西安商人张臻大加称赞说："盖公（张臻）之为人也，慷慨自许，急人之难，义所宜施，挥金不吝。"①

过去，商人不能应试登第，更不能入仕做官，但是随着商人资本的发展，过去那些限制和歧视商人的种种禁令迅速被冲破。明中期以后，商人不仅可以拿钱买官，而且商人的子弟也能业儒为士，公开应试做官。明朝寓居扬州府的盐商有专门的商籍户口，其子弟可以参加本地的科举考试。据清嘉庆《两淮盐法志》卷46《科第表》统计，明代两淮登第进士共337名，其中徽商子弟登第者70名，秦商子弟登第者30名；登第举人共286名，其中徽商子弟162名，秦商子弟42名。据清同治《两淮盐法志》卷47《科第志》统计，从清初到乾隆十七年的108年中，秦商子弟在扬州考中进士的有10人，考中举人的有20人。总之，明清时代，在扬州，出身于陕西籍商人的知识分子中著名人物很多，如大官僚王恕、温纯、焦清源、张齐宗、秦新式、石隆等②。这里所说的秦商其实相当一部分是西安府籍商人。随着商人及其子弟进入仕途的增多，封建政府中便有了商业资本的代言人，在建议和施政中他们常常代表商人的利益。明后期曾在陕西任官的张瀚就是富商家庭出身，他在《松窗梦语》一书中不仅表达了浓厚的重商思想，还常常站在商人利益的立场上，为商人的正当利益而呐喊。所以，商人及其子弟纷纷进入仕途不仅意味着商人政治地位的提高，也必然对封建政府的商业政策产生一定的影响作用。

① 王九思：《渼陂集》卷15《明故七品散官张公墓表》。

② 田培栋：《明清时期秦商的几个问题》，《平准学刊》第五辑下册。

（三）牙人与牙行

明清时期，由于市场的扩大和商业贸易的日趋繁荣，市场中的牙商和牙行也日益活跃。和全国其他各大城市一样，明清西安的牙商也相当活跃。

元末，牙行的弊端相当严重。当时牙人依仗封建官府的势力操纵市场，欺挟买卖双方，特别是中小商人。明初，为了防止牙行坑骗商人和百姓。明太祖朱元璋规定：“凡天下府州县镇店去处，不许有官牙、私牙。一切官商应有货物，照例投契之后，听从发卖，敢有称系官牙、私牙，许临里坊厢拿获赴京，以凭迁徙化外。若系官牙，其该吏全家迁徙；敢有为官牙、私牙，两临不首，罪同”[①]，这等于将官牙和私牙统统取缔。但是在古代商业尚欠发达的情况下，完全取消牙商则显然脱离了社会经济现实。所以明成祖永乐年间又取消这一禁令，允许设立牙行。经过明初大力整顿，牙行的弊端在一个时期内有所减弱。

明清时期的牙商分为官牙和私牙两种。所谓“官牙”系由封建官府开设。在明朝的一些城市中，地方官府为检查税收和管理市场，便设立官牙。由私人充当买卖双方中介人的牙商，称为私牙。但并不是任何人都可以充当私牙，而是必须经过官府批准，由官府发给牙帖，明清两代都是如此。明代规定，如果没有领取牙帖而随便在市场充当牙人者，则要杖六十，“所得牙钱入官；官牙、埠头容忍者，笞五十，革去”。为了取得牙帖，牙人必须向官府交纳帖价。牙人一旦取得牙帖，便成为合法的牙商，才能在市场上从事活动。牙帖的有效期为一年，期满后如果要继续充当牙人则必须重新申请牙帖，叫做“换帖”，换帖时则须再交帖价。不同的行业有不同的牙行，即使

① 万历《明会典》卷35。

在同一行业中也可以有许多牙行。按规定，牙行每年要向官府交纳牙税。大致说来，牙税的多少与商业交易的活跃程度成正比。

明清时，西安的牙商也是一种比较活跃的商人群体。随着西安商业的逐渐发展，牙商也呈现出增加的趋势。雍正五年(1740年)，西安府属征收牙税共计645两，其中长安30两，咸宁66两，临潼48两，户县38两，蓝田8两，周至24两①。到乾隆四十四年（1779年），西安府所征牙税比雍正时有所增加。据乾隆《西安府志》载：1779年，西安府所属部分县征收牙税如下：长安46两6钱，咸宁85两9钱，临潼45两，高陵22两，户县41两，蓝田12两，三原45两，周至32两②。明清时期，西安城区（包括郊区）由咸宁和长安二县分治，咸宁县管辖城区东半部，长安县则管辖西半部。乾隆年间，咸宁县“凡牙人九十三，每名纳一钱至二两五钱”③。长安县有多少牙人，史书失载，据估计有50人左右，因此乾隆年间西安城区的牙人大致在150人左右。清代虽然按牙帖征收牙税，但每张牙帖交纳牙税的多寡则因地区不同而有所不同。按照清朝规定，牙帖分为若干等，等级不同则纳税数量不同。例如，上则上等牙帖，每张每年纳银四两至二两；上则中等，每张纳银一两八九钱到一两二钱；上则下等，每张纳银八九钱。据《户部则例注》规定，咸宁县每张牙帖征银一钱至二两五钱，长安县每张五钱至三两三钱七分，周至县每张五分至六钱，临潼县每张一钱至四钱，其他县也都有具体规定④。牙税

① 雍正《陕西通志》卷26《贡赋志三》。
② 乾隆《西安府志》卷15《食货志》。
③ 嘉庆《咸宁县志》卷11《田赋志》。
④ 民国《续修陕西通志稿》卷34《征榷一》。

的增加则意味着牙人的增加。如果把西安府所属各县的牙人加在一起，那么乾隆时期西安府的牙商估计将接近1000人。这仅仅是私牙人，还不包括官牙在内。

明清时期的市场上，牙行的活动很广泛，牙人的活动相当活跃。按明朝规定，当牙商领到官府颁发印信文簿后，就要如实填写客商的籍贯、姓名、路引字号、货物数目，并且“每月赴官查照”，这是牙商的一项重要职责。这样做有助于官府征收和稽查商税，以防止偷逃商税。另一方面也有利于缉查罪犯，维护封建统治秩序。这可以说是明王朝利用牙商监督商人经营活动的一项重要措施。当然，有些牙商为获取厚利，伙同客商走私逃税者也时有发生。牙行的主要活动之一就是代替客商买卖货物。例如外地商人来到西安收购棉花等商品，就要通过西安的牙行来帮助收购；有些外地商人则把各地的商品贩运到西安销售，也往往通过西安的牙行才能顺利地出售。牙商通过代客买卖，从中收取牙佣，牙佣相当于现在的中介服务费。牙商有时还带领客商上门收购，这种方式主要用于那些生产数量较大、质量比较好的小商品生产者。在交易过程中，“评估物价”则是牙商的另一项重要活动。在市场上，商人与消费者之间或商人与商人之间的交易活动，都要由牙商来“评估物价”。按照明清两代的规定，牙人在估计物价时应公平合理，不能高估也不能低估，否则要受到严惩。如清朝法律规定：“凡诸物，牙行人评估物价，或以贵为贱，或以贱为贵，令价不平者，计所增减之价，坐赃论，一两以下，笞二十，罪止杖一百，徒三年。入己者，准窃盗论，查律坐罪，免刺。”① 明朝法律也有类似的规定。商人们由于贩运和装卸货物，常常需要雇佣车船、骡马和人丁，对于那些从事长途贩运的外地客商

① 《大清律例根源》卷38《户律》十四《市廛》。

来说就更是如此。但客商往往并不了解当地情况，于是便请牙商为自己雇请人丁和车船等，这种事情后来也演变为牙商的一项经营活动。明清时期，随着牙人的增多，牙商之间的竞争也日趋激烈。为了战胜其他牙商，争取招揽更多的客商，牙商就必须对他们热情接待，尽量为客商提供各种方便。为此，牙行不仅为客商的经营活动提供各种方便，甚至还为其提供食宿。对于外地来的富商大贾，牙商更是毕恭毕敬，热情款待。例如在明代松江的棉布市场上，经营棉布的“富商巨贾操重赀而来市者，白银动以数万计，多或数十万两，少亦以万计，以故牙行奉布商如王侯，而争夺布商如对垒”[①]。明清西安市场虽不如松江棉布市场那样繁盛火爆，但牙行对外地客商（尤其是富商巨贾）之热情招待则是一致的。

无论对商品生产者还是对那些从事长途贩运的客商来说，牙商的存在及其经营活动都具有一定的合理性。对商品生产者来说，由于市场扩大，社会分工加深，他们对各地市场的供求关系和商品价格不易全面掌握，所以在买卖过程中，商人的坑蒙欺骗时有发生。他们卖物时用违式小样斛斗秤尺，买物时则用大样斛斗秤尺；另外，他们还往往以次充好、以假充真。故明末问世的商业专著《士商类要》说，“买卖要牙，装载要埠”，“买货无牙，称轻物假；卖货无牙，银伪价盲。所谓牙者，权贵贱，别精粗，衡轻重，革伪妄也”[②]。如果没有牙人参与，就会出现“秤轻物假”“银伪价盲”的局面，这就迫使小商品生产者不得不依赖于牙商。对于那些从事长途贩运的客商来说，牙商更是不可缺少，因为他们贩运的大量商品主要是从分散的小商品生产者那里买进，这种收购大都是零散的，费时

① （明）叶梦珠：《阅世编》卷7《食货志》。

② 《士商类要》卷2。

费力。加之，由于他们人生地不熟，能否及时收购到理想的产品，产品的质量能否保证都很难预料，而委托牙商则方便得多[①]。从当时实际情况看，牙商和牙行的活动对商品交换和商品生产的发展的确具有一定的积极作用，尤其是在政治比较清明的时候就更是如此。

牙行制度是中国封建社会长期流传下来的交易制度，具有浓厚的封建性。因为牙商必须先到官府领取牙帖才能成为牙人，而能够领到牙帖的往往是些富商大贾甚至地主豪绅。而且明清政府利用牙商来监督商税，登记和监督商人的经营活动，从而使牙人成为与官府关系密切的特殊商人，有时牙商甚至成为官府的爪牙。明清时期，牙人在市场上成为买卖双方法定的中介人，这显然不利于商人与商品生产者直接接触，也妨碍了外来商人与本地商人的直接接触，因而对于商品的自由流通来说，牙商的存在不能不说是一个障碍。另外，牙商在交易过程中坑害商人和商品生产者的事件也时有发生。总之，牙商的存在在当时虽然有一定的合理性，但牙商的弊端也是显而易见的。

（四）商人的组织——行会与会馆

商人的行早在明朝以前就已存在。元朝时曾有“一百二十行”之说，明代则有“三百六十行”之说。由于商业活动频繁，同业商人和客商中的同乡商人日趋增多，商人经济力量增强，社会地位提高，所以在明清时期出现了大量的商业行帮。行即是同业商人的行会，帮则是同乡商人的帮口，后来又产生了代表商人利益的组织——会馆。明清时代的商人行会不仅不同于西欧中世纪的行会制度，与宋元时期的商人行会也有所

① 韩大成：《明代城市研究》第 176 页，中国人民大学出版社 1991 年版。

不同。

和以前一样，明清的商人行会都设有“行头”，负责管理本行事务。行头往往由官府委派，有的则由本行共同推举。他们常常是一些资高望重、长于经营的商人，或者在本行本地很有势力。各行的行头还需要在官府登记备案。明清政府常常通过行头对各行商人进行管理和控制。如果政府对行户有所需索，或有所役使，也往往责成行头征敛输送，而不必挨门挨户地去零星征调。按当时规定，商人各行每年推一人当行，主要是承担为政府买办商品与经管本行其他有关事务。在这种当行制度下，一些贪官污吏便乘机对商人进行肆无忌惮地掠夺，所以当行成了商人的一项沉重负担。后来政府在铺户的请求下，虽曾不断下令禁止官吏搔扰，但实际收效甚微。自唐宋以来，商人各行往往都有自己独特的“行话”，一般外行人根本听不懂这些行话。明清时期的商人也是如此。田汝成在记述杭州的街谈巷语时说：“乃今三百六十行，各有市语，不相通用，仓猝聆之，竟不知是何等语也。”① 这些不相通用的市语就是各行的“行话”，外行人当然听不懂。这里虽然说的是杭州的情况，西安也应如此，因为早在唐宋时，长安市场上就已存在各种不同的“行话”。

明清时期，各个商人行会都制定了所有会员必须遵守的行规，这些行规对于会员经营活动的各个方面都有明确规定。从明清时期遗留下来的一些行规来看，当时商人行会的主要职能表现在以下几个方面：首先，限制外行、外地商人手工业者经营本行，限制同行扩大或增开新店，限制作坊开设地点和数目，以及禁止或限制外来商品的输入和贩卖。例如乾隆五十八年（1793 年），长沙戥秤行规议定：“与外处同行合伙开店者，

① 田汝成：《西湖游览志余》卷 25《委巷丛谈》。

罚银五两，戏一台，仍然毋许开店。”[1] 第二，严格限制同行招收学徒和使用帮工的数目，限制学徒参加行会。乾隆五十二年（1787年），长沙衬铺业行规规定，“带徒，三年一进一出，毋得滥规，违者议罚”，“店家带徒弟，三年为满，设席为师，倘年限未满，同行不得雇请”[2]。第三，限制商品的规格、卖价等。同一行业中商店出售商品时，要采取统一行动。这种统一行动当时称之为“齐行”。吕坤《劝买卖》曾这样写道：“开店原来为赚钱，赁房雇脚委（实）艰难。但搀低假将他哄，是个朴实被你瞒。独自增殖虽刮垢，齐行抬价更奸贪，高酒大壶还贱卖，一年利息顶三年。”[3] 这里所说的“齐行抬价”，正是同一行业各店铺在行会统一约束下的反映。从以上所述来看，明清时期的行会与唐宋时期的“行”“团行”有不少相似之处，它们仍旧是封建性的组织，与封建官府存在着密切关系。史称“其货有税，其铺有行。行者，应官取物”[4]，说明明清时期的商人行会和宋元时期的行一样，仍旧替官府对商业者的统治和征敛服务。但随着商品经济的发展，明清时期商人行会也出现了某些新变化。其中一个突出的变化就是，这一时期行会为官府服务的职能较前代有所减弱，而对抗封建统治势力的功能却在日益加强，它作为会员利益维护者的作用日益明显，例如代替工商业者向官府交涉“免行”，减轻一部分剥削。特别是作为垄断市场、防止行业内部竞争的作用，较唐宋以来的行会更加突出。

---

① 彭泽益：《中国近代手工业史料》第1卷；乾隆五十八年长沙《戥秤店条规》第180页。

② 彭泽益：《中国近代手工业史料》第1卷，第191页。

③ 吕坤：《去伪斋集》卷5。

④ 《古今图书集成》卷61《职方典》，《永平府·风俗考》。

与前代商人行会相比，明清时期行会制度最大的变化就是出现了大量的工商业会馆。

会馆本来是一种地方性的同乡组织。明朝万历年间，沈德符说："京师五方所聚，其乡各有会馆。"[①] 关于会馆出现的时间，自古有多种说法。刘侗《帝京景物略》认为会馆始于明朝嘉靖、隆庆年间。他说："尝考会馆之设于都中也，古未有也，始于嘉（靖）、隆（庆）间。"[②] 长期以来，国内外学者大都沿用此说。但近来有学者认为，会馆最早出现于明朝永乐年间[③]。会馆最初成立时，其作用主要是维持治安，而且以士绅为主。它的宗旨要使"入出都门者，籍有稽，游有业，困有归"，亦有帮助同乡人寻找职业、救济困难等作用，而主要是使他们"不至作奸""不至抵罪"。后来会馆逐渐普及，被胥史游闲等所盘踞[④]。随着工商业的迅速发展，会馆又演变成为工商行会的机构。

明清时期，由于交通运输业和商品经济的空前发展，到外地经商的商人空前增加。在此以前，城市工商业店铺主要由土著商人经营，随着商业的迅速发展以及外来工商业人口的增加，外来商人经营的店铺日益增多。明代以后，在各城市中久住的外乡商人（客商）相当多，他们便按照乡土关系组成不同的帮口，如徽州帮、洞庭帮、江西帮、龙游帮、山西帮、陕西帮、山东帮等，这些都是明代以来著名的帮口。同一帮口的商人往往从事同一行业的经营。这样，帮口不仅意味着是同乡商

---

① 沈德符：《万历野获编》卷 24《会馆》。

② 刘侗：《帝京景物略》卷 4。

③ 韩大成：《明代城市研究》第 407 页，中国人民大学出版社 1991 年版。

④ 刘侗：《帝京景物略》卷 4。

人，而且也是同行业的商人。帮口的出现，从一开始就带有浓厚的封建乡土性。寓居他乡的客商，举目无亲，语言习俗又多有不同，还往往受到土著商人种种刁难和排挤，所以同乡商人紧密团结在一起，互相帮助，共同对付各种困难，便成为他们的一致愿望。为了保护自身利益，他们便组织了乡土性的行会，而当时的会馆正好是现成的地盘，所以商人的行帮便逐渐与会馆合而为一了。这样会馆便成为客商联谊、聚会的重要场所，成为行帮的机构。明清时期，会馆的地域范围大小不同，有的由同县商人组成，有的由同府商人组成，也有同省商人或邻近几省商人组成的会馆。

明清时期，秦商在全国各地做客商的人相当多，他们几乎遍及全国各大城市。在这些客居异乡的陕西商人当中，相当部分属于西安府籍商人。当时，在京师北京、扬州、成都、苏州、重庆、汉口等各大商业城市中，都聚集了不少西安府籍商人。所以在全国各大城市中建立的“陕西会馆”“西秦会馆”“关中会馆”中，都有大量的西安商人。可以说，西安商人往往是这些会馆的主要力量。《苏州新修陕西会馆记》说：“苏州为东南一大都会，商贾辐辏，百货骈阗。上自帝京，远连交广，以及海外诸洋，梯航毕至。吾乡之往来于斯者，或数年，或数十年，甚者成家室，长子孙，往往而有。此会馆之建所宜亟也。”① 清朝时，陕西商人甚至在四川成都建立了两个陕西会馆。在四川的秦商还在犍为、乐山等地兴建了陕西会馆。据统计，清代陕西商人在四川各地建立的会馆达93座之多②。这些会馆常常是寓居该地的陕西商人共同集资兴建的。总之，像

① 《苏州新修陕西会馆记》，原碑在苏州山塘街陕西会馆。

② 张国雄：《明清时期两湖的移民》第58页表3－1，陕西人民教育出版社1995年版。

上述这样的会馆几乎遍及全国各大城市。这一现象说明，以西安府籍商人为主体的陕西商人在明清商业界是相当有实力的。

明清时期，前来西安经营各种生意的外地商人也日益增多。清同治年间，西安城内甚至形成了“商贾大半多属外省”的局面①。这些外来商人主要来自山西、河南、广东、广西、江西等十几个省。由于来到西安的外地商人日趋增多，他们便陆续在西安城中兴建自己的会馆。到清朝雍正年间（1723—1735），外地商人在西安设立的会馆至少有15个之多。这些会馆是：山西会馆、三晋会馆、湖广会馆、中州会馆、中州西馆、安徽会馆、山东会馆、安徽东馆、江苏会馆、全浙会馆、江西公寓、绍兴会馆、甘肃会馆、福建会馆、两广会馆等。在这些会馆中，大部分由同省商人组成，如福建会馆、江苏会馆等；也有由同府商人组成的，如绍兴会馆；还有邻近几省商人组成的会馆，如两广会馆。有些省的商人甚至还在西安建有两个会馆，如山西商人在西安设立了山西会馆和三晋会馆；安徽商人则在西安设立了安徽会馆和安徽东馆。这说明，西安城内来自全国各地的客商非常多，从而使西安成为一个五方杂处、商贾云集的重要商业城市。在寓居西安的外省商人中，以晋商、徽商、河南商人、浙江商人等为数最多，势力也最大。从全国情况来看，西安也是明清时期设立会馆比较集中的城市之一。从这一点也可以看出，西安在当时全国商业城市中占有比较重要的地位。

外省商人在西安设立的会馆，都是由同乡商人共同捐资兴建的。这些会馆的具体位置大体集中在六个地方。其一是西安东门外东关一带，仅有山西会馆一所，大体位于今西安八仙庵

① 民国《续修陕西通志稿》卷195《风俗志》咸宁县。

正南附近。其二，在今西安南大街两侧，共有三所会馆，其中绍兴会馆位于南大街中部路东，而安徽东馆和全浙会馆则位于南大街以西南门附近。其三，今西安市五味什字附近是西安城内会馆最为集中的地方，这里共有六所会馆，即江苏会馆、山东会馆、中州会馆、中州西馆、湖广会馆。其四，在今西大街中部与盐店街之间有两所会馆，即三晋会馆和甘肃会馆。其五，在今大皮院正北附近有一所，即两广会馆。其六，在今竹笆市正南有二所，即福建会馆和江西会馆①。

明清时期的商人会馆本是一种地方性的同乡组织，具有强烈的地域色彩。外来商人利用地域关系作为纽带，把同乡商人团结在一起，组成工商会馆，以便共同与土著商人进行竞争。这是外来商人纷纷建立会馆的主要目的之一。事实上，这些会馆的建立有利于增强同乡商人的竞争力量，在保障同乡、同业商人利益方面的确起了很大作用。其次，这些会馆在当时成为同乡商人、官绅、士子进行聚会、祀神、居停货物的重要场所。为了解决同乡商人的各种困难，他们需要聚会商讨，同时也需要神明保佑，所以各会馆都供奉着自己崇拜的神祇。不过由于行业和各地习俗的不同，各个会馆供奉的神祇也不大一致。例如，有的供奉赵公明，有的供奉关云长（关帝），有的供奉李老君等。其三，会馆在救助同乡商人方面也起了重要作用。外来商人经营顺利、生意兴隆者固然不乏其人，但失意、败落、疾病、死亡等也时有发生，对此必须给予关注和救济，这也是创建会馆的原因之一。此外，有些会馆则成为发卖货物之地。其四，随着商业资本的发展，牙行私抽多取、分割商业利润的现象在当时很突出，商人与牙行的矛盾越来越大。外乡

① 史念海：《西安历史地图集·清西安府城图》，西安地图出版社 1996 年版。

商人为了保护自己的利益，便利用会馆团结起来，与牙行做斗争。工商会馆不断与牙行制度做斗争，对商业资本的发展显然是一个有利因素，具有一定的进步意义。

明清时期工商会馆的组织性以及对内部成员的约束力，远没有西欧中世纪行会那样强烈，所以它对工商业者自由经营的阻碍作用也较弱。因此这些工商业会馆对西安商业的发展具有一定的积极作用。许多外地商人纷纷在西安设立自己的会馆，充分说明了明清时期西安与全国各地的商业往来相当频繁，由此也可以看出当时西安在全国商业中占有重要的地位。